漫语对外报道

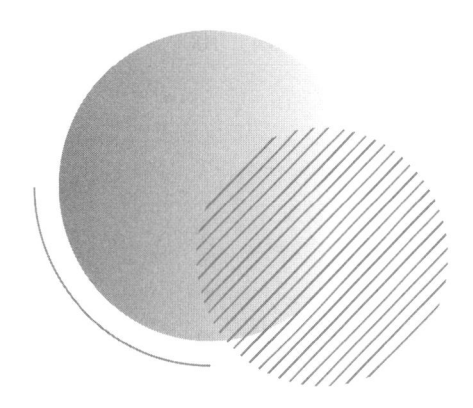

魏秀堂 著

朝華出版社
BLOSSOM PRESS

图书在版编目（CIP）数据

漫话对外报道 / 魏秀堂著. —— 北京：朝华出版社，2023.4
ISBN 978-7-5054-5068-4

Ⅰ.①漫… Ⅱ.①魏… Ⅲ.①中外关系—新闻报道—研究 Ⅳ.①G219.26

中国版本图书馆CIP数据核字（2022）第197604号

漫话对外报道

作　　者	魏秀堂
策划编辑	荆　江　霍　瑶
责任编辑	刘小磊
责任印制	陆竞赢　崔　航
装帧设计	杜　帅
出版发行	朝华出版社
社　　址	北京市西城区百万庄大街24号　邮政编码　100037
订购电话	（010）68996050　68996522
传　　真	（010）88415258（发行部）
联系版权	zhbq@cipg.org.cn
网　　址	http://zhcb.cipg.org.cn
印　　刷	北京印刷集团有限责任公司
经　　销	全国新华书店
开　　本	710mm×1000mm　1/16　字　数　326千字
印　　张	24
版　　次	2023年4月第1版　2023年4月第1次印刷
装　　别	平
书　　号	ISBN 978-7-5054-5068-4
定　　价	98.00元

版权所有　翻印必究·印装有误　负责调换

前言

书名中有"漫话"二字,说明拙作并非严格意义上的理论专著,但它毕竟是对于如何做好对外报道这一问题所做的深入思考和经验总结,也是对老一辈外宣工作者经验的再次回顾和梳理,因此有必要简单梳理一下相关概念。

"对外宣传""对外传播""国际传播"三者各有内涵。沈苏儒先生在为陈日浓的《中国对外传播史略》一书所作的序中,对为什么应该用"对外传播"代替"对外宣传"的提法,做了非常权威的解释。他说:

> 从学术上讲,"传播"可以涵盖"宣传","宣传"是一种具有特殊目的和作用的"传播",务求使受宣传者接受宣传者所传播的事实和理念,从而达到宣传者主观上的要求和目的……我们的对外传播,按周恩来总理1957年为宋庆龄创办的对外刊物《中国建设》题词中所说,只是为了增进各国人民对我国的了解和友谊,因此不属于"宣传"。

对此,赵启正也曾专门论及。他在任国务院新闻办公室主任时,香港《大公报》将他誉为严肃的新闻发言人、微笑的公关大使、爱挑战的新闻官,又是诲人不倦的学者、善解人意的长者。直到现在,谈起对外传播,他的名字还有一定的象征意义。2005年,他在上海接受《瞭望东方周刊》记者采访时这样说:

> 宣传在中国是一个非常好的词汇,我党的宣传工作也有优秀的传统。但对外交往中,人们往往会把宣传翻译成一个不太准确的词,叫propaganda。这个

词，跟中文的宣传不能对应。所有的美国的英国的字典，它都有贬义，有强词夺理、勉为其难甚至置事实不顾去说自己的主张的意思。所以在和外国交往的时候，就不用宣传这个词。

正是因此，一些专家们主张用"传播"代替"宣传"，用"对外传播"代替"对外宣传"。基于此，中国外文局的两位前辈段连城和沈苏儒联袂开创了一门学问——对外传播学。2004年，段连城的《对外传播学初探》和沈苏儒的《对外传播的理论与实践》《对外报道教程》再版，赵启正在《总序》中肯定了他们的研究成果：

现在涉及对外传播的书出了不少，我希望有几本言简意赅、浅显生动的基本读本，能讲明白对外传播的重要性，讲明白与外国人对话的方式，讲明白外宣要注意效果。五洲传播出版社组织编写的"对外传播丛书"的若干位作者都是对外传播界的权威，或前辈，或先锋，一致的是，他们不仅有理论，也有可贵的实践，他们的理论多数是被实践证明行之有效的。开始从事外宣的人，当然也包括书籍的作者、新闻工作者、影视工作者、新闻发言人、对外文化活动组织者等等，可以先读读这几本入门的书，由此为引，再去深入研究和实践，必大有裨益。

2021年5月31日下午，中共中央政治局就加强我国国际传播能力建设进行第三十次集体学习。中共中央总书记习近平在主持学习时发表重要讲话。习近平总书记指出：

我们党历来高度重视对外传播工作。党的十八大以来，我们大力推动国际传播守正创新，理顺内宣外宣体制，打造具有国际影响力的媒体集群，积极推动中华文化走出去，有效开展国际舆论引导和舆论斗争，初步构建起多主体、立体式的大外宣格局，我国国际话语权和影响力显著提升，同时也面临着新的形势和任务。必须加强顶层设计和研究布局，构建具有鲜明中国特色的战略传播体系，着力提高国际传播影响力、中华文化感召力、中国形象亲和力、中国话语说服力、国际舆论引导力。

读者肯定注意到，习近平总书记在讲话中，既使用了"外宣"，即"对外宣传"这一传统说法，也使用了"对外传播"和"国际传播"这两个较新概念。提法不同，自然有其道理。

程曼丽教授所著的《国际传播学教程》（北京大学出版社2006年版）对"对外宣传""对外传播""国际传播"有过精辟的阐释：

长期以来，我国习惯性地将信息传播的对外部分称为"外宣"（对外宣传），这与我国在这方面的实践活动是相吻合的。随着我国融入全球经济一体化进程的加快，随着我国对国际传播规律性的认识的深化，我们在观念与行为上必然经历一个由"对外宣传"到"对外传播"，再到有意识地参与并利用国际传播更好地表达、呈现自己的过程。

程教授还写道：

中国的国际传播，特指中国的对外传播。

本书名为《漫话对外报道》，重点不在理论探讨，所以没有对三种不同的提法进行理论辨析。我所认同的是：不论对内继续使用"对外宣传"的说法，还是对外强调使用"对外传播""国际传播"的提法，对外报道总是它的主要工作。当然也可以说，对外报道是国际传播工作中极为重要的一环。熟练掌握对外报道的各项操作，是国际传播的基本功。

关于什么是对外报道，沈苏儒在他的《对外报道教程》一书中更为明确地指出：

> 对外报道是向国外提供信息（包括新闻、消息、资料、数据、知识、情况、公告、观点、论据等）并进行国际交流和配合国际斗争的重要手段。在对外传播业务中，对外报道工作是其主要部分。对外报道主要通过报纸、刊物、通讯社、广播、电视、网络等大众传播媒介进行，其他以国外受众（包括读者、听众、观众）为对象的各种出版物、视听制品、实物展览，甚至通讯、演说，都可以归属于广义的对外报道。

我这本书所探讨的对外报道，主要是通过报纸、刊物、通讯社、广播、电视等大众传播媒介进行的工作。但其中所谈到的理念、经验和技巧，也适用于沈老所说的"广义的对外报道"。

书中所涉及的内容，主要选自我在不同时间的讲稿、讲义和发言稿等。其中有一些理论探讨，也是用事实说话，即采用一些自己的例子，尤其是成功者在对外报道各环节的工作实例和他们的总结性、探讨性论述，来说明在对外报道中，从策划选题到写作、编校等各个环节的工作应当怎么做、不应当怎么做。换言之，就是将对外报道全过程各个环节的具体业务知识和实际操作过程，系统地加以梳理。初稿完成后，我自以为写出了像是"对外报道一本通"这样一本书。最起码可以说，我把历年来散见于大量图书和文献资料中关于对外报道具体操作的许多内容集中到一本书里，无论对研究者还是实际工作者或者后来者，都提供了一条难得的捷径。我用这种方式，将对外宣传战线发展和创新的历史串联到一起，将其中的经验、教训和探索精神融会到一起，又为学习和研究者提供了比较完整的参考资料。

全书分为七章。第二章至第七章着重于"务实",分别谈的是策划、采访、选材、结构、写作和编校,这六章占了全书80%以上的篇幅。第一章则着重于"务虚"。正如毛泽东1958年9月同吴冷西谈话中强调的:"搞新闻工作,光务实,不务虚,不好。"

所谓务虚,就是谈思想。对此,沈苏儒老先生在给我们讲课时也特别强调过。他说:

同志们曾表示,希望我多讲实的,少说虚的。我努力这样去做。但在谈到具体的采编业务之前,我还是要先谈一下思想与技巧的关系问题。为什么呢?因为对外报道工作,归根到底,就是传播一种思想。我们可以在文章中不提意识形态、国家制度等问题,但总归是传播有中国特色的社会主义思想。只有我们自己的信念坚定,才有可能去影响别人,并在国际上完善中国的形象,思想不过硬就很难完成这个工作。

本书的第一章《提高修养是做好对外报道的首要课题》就是务虚,谈思想的,也是这本以实务为主的书不可缺少的一部分。这一部分说的是外宣人应如何增强政治意识、牢记受众意识、践行责任意识、提高创新意识、坚持学习意识。就算这些看起来很"虚"的话题,也是用事实来说明。而全书所用的事实,则是我历年来看到和学习过的名家们的经验和具体做法的总结。

这些名家,不论是多年从事对外传播理论研究的前辈,还是外宣主管部门或媒体的领导,他们的理论和经验对组织重大选题或热点新闻对外报道都有指导意义。还有多家媒体的总编辑或编辑部主任,他们的经验是如何开好选题策划会和组织实施既定任务。更多是名编辑、名记者们的成功经验,这些经验涵盖策划、采访、选材、结构、写作、编校,等等。为了能说明问题,也穿插了一些我个人的体会和教训。综合起来看，这本书便是各大对外媒体同行对外报道实际操作的经验荟萃录，也可以说是外宣人的奋斗故事选辑。

在写作过程中，我也像多年当中完成某项对外报道任务时一样，时时想着读者。我心所系的读者涵盖整个外宣战线，不仅有中央的，也有地方的；不仅有外事、外宣部门的有关负责人和对外媒体的编辑、记者，也包括刚迈入外宣工作大门的年轻朋友们和正在高校相关专业学习外宣知识的莘莘学子，甚至还包括对外部门中从事文字工作的人们。我时刻想着如何让读者可以从中汲取一些经验，对自己的学习、工作有所帮助。

我时常觉得，这本书的写作过程也是学习的过程。因为是学习，因为是探讨，因为是总结自己和那么多领导、专家、高手们的经验，写作时一直有一种创作的激情，从中也享受到收获的快乐。我非常愿意同大家分享我的劳动成果和快乐。

魏秀堂

2022年10月于美丽西园

目录

第一章　提高修养是做好对外报道的首要课题 ⋯⋯⋯⋯⋯⋯⋯⋯⋯ 1
　　一、增强政治意识 ⋯⋯⋯⋯⋯⋯⋯⋯⋯⋯⋯⋯⋯⋯⋯⋯⋯⋯⋯ 5
　　二、牢记受众意识 ⋯⋯⋯⋯⋯⋯⋯⋯⋯⋯⋯⋯⋯⋯⋯⋯⋯⋯ 14
　　三、践行责任意识 ⋯⋯⋯⋯⋯⋯⋯⋯⋯⋯⋯⋯⋯⋯⋯⋯⋯⋯ 28
　　四、提高创新意识 ⋯⋯⋯⋯⋯⋯⋯⋯⋯⋯⋯⋯⋯⋯⋯⋯⋯⋯ 42
　　五、坚持学习意识 ⋯⋯⋯⋯⋯⋯⋯⋯⋯⋯⋯⋯⋯⋯⋯⋯⋯⋯ 56

第二章　选题策划是做好对外报道的起点 ⋯⋯⋯⋯⋯⋯⋯⋯⋯⋯ 69
　　一、策划题解 ⋯⋯⋯⋯⋯⋯⋯⋯⋯⋯⋯⋯⋯⋯⋯⋯⋯⋯⋯⋯ 71
　　二、策划什么？ ⋯⋯⋯⋯⋯⋯⋯⋯⋯⋯⋯⋯⋯⋯⋯⋯⋯⋯⋯ 74
　　三、谁来策划？ ⋯⋯⋯⋯⋯⋯⋯⋯⋯⋯⋯⋯⋯⋯⋯⋯⋯⋯⋯ 84
　　四、怎样策划？ ⋯⋯⋯⋯⋯⋯⋯⋯⋯⋯⋯⋯⋯⋯⋯⋯⋯⋯⋯ 95
　　附：一个可供参考的策划案例 ⋯⋯⋯⋯⋯⋯⋯⋯⋯⋯⋯⋯⋯ 101

第三章　成功采访是做好对外报道的前提 ⋯⋯⋯⋯⋯⋯⋯⋯⋯⋯ 105
　　一、说东道西，话说采访 ⋯⋯⋯⋯⋯⋯⋯⋯⋯⋯⋯⋯⋯⋯⋯ 107
　　二、采访提纲，拟写到位 ⋯⋯⋯⋯⋯⋯⋯⋯⋯⋯⋯⋯⋯⋯⋯ 115
　　三、采访技巧，助力成功 ⋯⋯⋯⋯⋯⋯⋯⋯⋯⋯⋯⋯⋯⋯⋯ 125
　　四、突发事件，快速反应 ⋯⋯⋯⋯⋯⋯⋯⋯⋯⋯⋯⋯⋯⋯⋯ 141
　　五、对外约稿，交友为先 ⋯⋯⋯⋯⋯⋯⋯⋯⋯⋯⋯⋯⋯⋯⋯ 148
　　六、记好笔记，以备选材 ⋯⋯⋯⋯⋯⋯⋯⋯⋯⋯⋯⋯⋯⋯⋯ 158

第四章　合理选材是做好对外报道的必要准备 ·············· 175
　　一、选材的要求 ·· 177
　　二、选材的范围 ·· 189
　　三、选材的标准 ·· 206
　　四、选材的方法 ·· 212

第五章　构思结构是做好对外报道的重要环节 ·············· 217
　　一、构思结构的要求 ··· 219
　　二、消息稿的结构 ·· 221
　　三、通讯稿的结构 ·· 229
　　四、从头到尾的构思 ··· 232

第六章　精心写作是对外报道成功的关键 ····················· 247
　　一、按照基本要求 ·· 249
　　二、确定恰当角度 ·· 269
　　三、注重语言风格 ·· 278
　　四、用好写作技巧 ·· 289

第七章　编校是保证对外报道质量的最后关口 ·············· 335
　　一、各负其责，形成合力 ·· 337
　　二、编校质量，事关重大 ·· 346

参考书目 ··· 367

后记 ··· 370

第一章

提高修养是做好对外报道的首要课题

第一章　提高修养是做好对外报道的首要课题

中国的对外宣传古已有之，但真正得到发展，还是近代以来的事情。特别是改革开放以后，更是逐渐形成了大外宣的格局。今日中国杂志社原副总编辑陈日浓编著、外文出版社出版的《中国对外传播史略》详细介绍了已经构建起的对外传播大格局。其中，中央主要对外媒体迈出了新的步伐：人民日报社在全球有70余个记者站，1985年创办了海外版，之后又建立了15种语言的新闻网站——人民网，对外传播能力大为加强。新华社建立健全了对外宣传领导体制，加强了对外报道各部门、各条战线，提高了对外报道的整体实力；驻外记者站规模扩大，对外发稿的通信技术得到改善，发稿数量大增，质量提高，海外用户数量增加；所属新华网用10种语言传播中国信息。中央广播电视总台下辖中央电视台、中国国际电视台、中央人民广播电台、中国国际广播电台。其中，中央电视台重点加强了国际频道的建设。中国国际电视台陆续开通了西班牙语、法语、阿拉伯语、俄语、日语频道。中国国际广播电台目前用44种语言向世界广播，同时积极发展新媒体，创办了"国际在线"网站，还在多语种网络电台的基础上在国外建起了12个境外网络电台，实现了国际广播电台在线广播本土化。英文《中国日报》已经发展成为一个报系，影响越来越大。中国外文局系统各对外传播单位也都不断创新和发展，初步形成了书、刊、网、研并举的新格局，极大提高了对外传播能力，正向"具有强大综合实力的国际传播机构"的目标迈进。面向海外华人、华侨和台港澳地区的中国新闻社，也建立了自己的多语种网站——"中国新闻网"。

除了中央各对外宣传机构工作人员以外，在各省区市也各有一套外宣机构，各配备一定数量的对外宣传人员。此外，我驻外使领馆也都有人分管或从事对当地的宣传工作。这一支庞大的队伍，统称为"外宣人"。

外宣人首先是党的干部，自然应当具备党对革命干部所要求的素质。但对外宣传又有一定的特殊性，外宣人应具备的修养相应地也有一些特殊要求。

那么，外宣人应该具备怎样的修养呢？

外宣人的修养是一个综合要求。毛泽东主席于1958年1月起草的《工作方法六十条（草案）》中说过：

> 文章和文件都应当具有这样三种性质：准确性、鲜明性、生动性。准确性属于概念、判断和推理问题，这些都是逻辑问题。鲜明性和生动性，除了逻辑问题以外，还有词章问题。现在许多文件的缺点是：第一，概念不明确；第二，判断不恰当；第三，使用概念和判断进行推理的时候又缺乏逻辑性；第四，不讲究词章。看这种文件是一场大灾难，耗费精力又少有所得。一定要改变这种不良的风气。……
>
> 中央各部，省、专区、县三级，都要培养"秀才"。没有知识分子不行，无产阶级一定要有自己的"秀才"。这些人要较多地懂得马克思主义，又有一定的文化水平、科学知识、词章修养。

时隔半个多世纪，重温这段话，依然能让我们得到许多启示，依然能为新时代的外宣人加强各方面的修养指明方向。

2016年11月7日，习近平总书记在会见中华全国新闻工作者协会第九届理事会全体代表和中国新闻奖、长江韬奋奖获奖者代表时讲话指出：党的新闻舆论工作是党的工作的重要组成部分。做好党的新闻舆论工作，营造良好舆论环境，是治国理政、定国安邦的大事。广大新闻记者要坚持正确政治方向，做政治坚定的新闻工作者；坚持正确舆论导向，做引领时代的新闻工作者；坚持正确新闻志向，做业务精湛的新闻工作者；坚持正确工作取向，做作风优良的新闻工作者。一句话，就是要做党和人民信赖的新闻工作者。

这些要求当然也适用于外宣人。下面，我将结合我的体会，将这些要求，同时也是外宣人应具备的修养，概括为以下五个方面。

一、增强政治意识

（一）增强政治意识的重要性

增强政治意识，就是要善于从政治上看问题，善于把握政治大局，不断提高政治判断力、政治领悟力、政治执行力。增强政治判断力，就要以国家政治安全为大、以人民为重、以坚持和发展中国特色社会主义为本，增强科学把握形势变化、精准识别现象本质、清醒明辨行为是非、有效抵御风险挑战的能力。做到在重大问题和关键环节上头脑特别清醒、眼睛特别明亮，善于从一般事务中发现政治问题，善于从倾向性、苗头性问题中发现政治端倪，善于从错综复杂的矛盾关系中把握政治逻辑，坚持政治立场不移、政治方向不偏。

习近平总书记曾专门强调坚持党的新闻舆论工作的正确政治方向的重要性。2016年2月19日，他在党的新闻舆论工作座谈会上的讲话中指出："在新的时代条件下，党的新闻舆论工作的职责和使命是：高举旗帜、引领导向，围绕中心、服务大局，团结人民、鼓舞士气，成风化人、凝心聚力，澄清谬误、明辨是非，联接中外、沟通世界。"要承担起这个职责和使命，坚持正确政治方向是第一位的。要牢牢坚持党性原则，牢牢坚持马克思主义新闻观，牢牢坚持正确舆论导向，牢牢坚持正面宣传为主。

总书记的要求，同样为外宣人增强政治意识指明了方向。

外宣人要增强政治意识，这是由我们所从事的工作和所在单位的性质所决定的。正如现任中国外文局局长杜占元所言，中国外文局是从事党和国家对外宣传事业的专门机构，肩负着展示国家形象、维护国家利益、传播中华文化、服务民族复兴的职责使命。中国外文局首先是政治机关，政治性是第一属性，讲政治是第一要求。

这是党的对外新闻舆论工作的优良传统。早在1959年6月，毛泽东主席就讲过："搞新闻工作，要政治家办报。"

外宣人必须要培养自己的政治敏感，提高自己的政治意识，在政治问题上，不可有丝毫的疏忽大意。我很欣赏新世界出版社副总编辑唐书彪的两句话：一句是"该做的事情不能不做"，一句是"不该做的事情绝对不能做"。这两句话，看似平平常常的大实话，但道理却很深刻。如果担心犯错误，对政治性题材不敢碰，该做的事情不做，本身就是大错。相反，违反党和国家规定的事情，有损国家利益的事情，违法的事情，就绝对不能做，做了自然也是大错，这不仅关系党和国家的利益，也关系单位，还关系自己。而作为一个对外媒体的把关人，政治上的要求就更严、更高了。为了避免政治上出错，特别要以"政治家办报"的原则来要求自己，履行好自己的政治责任。这就需要学习并掌握好党和国家的各项政策，特别是相关的法律、法规，做好该做的事情，避免把不该做的事情也做了。

我想用自己经历的两件事，来说明政治意识强、政治上敏感会引导我们把握好导向，主动意识到在什么样的形势下该做什么事情，并且把该做的事情做好。

一件事发生在1981年1月，当时的《中国建设》（现称《今日中国》）中文版，顺应两岸关系发展大势，开展为两岸离散同胞寻亲服务，开辟专栏为他们免费刊出寻亲启事。第一批寻人启事登出。反应之强烈，是出乎意料的。随后，寻人信件如雪片般飞来。尽管《寻亲访友》栏目每期必用，还是只能满足极少数人的愿望，因篇幅所限，以致编辑部积压了成千上万的寻亲信件。于是，从1984年第2期起增出《寻亲访友》专辑，每本刊登寻人启事千余则，帮助许多人传递信息、沟通音信。我们不时收到海内外朋友的来信，激动地报告喜讯：由于我们的帮助，得以找到失散多年的亲友！1987年9月，当时的香港中国文化交流中心、《新闻天地》负责人卜少夫表示愿将我们刊出的《寻亲访友》专栏合并，由他们编辑在台湾出版。双方洽谈同意后，很快就在台湾出版了一本厚达512页的《寻访两岸人名录》。

最先提议开办这一专栏的是老前辈沈苏儒副总编辑。在这个问题上，老先生从两岸关系发展的大局出发，提出的设想切合了祖国统一大业这个大局的需要。也是因为有这样的政治意识和政治敏感，再加上应有的新闻敏感，我们在此后又根据形势发展的需求，决定按省出版寻亲专辑，以适应那些寻亲需求量特别大的地区的期望。之后，又考虑到那些游子与家乡和亲人久已失去联系，一定很想了解家乡的发展变化和经贸信息，于是决定在分地区编辑出版的寻亲专辑中增加相关信息，使之变成了"探亲与旅游"专辑。就是这样，我们把握住了正确的政治方向，适应了两岸关系发展和祖国统一大业这个大局，将这个寻亲栏目和后来发展成的专辑，办成了经典。我曾就此专门写过一篇文章——《关于"寻亲访友"的回忆》，收录在中国外文局成立60周年回忆录中。

与此有异曲同工之妙的是，2008年马英九成为台湾地区领导人之后不久，经两岸在"九二共识"这一政治基础上开展友好协调，决定开放大陆同胞赴台旅游，我又敏感地意识到，这是一个加强两岸同胞相互了解和增进感情的好机会。我当时正在帮助专门从事对台宣传的《台声》杂志改稿，我向负责人建议，最好能开办一个专栏，专门介绍台湾各景点的文化资源，以帮助赴台旅游的大陆同胞行前做好必要的功课。我的建议被欣然接受，并被指定为这个新办栏目的编辑和撰稿人。从2008年第6期到2010年第6期，我每期主要编写两篇文章，一篇对上个月赴台旅游形势进行评述（综合而成"台湾游进行曲"系列），另一篇逐一介绍台湾各县市的旅游景点，重点是当地人文景观（综合而成"台湾文化之旅"系列），以体现中华文化在台湾的传承和发展。因为此举迎合了当时两岸关系发展的大局和需求，我编写的这些文章在大陆同胞赴台旅游热潮中很受欢迎。一家有组织赴台旅游资质的旅行社经理告诉我，我每月一篇的评述，对他们了解赴台旅游形势的发展和遇到的问题及解决之道，很有帮助，成了社内各部门经理的必读文章，介绍各县市旅游景点的文章，也成了他们向旅游团推介时的重要参考资料。

做这些事的前前后后，我都是从政治上来考虑的，体现了增强政治意识对做好对外和对台宣传工作的重要作用。

像这样的事情，我可以引为骄傲，但放在整个外宣工作当中，便微不足道了。2021年初，新华社记者发表了一篇长文，回顾上年的宣传思想工作，其中提到面对新冠肺炎疫情，宣传思想战线闻令而动，发挥强信心、暖人心、聚民心的独特作用。"新闻工作者逆行出征！中宣部部署，数百名来自中央媒体和全国各地的记者不畏艰险赶赴湖北、武汉，挺进一线，深入'红区'，与当地媒体同仁并肩战斗。他们以笔为剑，明辨谬误，记录感人至深的故事，定格震撼人心的瞬间。"这才是媒体人高度政治意识的体现。

文中还写道："一年来，从服贸会、进博会，再到广交会、东博会，在确保防疫安全的前提下，中国源源不断为世界经济提供宝贵平台与动力，为世界了解一个真实、立体、全面的中国打开了一扇扇窗户，彰显中国进一步扩大开放的气魄与决心。"所有这些大事，还有文中没有提到的重大外交活动等，都有外宣人的贡献；在这些重大活动的对外报道中，外宣人的政治意识无疑都发挥了重要指引作用。

（二）怎样增强政治意识

必须要有政治头脑，站稳政治立场，把握好政治方向。这与新闻工作，包括国际传播工作，有着特别重要的关系。

2021年5月31日，习近平总书记在中央政治局就加强国际传播能力建设发表的重要讲话（简称"5·31讲话"）中强调：讲好中国故事，传播好中国声音，展示真实、立体、全面的中国，是加强我国国际传播能力建设的重要任务。要深刻认识新形势下加强和改进国际传播工作的重要性和必要性，下大气力加强国际传播能力建设，形成同我国综合国力和国际地位相匹配的国际话语权，为我国改革发展稳定营造有利外部舆论环境，为推动构建人类命运共同体作出积极贡献。

习近平总书记还特别指出：要加快构建中国话语和中国叙事体系，用中国理论阐释中国实践，用中国实践升华中国理论，打造融通中外的新概念、新范畴、新表述，更加充分、更加鲜明地展现中国故事及其背后的思想力量和精神力量。要加强对中国共产党的宣传阐释，帮助国外民众认识到中国共产党真正是在为中国人民谋幸福而奋斗，了解中国共产党为什么能、马克思主义为什么行、中国特色社会主义为什么好。

习近平总书记关于国际传播工作的重要指示更加明确地指明了新时期对外报道的政治方向。

在如何把握正确的政治方向方面，林良旗在担任北京周报社总编辑时曾写过《担任期刊总编辑的若干体会》一文，其中就将"把握正确舆论导向"放在第一位。他写道：

> 对于对外期刊，中央明确其作用是"为经济建设和改革开放创造一个良好的国际舆论环境，维护我们国家的利益"。
>
> 这从根本性质上阐明了我们出版事业，包括期刊，必须坚持的方向。要求期刊必须直接或间接地服务于党和国家的政治路线、整体利益。不能违反，不可偏离。
>
> 为此，期刊总编辑必须在其纷繁复杂的日常事务中，区分首要的职责和其他职责，以主要精力突出和履行首要的职责，即保证期刊的正确导向。

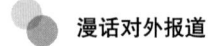

他进而又写道：

我们的刊物是党、国家、人民的事业，不是哪个总编辑或者是哪位记者、编辑的私产，它不能为小团体发声，为个人立传，而必须准确地体现党、国家、人民的要求、主张。办刊者在"为谁说话、为谁办刊"的问题上，只要有一丁点模糊、动摇，就会使刊物偏离正确的方向，滑入错误的轨道……

期刊的业务工作，哪一方面都离不开政治。从内容上说，编什么不编什么，哪些该留哪些该删；从编排上说，哪些在前，哪些在后，贬低哪个，突出哪个；从设计上说，用什么做封面，色彩的深浅明暗，人物的表情神态；从译文上说，用词的褒贬轻重等等，无一不与政治牵涉在一起。……期刊的领导，如果在政治上"马大哈"，就会导致刊物谬误丛生，其政治上的损失，非金钱可以计算，非几人几日所能挽回。

该文被收入1999年中国外文局成立50周年时出版的《书刊对外宣传理论与实践》一书。书中荟萃了那50年里中国外文局对外宣传理论研究的丰硕成果，许多都被引入本书。

我们要不断地提高政治觉悟和理论水平，牢固树立国家至上、人民至上的观念。这也是一个政治意识的问题。任何一种社会制度都不允许新闻出版危害国家的整体利益。举凡国家主权、民族尊严、国家安全、祖国统一等，都属于国家根本利益，要竭尽全力去维护它、保卫它。另外，我们常说的要遵守宣传纪律，也是政治意识的体现。我们的媒体受命于党、政府和人民。我们不能以个人好恶来决定刊物或者其他媒体内容的走势，不能凭感情冲动来哗众取宠。要顾大局，听招呼，只帮忙，不添乱，遵守纪律，令行禁止。当然，正如林良旗在文章中讲的，强调讲政治，强调把握导向，并不是空喊口号。要善于运用新闻艺术的、技术的手段，让读者在潜移默化之中接受准确有益的信息，从中得出正确的结论。

必须要不断提高政治思想水平，政治上要敏锐。搞新闻，不论是国内新闻，还是对外报道，都要有新闻敏感。对此，曾任新华社社长的著名新闻工作者郭超人，曾说过一段非常经典的话：

多数人能看到、想到而你看不到、想不到，你根本不配当记者；多数人能看到、想到的，你也能看到、想到，只能当一般的记者；唯有多数人看不到、想不到的，你能看到、想到了，才能当一个好记者。

他在这里说的"多数人看不到、想不到的，你能看到、想到"，就是一种新闻敏感。这种新闻敏感同政治思想水平有着密切关系。对外报道的目的，是向世界说明中国，树立社会主义中国的良好形象，扩大中华文化的对外影响，也是为了增进同世界各国人民的友好感情，为我国的改革开放和现代化建设创造良好的国际舆论环境。这本身就是政治性很强的工作，有很强的政治内涵，从事这一工作的人员一定要具备很强的政治敏感。我们常讲，新闻工作者一定要不断提高新闻敏感。新闻敏感实际上是政治敏感在新闻上的反映。政治敏感和新闻敏感一样，都是一种能力，更是一种修养，也可以说是外宣人的职业灵魂，是捕捉新闻的利器，也是维护国家利益的自觉意识。还可以说，政治敏感是指外宣人的政治鉴别力和政治敏锐性，也就是自己对宏观形势和宏观政策的理解和把握。只有具备高度的政治敏感，才能在严峻复杂的形势面前，保持清醒的头脑，透过现象看到事物的本质，能在政治上判断正误和是非，又能见微知著，"风起于青萍之末"，迅速而敏捷地洞察到问题的本质，判明利害，把握问题的发展趋势。有了政治敏感，既能正确地对外介绍中国，也能避免自己在工作中，特别是在大是大非问题上犯错误。

我们这一代人年轻的时候，对政治学习是特别重视的。我深深体会到，政治上比较强的话，能帮助我们做好业务工作。所谓政治强，无非就是政策水平高一点，对我们来说，就是要熟悉党的对外方针政策，还要有较高的分析和认识问题的能力。这种能力会帮助我们发现被采访对象身上的新闻价值，采访的时候更能把握访谈的重点，更能帮助我们思考采访对象所提供的材料是否真实可信，哪些材料可用，哪些故事读者可能会感兴趣。还能帮助我们写作的时候能有缜密的逻辑、清晰的条理。

必须要有强烈的社会责任感，有政治家的头脑。外宣人要内知国情，外知世界，心怀国内国际天下事。特别是对国内的情况，更要了然于心。著名学者周有光老人在107岁时曾谈到，他就美国的事情向他的孙女提问，好像无所不知，但问中国的问题，她却一问三不知，连自己国家的一些基本知识都不知道，更不用说对党和政府的方针政策的了解，何谈强烈的政治责任感？没有认识和分析问题的能力，何谈政治敏感？所以，在注重培养新闻敏感的同时，一定要加倍注重政治敏感的提高。早在1960—1961年，中国外文局的前身——外文出版社举行的澄清业务思想的大讨论最后形成的文件中就提到，"对外宣传是外事工作的一部分，因此，必须时刻保持我们工作上的严肃性，首先从政治上考虑问题，竭力避免政治性差错。"真是一针见血，发人深省。

政治意识的重要，还在于对外报道本身就具有很强的政治性，不论图书、期刊、报纸还是广播电视、网络，政论性的内容是不能缺少的。只不过在做法上各有不同，有的政治性很鲜明，会经常发表一些政治类文稿或者中央文件之类，旗帜鲜明地表明我们党和国家的立场。有些媒体表面上看起来可能政治性不那么强，实则是更巧妙地把政治融入日常报道中，既回答了读者的关切，又让读者看上去不是在做宣传，更容易让读者接受。外宣人应当学会使用这种技巧，不能空喊政治口号，进行政治说教。"润物细无声"才是真功夫。所以，2002年1月14日，时任中国外文局常务副局长赵常谦在说明当年全局工作要点讨论稿时曾这样说："树立政治意识、大局意识、责任意识和外宣意识，这永远是我们外宣工作者尤其是我们外宣战线领导干部最基本的政治要求，是我们必须具备的基本政治素质。"

2020年10月召开的中共十九届五中全会通过的《中共中央关于制定国民经济和社会发展第十四个五年规划和二〇三五年远景目标的建议》，明确提出了到2035年建成文化强国的目标并强调在"十四五"时期推进社会主义文化强国建设。就此，时任中宣部部长黄坤明发表文章指出，要充分认识建设社会主义文化强国的重要性，要始终沿着正确方向推进社会主义文化强国建设，要努力在"十四五"期间为建设社会主义文化强国打下坚实基础。他提出了"着力加强对外文化交流和多层次文明对话"的任务，这就与我们从事的对外宣传和我们每个人应当承担的国家责任有关了。在文章最后，他强调：

要以讲好中国故事为着力点，介绍阐释中国理念、中国道路、中国主张，展现真实、立体、全面的中国，不断增进理解、扩大认同。特别是要讲好中国共产党治国理政的故事、中国人民奋斗圆梦的故事、中国共产党和中国人民血肉联系的故事、中国坚持和平发展合作共赢的故事，帮助国际社会加深对中国共产党为什么能、马克思主义为什么行、中国特色社会主义为什么好的认识。要创新推进国际传播，坚持贴近中国实际、贴近国际关切、贴近国外受众，多运用对方听得懂、易接受的话语体系和表达方式，搭建起中国人民同各国人民有效互动交流的桥梁，让世界更好读懂中国。

这段话进一步说明，外宣人需要不断增强政治意识，首先要树立为国家利益服务的大局观和使命感，这是第一位的。作为我们个人，只有为国家利益服务才能创造大业绩，才能获得最大的成就感和荣誉感。

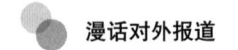

二、牢记受众意识

对外宣传，或者说对外传播、国际传播，是一门学问，首先是内外有别。这当然是因为受众不同。所以强调，外宣人一定要有受众意识。对此，习近平总书记在"5·31讲话"中有深刻的阐释。习近平总书记指出：

要更好推动中华文化走出去，以文载道、以文传声、以文化人，向世界阐释推介更多具有中国特色、体现中国精神、蕴藏中国智慧的优秀文化。要注重把握好基调，既开放自信也谦逊谦和，努力塑造可信、可爱、可敬的中国形象。

可见，加强受众意识，是提高国际传播能力建设的题中应有之义。

在我国对外报道的实践中，在这方面早就积累了丰富的经验，前辈们也留下了许多珍贵教益。

（一）历史的经验

受众意识，包含在外宣大学问当中，所以前提是要懂得什么是外宣，也就是现在的对外传播或者国际传播。这就得学习。有一条学习的捷径，就是向历史学习，向这条战线的历代老前辈学习，主要是从他们的论述当中，搞懂什么是外宣，应该怎样搞外宣，怎样提高受众意识。

首先应该向宋庆龄学习。她为我们国家的对外传播事业做出了杰出的贡献，她的许多论述和教导现在仍值得我们学习和付诸实践。在受众意识方面，她反对说教，要求以平等的态度同受众对话。她创办《中国建设》杂志伊始，就强调重视与广大读者的联系，还定下了一条处理读者来信的原则——"有信必复"，读者对杂志反映的问题和提出的意见，要求主编一定要过目，并作为制订编辑计划的重要参考。社里把复信视为杂志内容的"补充"，有的长达数页，成了短文章。多年担任《中国建设》领导工作的张彦回忆道：

这样认真地与海外读者进行信件来往，确实有利于建立读者对杂志的信任，促进世界人民对中国的了解和友谊。有的长期老订户，书信不断，成了杂志社的老朋友。一位热心的美国读者甚至几十年如一日将杂志上的文章编成索引目录，输入电脑，并曾一度给杂志社寄来。杂志上的《读者信箱》，从来都是深受欢迎的一个栏目。

从中国外文局另一家刊物《中国报道》走出来的于涛，现在已成了中国外文局副局长。1995年他曾有专文发表在《对外大传播》杂志当年第5期，谈怎样与读者加强联系。他写道：

《中国报道》从1950年创刊之初，就非常重视与读者的联系。60年代初就建立了正式的通联机构，形成了一整套规章制度和工作程序……45年来，通联工作为保持与读者的密切联系，为杂志的开拓发展起了重要作用。……

多年来的实践使我们体会到，读者来信是一个巨大的宝藏，有心可以从中获取许多有价值的信息。我们经常说向新闻界的前辈邹韬奋同志学习，就是要时时刻刻把读者放在第一位，以满腔热情对待每一封来信，针对读者的不同特点复信。同时还要树立公关意识，在各种情况下，向读者不断宣传我们的观点，大力推广我们的刊物。

可以说，通联工作在对外传播中，还大有潜力可挖，可以大有作为。通联，要通五洲四海，要联万户千家！这是通联工作所应达到的境界，是我们通联工作的目标。

我曾受《对外传播》杂志的委托，梳理了中国外文局外宣理论研究的历程和成果，形成了一份比较详尽的"大事记"。从中可以看出，老前辈们是怎样重视和研究受众的。

自新中国成立到20世纪60年代初，当时中国外文局还叫外文出版社，外宣工作是什么情况呢？应当说，成绩还是很大的。当时的对外宣传，很重视受众研究，在内容和写法上，都强调要适应国外受众的需求和接受能力。20世纪60年代初，时任中国外文局局长罗俊特别指出"对象与效果"的问题："必须时刻紧紧抓住读者对象。大部分刊物以中间读者为主，如违背他们的利益和要求，就不受欢迎。符合这一规律，才能有的放矢。"

除了罗俊讲话，1962年8月形成的《关于外文出版社业务思想问题讨论情况的汇报》的第一部分也提到"关于区别内外的问题"，就是"对外宣传与对内宣传有不同"，有些同志提出"读者对象""宣传目的""宣传内容""宣传方法""语言文字"五个方面的不同。关于对外宣传的主要特点，报告列举了六个方面。报告第二部分是关于"以我为主，照顾读者"和读者对象的问题。第三部分是关于政治性与艺术性的统一问题，其中提到，在对外宣传艺术上，我们有一些经验，应该加以肯定，并全面正确地理解和接受。这些经验是："对外宣传要引起读者兴趣""让事实说话""让读者自己下结论""不要刺激读者""最好的宣传使人不觉得是宣传"。

当时，不仅中国外文局的前身外文出版社自己澄清了这样一些业务思想，重申了若干正确观点，上级主管部门对此也有一些指导意见。

1962年1月24日、2月21日，国务院外办负责人谈外文书刊工作时指出：

在对外宣传方面，人家批评我们枯燥、不生动、千篇一律，值得大家注意。这几年来对外宣传方面的经验教训，要好好总结一下。过去提出的一些不合适的"口号"以及干部中有些模糊观念，也要检查和澄清一下，以便统一认识，做好工作。

1962年3月29日，时任对外文委副主任张志祥也指出：现在各外文出版物的问题，还不在于调子高低、政治性强弱，根本的问题，是不大注意调查研究，不大重视读者对象。同年3月，时任国务院外办副主任张彦谈对日宣传问题，在肯定成绩的同时，并指出其中的缺点：宣传对象的面划得太窄；宣传我们的政策带有一定的片面性，对和平的旗帜抓得不够；宣传方式过于简单生硬，灌输式的板起面孔说教的东西太多；宣传内容太窄，题材不够广泛，政治性东西多了一些，配合运动的突击性东西多了一些，一般东西多了一些。

回顾以上这些内容，就是想说明，我们的前辈为了探索和不断改进对外宣传，走了多长的路，付出多大的艰辛。从他们的探索和总结当中，我认为最重要的一条就是要有受众意识。从对外宣传的读者对象出发，就会注意与国内宣传有那么多的不同，绝不能照搬对内宣传的一套做法。或者又可以说，之所以走过一段弯路，就是因为缺乏受众意识，才没有重视要引起读者兴趣、要让事实说话、要让读者自己下结论、要让我们的宣传使人不觉得是宣传。这些道理现在讲起来好像很容易，但得来却十分不容易。

（二）前辈的理论

段连城和沈苏儒两位前辈在这方面做出了独特贡献。他们两人是我国对外传播学的开创者或奠基人。奠基之作便是段连城的《对外传播学初探》和沈苏儒的《对外传播学概要》。曾担任过中国外文局局长的段连城，在他那本《对外传播学初探》的《自序》中说：

1979年起我国实行的对外开放政策，在中外交流的漫长历史上揭开了新的一页。不同肤色、不同信仰、不同国度的人，同我国和我国人民建立了规模空前的友好联系。

如何帮助外国人了解中国（即人们常说的"对外宣传"）就成了一个亟待

解决的问题。从事这项工作的队伍十分庞大，有专职承担对外宣传任务的对外新闻、广播、出版等"大众媒介"单位，有大批接待外宾、同外宾正式会谈或非正式交谈的官员、专家和其他工作人员，有招待络绎于途的外国旅游者的翻译和陪同，有日益众多的我国出国留学生和其他人员，等等。他们都自觉或不自觉地塑造着我国的国际形象，进行着对外宣传。

这一规模巨大的对外宣传工作，在本书中一般称为"对外传播"或"对外交流"，以别于"宣传"一词的贬义（指虚夸粉饰等）用法。当前，我国各个方面的对外传播工作虽已取得重大进步，但也并不尽如人意。语言障碍是一个原因，另一个看来不甚明显但却很重要的原因是人们对于中外文化背景的巨大差异认识不足……

我们同外国人交往时，怎样才能避免误解？怎样才能帮助外国人更好地了解中国和中国人民？这就是本书要探讨的主要问题。迄今，似乎还没有出版过从实践或理论上探讨这个问题的书籍。

段连城具开创意义的研究，也体现在对外宣传的受众和受众意识上。重温他的这些话，在今天仍有现实意义。

他在书中反复强调的"传播对象"，就是受众。他说，在他的这本书里，传播对象指的是对中国有兴趣的外国人。外国人不都是一样的，所以要对传播对象进行分类研究。各类对象都有一些普遍的规律。他尤其强调对西方人，特别是美国人的研究。"这是因为近年来美国同中国之间的人员交往大大多于其他西方国家，而且美国人作为我们进行研究的传播对象，有一定的代表性。"这就启发我们，不是所有外国人都对中国感兴趣，也不是中国所有的情况外国人都感兴趣。这就需要调查研究，看自己的媒体所针对的是哪一个国家的哪一部分人，这些人对中国感兴趣的是哪些方面，进而思考用什么样的方法和技巧才能取得更好的传播效果。

段连城特别强调传播对象的研究，意即更好地了解我们的受众。他给出的建议是：

为对某国的传播对象获得初步了解，必须学点该国的历史，包括对华关系史，学点该国的经济、政治和社会情况。读书是必要的，但除理性认识外，还需要取得关于该国和该国人民的一些感性认识。最好的方式是到那个国家去生活一段时间，或者是同来华的该国人员来往和交友。如果这两者都做不到，那么可以多看一些该国的小说和电影。……

长远看来，我国的对外传播研究者需要一国一国地进行对象研究，首先从当前交往最频繁的国家开始。

诚如这位老前辈、老领导所言，随着中国对外开放的步子越来越快、领域越来越宽，来中国的外国人也越来越多，他们在中国可以自由旅行，可以很随便地跟普通中国人交流。同时，来中国对我们提供各种帮助，或者自愿来中国生活的外国人也一下子多了起来。我们把来到中国的外国人称为"送上门来的宣传对象"。这也为我们了解自己的受众带来了许多方便，特别是对没有机会到对象国生活一段时间的同志来说，有机会更多地了解他们，也就有可能在实际工作中更好地把握针对性，随之也更加重视用事实说话，更加重视对外传播的真实性。

段连城同时强调，如果忽略在开放条件下国外和海外公众有来自多种渠道的关于中国的信息，可以用这些自己得来的信息同我们的对外传播对比，如果发现其中有违背实事求是的原则的"宣传"，结果只能损害我国对外传播的可信性。

段连城还用一个形象的比喻——"常照镜子"，来增加对受众的了解。怎样"照镜子"？看他怎样一一道来：

对外传播工作者应经常接触海外舆论，对中国在外国受众心目中的整体形

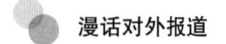

象和本人分工报道的某个特定地区或行业的局部形象有所了解。

了解国际形象有助于制定宣传策略（包括选题计划和推广发行方针），也有助于确定具体报道的角度和调子，因而是对外传播"有的放矢"的前提，也是对外宣传工作者提高业务水平的必由之路。

"常照镜子"的具体办法：从自身来说，不间断地选读《参考消息》和《参考资料》中较有分量的对华反应；翻阅一两份严肃的海外报刊的中国报道；有批判地听点主要西方国家的对华广播；读点在对象国家和地区有影响的介绍中国的书籍；"勤读多思，坚持数年，必有好处"……此外，迫切需要整顿通联工作，重视读者来信这一渠道的信息反馈。（如国际广播电台近年来每年收到海外听众来信20万封以上，这是一笔巨大的财富。）地方则应全面地（而不是报喜不报忧地）收集来客的反映。

在熟悉国际形象的阅读过程中，同时也能熟悉对象国的文化背景和人们喜闻乐见的写作和讲话方式，有利于全面提高对外传播水平。

段连城的《对外传播学初探》一书，是1988年由今日中国出版社出版的。2004年3月，五洲传播出版社又出版了这本书的增订版。此时，作者已作古，所有增订的内容，都是由他的老同事、好朋友沈苏儒先生代为整理的，增加了上次出版后作者发表的有关对外传播研究的重要著述，使之内容更为丰富。沈老在段著《对外传播学初探》的《增订版后记》中说，段连城"在三个方面，为我国的外宣事业立下了汗马功劳"。其中之一就是在对外传播的理论建设方面。沈老写道：

建国以来，我国的外宣实践已积累了相当丰富的、正反两方面的经验，但如果我们继续停留在感性认识上，不努力提升为理性认识，经验不能上升为理论，那么我们的认识和实践会始终处于低级的状态、盘旋的状态，工作就难有突破和飞跃，就不能与时俱进。有鉴于此，他完成了《对外传播学初探》一书，为我国的对外传播理论建设奠下了第一块基石。

对外宣传，古已有之，各国皆然。但作为一门学问来研究，还是近代才有的。五洲传播出版社出版的《对外宣传论文集》中，有时任湖南省委外宣办主任陈开国的一篇文章。他认为，宣传是门科学，进入20世纪80年代以来，我国在这方面的研究有了很大的发展，出现了一些这方面的专著。对外宣传，作为整个宣传的一个重要组成部分，无疑也是一门科学。国外在这方面已有一些专著。近些年来，国内这方面的理论研究也有所进展，著述越来越多。陈开国指出：

随着对外开放的扩大，社会实践的发展和丰富，人们在对外宣传的实践中积累了丰富的经验。对此进行由表及里的加工整理、分析综合、总结提高，很有必要。在此基础上，进行系统缜密的理论思维和理论概括，使实践上升为理论，形成完整的科学的理论体系，努力建立和发展具有中国特色的党的对外宣传学，现在是时候了。

段连城和沈苏儒所做的，就是这样的研究工作。只不过，他们将这门科学称为对外传播学。杨正泉局长就充分肯定他们的研究成果，说因为他们的努力和专著的出版，对外传播有"学"的问题解决了。

同段著《对外传播学初探》一样，1999年2月由今日中国出版社出版的沈著《对外传播学概要》一书同样被认为是我国对外传播学的开创之作。书中阐述的主要观点是这样的：对外传播是跨国的传播、跨文化的传播、跨语言的传播；对外传播的基本原则是"内外有别"、"了解第一"（对外宣传最基本、最主要的任务是增进各国人民对中国的了解）、"让事实说话"。沈老特别强调的一点，是对外报道的受众与对内报道不同。

对外报道的受众是外国人，通常还把海外华人、华侨和台港澳同胞也包括在内。严格来讲，对台港澳同胞的宣传，不属于对外宣传，但由于历史的原因，目前对外宣传的内容、方式、手段，对他们也是适用的。这些对外宣传的对象，就是通常所说的受众。他们同我们是有巨大差别的，对他们，我们是不熟悉的。向他们介绍中国，要把工作做得好，就得更多了解他们，了解他们主要是些什么人，他们的主要情况是怎样的。

从过去长时间的调查中发现，我国对外报道的受众主要是知识分子，从社会地位上看主要是中等社会阶层，他们的职业状况是十分广泛的。他们同我们有着文化背景和意识形态上的差别，对中国了解甚少，在对大众传媒的态度和使用习惯上也与我们不同。基于这些差别，对外报道与对内宣传自然有别。因为国外受众不喜欢、不愿接受被认为是"宣传"的东西，认为只有客观报道才是可信的。顺理成章地，对外报道应当适应国外受众的需要、习惯、口味和接受能力。否则，我们的报刊没有人愿意读，我们的广播没有人愿意听，我们的影视没有人愿意看，自然也就没有效果可言。这就要求对外报道在题材和主题上，在角度和写法上，在语言文字上都与对内报道有差别。这就是常说的"内外有别"。又因为每个对象国的人们各有差别，更不用说也包括在我们的对外报道受众当中的海外华人、华侨、台港澳同胞更是一类特殊的受众，所以，除了"内外有别"，又有"外外有别"的原则。

段连城于1990年写的《对外传播学九条述要》对"外外有别"的原则是这样表述的：

"外"一般又可分为五大系列——美国及其他西方国家；日本；第三世

界；前苏联东欧；港澳台同胞和海外华裔华侨。每个系列又可按国别、职业、社会阶层及对华态度，以及年龄性别等等细分，一直分到个人（做"一把钥匙解一把锁"的工作）。"着重做中间群众的工作"，"中间"是按对待社会主义中国的态度划分，这一提法具有重要的指导意义。

曾担任中国外文局局长的杨正泉，是从中央人民广播电台台长任上转到外宣领导岗位的。他也特别强调受众意识。他有一本书，叫《书刊外宣散论》，里面有许多篇文章都谈到外宣。下面是我印象最深的一段。这一段话说的是"坚持正确的舆论导向，要把握好对外宣传的要求"。他说：

对外宣传与对内宣传又有着较大的差异，主要是宣传目的和宣传对象的不同，由此派生出许多的特殊性。对内宣传要以科学的理论武装人，以正确的舆论引导人，以高尚的精神塑造人，以优秀的作品鼓舞人……对外宣传同样是服务于我国的现代化建设和外交路线，但主要是向世界介绍中国，通过让世界更多地正确地了解中国，从而为我国的现代化建设创造一个有利的舆论环境。看起来这种差异并不大，但宣传目的的区别带来宣传方式的不同。"介绍"二字却大有学问，又是向与国内完全不同的对象作介绍，由此造成了选题的不同、选材的不同、角度的不同、方式和方法的不同。毫无疑问，要在对外宣传中坚持正确的舆论导向，必须深入研究对外宣传自身的规律和特点，十分重视宣传的针对性和宣传的艺术，重视宣传的效果。

前面提到的陈开国的那篇文章也谈到了这个问题。他说：

全世界200多个国家，民族、文化、社会制度各不相同，所受历史文化影响不同，因而思想观念、价值趋向、道德标准、宗教和政治信仰、审美情趣也会很不一样……由于情况不一样，对外宣传工作对象对宣传的内容和形式有很大的选择性，选择性地理解，选择性地接受。因此，即使都是外国人，也要"外外有别"。加强对他们的研究，很有必要。对客体研究越多，了解越深，对外宣传的效果就越好。

这又给我们如何增强受众意识增加了难度。但是，要搞好对外报道，只能想办法对自己的受众增加了解，并同他们保持一种平等和友好的关系，在此基础上不断提高针对性，方能期待提高对外宣传的效果。那就是增进同各国人民的友谊，为我国的改革开放和社会主义现代化建设创造有利的国际舆论环境。

所以，对外报道才格外重视受众意识，必须遵守的原则不但有"内外有别"，还有"外外有别"。这是因为，即使同一国家的受众，也会因时移世易而在对中国的看法、对中国人的态度上发生变化。美国就是一个这类国家的典型。2020年，新冠肺炎疫情在全球暴发。百年未有之大变局与疫情交织在一起。随着美国本土新冠肺炎疫情死亡人数不断上升，美国经济受到严重冲击，疫情已成为美国民众最关注的议题。本来，美国政府应当首先关注本国的疫情——美国的感染者就死亡人数均为全球第一，但事实并不是这样。特朗普政府围绕贸易战、疫情等操纵舆论对中国进行批评，导致美国民众对中国的好感度急剧下降。

这还不算是最坏的情况。疫情或将加快美国对华"脱钩"进程，中美经济关系的"萎缩"将使两国总体关系更趋恶化，美国商业界对华态度趋于冷淡、负面；疫情使中美围绕治理体制、意识形态、国际机制等问题的矛盾更趋凸显，双方全球领导力之争日趋激烈，这将增强美国涉华舆论的复杂性；特朗普政府和部分战略精英操弄疫情因素，针对美国普通民众进一步加大反华战略动员，"叙事之争"料将更趋深化。

这就给我们对美国为首的西方新闻宣传工作提出了更大的挑战。需要研究不断出现的新动态，研究美国和整个西方受众对华态度的新变化，采取冷静而有效的措施。从长远来看，不论有多大困难，遇到多大的挑战，中美两国人民终究还会友好交流，和睦相处。这里面有我们的对外报道需要负起的责任。

（三）实践的总结

我在今日中国杂志社工作多年。《今日中国》是一本多语种对外期刊，各文版都有自己的受众群。原来各文版统一采用编辑组所发的稿件。各文版读者对象不同，也就是"外外有别"，都用一样的稿件，显然不能满足各不同国家和地区读者的需求。所以后来改变了做法，各文版除了采用部分通稿，增加了自己采写的专稿。

今日中国杂志社的老领导张彦曾这样肯定这种更有针对性的做法。他说："这应该是一大进步。"同时他又这样总结道：

与此同时，近几年来，杂志上经常出现反映普通中国人生活的报道，读者普遍表示赞赏。从这个成功的经验，我们可以悟出众多读者的一般心态。对他们最能起作用的，是看得见、摸得着的具体事实，是常常能引起共鸣的人与人之间的无价情义，是反映我们老百姓的真实生活。这样一种富有感染力的文章，在我们这样一本刊物版面上，绝非可有可无，而应该占有重要地位，尽可能每期都有，主题和写法上还应该不断翻新。

再后来，《今日中国》各文版根据自己的读者定位和他们的特殊要求，独立策划选题，针对性有了更大的提高，但还是存在不足之处。在杂志社工作多年并获中国友谊奖的阿拉伯语专家侯赛因·伊斯梅尔就曾这样说过："外宣必须有针对性。适合某一个国家的内容可能不适合另外一个国家。编辑记者必须把宣传对象国的文化、历史、人民的感情弄清楚。""必须认真研究外宣所肩负的使命，对外宣传必须适应宣传对象的需要，这样才能达到外宣的目的。"

他还提出了一个问题,每年全国"两会"以后,《今日中国》都会发表各界人士的文章,包括宗教界。全国人大代表中有不少穆斯林,但是,为什么在阿文版发表的却是基督教人士的谈话呢?

这位外国专家的话,鲜明地指出了我们工作中存在的问题,值得深思。特别是向阿拉伯国家的受众介绍基督教在中国的情况,有什么针对性呢?我们反复强调的受众意识哪里去了呢?

我格外尊敬的老师爱泼斯坦也谈到怎样增强受众意识的问题。不过,他的中心意思是:"做好对外宣传要多替读者着想。"他在一次谈话中对这一思想做了很具体的阐释,每一个话题都是从实践中来的,都是实践经验的总结。这篇谈话发表于1981年7月1日,他在谈话中首先关心的就是外国读者当时对中国最关心的是些什么问题,然后对如何向他们说明这些问题提出自己的看法。比如,在谈到如何才能有效地宣传社会主义制度的优越性时,他说:

在社会主义国家,对内宣传与对外宣传是完全不同的。对国内而言,宣传起的是指导作用,即针对某一特定时期的主要任务集中进行宣传……对外宣传就不能采取集中火力打歼灭战的办法。我们应该以报道成绩为主,既报成绩,也报问题,经常保持报道上的平衡。问题出在我们所报道的成绩,往往由于写得枯燥单调,缺乏情趣,结果吸引不了读者。因此,我们应该在写作技巧上狠下功夫。……

报道存在的问题,应力求用积极的指导思想和生动的文字去写消极的东西。也就是说,要在报道存在问题的同时告诉读者,我们是如何克服问题,不要就事论事。……

对一些比较复杂的问题,报道时本应该加一些背景材料,做一些必要的解释说明,但我们往往只是三言两语就放过去了,使人读起来摸不着头脑。……

另外,不要以教训人的口吻对待读者,因为一般来说,人们都不愿意挨训。形容词太多，令人感到华而不实，无亲切感，往往形同教训人。

他强调，不同的政治倾向和不同民族的人，看问题的立场、观点和方法也各有不同。但一般来说，他们所感兴趣的问题都是同他们自己的问题相关联的。因此，我们每发出一条新闻或评论，一定要与国外读者的社会生活搭上点边，否则不如不发。当我们写文章时，首先要记住我们的读者是各国不同类型的外国人。我们所熟悉的事情，他们不一定熟悉。因此我们必须替读者设想，多做些解释性说明。我们要学会及时抓住人们头脑中的问题，这样我们的宣传才能做到有的放矢。

爱老这样一个人，是最了解外国人特别是西方人的。西方，其实是指欧美经济发达的主要资本主义国家，包括日本。西方各国的宣传就特别注重受众的调查和研究，担任过中国传媒大学校长的胡正荣，曾有《西方国家的宣传特点及其借鉴意义》一文，对此有详细论述。在谈到西方国家对内宣传的特点时，他写道：

首先，重视受众，将受众放在第一的位置上。之所以如此，倒不是真正的如我们所说的"人民的利益高于一切""为人民服务"，而是出于占据更大受众市场，获取更大经济利益的目的。它们有专门的受众调查研究公司为媒介服务……这些公司有着较高的专业调研水平。各个媒介机构从调查公司购得有关自己媒介收视、收听状况的资料和数据，以此为依据，调整当前的宣传状况，规划未来的宣传策略。由于这些媒介对自己的受众较为了解，因此它们在各自的受众领域都有一定的影响。

谈到西方国家对外宣传呈现的特点时，他指出：

首先，宣传目标明确，目的性强。他们的宣传明确指向对象国和目标受众，其目的是向这些国家和受众宣传自己的制度、价值体系和生活方式等。他们通过受众来信、直接调查等方式搜集有关目标受众的需要、喜好、倾向等资

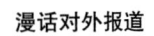

料，以便参考。

他强调：

纵观西方国家的对内、对外宣传，可以发现两者之间有许多共同和不同之处。相同之处在于，他们都是为资产阶级的整体利益和资本主义国家的最高利益服务的；两者的目的都非常明确，都是创利和服务，两者都非常重视开发受众市场（国内外的受众）。

但是，由于内外宣传的对象、目的等方面的差异，使得对内、对外宣传仍然有较为明显的区别……对外宣传比对内宣传有更明确的指向和政治意图……内容上多为宣传本国的价值观、政治体制、经济实力、文化生活等，根本出发点在于张扬资本主义制度的优越性……另外还采用对象国受众乐于接受的方式和手段，如受众参与、外语教学、抽奖等。

作者的观点是，我们要借鉴这种做法，也要注意研究和把握受众，了解市场状况。把握自己的目标受众是做好宣传工作的第一步。这对我们不断总结实践经验，在对外报道中不断提高受众意识，肯定有指导意义。

三、践行责任意识

所谓的责任意识，就是清楚明了地知道自己应负的责任，并自觉、认真地履行自己的职责，把责任转化到行动中去的心理特征。一个人只有树立了正确的人生观、世界观和价值观，才能保持和践行责任意识。

那么，外宣人的责任意识应当是怎样的呢？具体说来，应当是为党和国家负责，为所在媒体负责，为自己的读者对象负责的统一，在工作中肯于负责、勇于担当，努力提高自己的工作能力，不断在对外报道中创造新的成绩。

北京周报社社长李雅芳，是从翻译起步的，一干就是14年。进入新世纪后，她成了中国网第一个德文编辑，一直干了11年，然后被调到中国外文局总编室主持工作，时间只有3年多，又让她回到北京周报社当一把手。2019年，她写下了这样的体会：

使命担当，应当是一个社长的最高价值追求，这既需要担当的勇气，更需要担当的能力。我感谢外文局32年的培养，翻译、定稿人，编辑、把关人，管理、大项目统筹，直到一个外宣媒体主责业务的第一责任人，无论自我选择还是被组织选择，每一步都走得坚实有力，因为有前辈如师如友、如父如兄，耳提面命，身体力行，踩在巨人的肩膀上，才使我今天能信步前行。

她的这些感慨，在一定程度上是有感于北京周报社同人对她的支持和与她的合作。在她心目当中，"周报"是个了不起的团队，具有专业浓厚的功底、扎实稳健的作风。这个团队撑起了她无数个职业理想。

在2015年中非合作论坛约翰内斯堡峰会前期，他们制作了《中国与非洲》专刊并举行了首发式，习近平主席不仅给他们发来了致辞，还参加了北京周报社承办的论坛15周年成果展并为之剪彩。她说：

当《新闻联播》用2分39秒播送这条消息时，总社和非洲分社都为之沸腾了。中宣部领导夸奖我们善于借机求显，为传统期刊服务于高访外宣开创了一种全新的模式。

2017年，经过前期的深度调研，他们开始与塞内加尔新闻出版集团旗下的《太阳报》开展代理印刷发行的全面合作，使《中国与非洲》法文版这本创刊30年的杂志第一次有规模地落地非洲大陆，填补了法语区的空白。塞内加尔总统萨勒不仅是他们的读者、作者，还在习近平主席访塞期间把刊有他署名文章的杂志送给习主席。她说：

当我看到两位元首小范围会见时，面前的茶几上摆放的熟悉的杂志封面，就如同看见自家的孩子那般亲切，深感一切的付出都值得。也正是从这一年起，周报社在中宣部和局领导的大力推进和支持下，全面开启了与世界一些最著名期刊的国际合作传播，让《北京周报》的文章随着这些杂志走进欧美的千家万户……

曾身为中国外文局副局长还兼任总编辑的黄友义，在他那篇以《与大师们相识的岁月》为副标题的文章中，一一列举了那些如雷贯耳的名字之后，没有忘记列举他熟悉的青年才俊。他们都有着高度的责任意识，都是各方面外宣工作的骨干。黄局长这样勾勒出几位骨干的形象：

中国网总编辑王晓辉从事互联网外宣工作，硬是挤出时间撰写翻译文章。他的第一部著作就要出版，第二部距离出版也不远了，两部书稿都值得期待。显然，他在汽车上、机场里、会议间隙中一分钟也没有停止思考和写作。

外文社副总编辑许荣分管多语种翻译出版，总是风风火火，朝气十足。看到她一边看着书稿，一边电话不断联系工作，我不由得感叹，当个业务管理者真不容易啊。

今日中国杂志社的英文翻译孙雷跟我说过，介绍少数民族地区的文章，一定要有当地少数民族的声音，这从故事当中人名的拼写就能一目了然，可谓对对外传播的规律认识深刻。

新世界出版社译审韩清月在翻译中的钻劲令我折服，我既喜欢跟她讨论翻译，又怕跟她讨论翻译，因为她总是对每一个字、每一个词都穷追不舍。

黄长奇曾在中国翻译协会秘书处工作多年。为了筹备2008年在中国举办的第18届世界翻译大会，我们跟国际组织的书信往来猛然增加。第一次她就直截了当向我指出：你把某某的名字拼错了。被一个年轻同事发现自己的错误，本来是一件丢人的事情，我却比自己受到表扬还要高兴一万倍。高兴的是她的眼力，高兴的是她的直率，从此我们开始了毫无障碍的长期合作。

……

随着我逐渐退出工作岗位，我跟中青年同事的接触少了，但是我真心想说，他们给中国外文局的翻译事业带来活力，带来希望。

我在《今日中国》中文版工作时的同事唐书彪，在一篇文章中对责任意识做了这样的诠释：

首先是为国家服务的大局观和使命感，这应该是（《今日中国》创办人）宋庆龄办刊思想的第一条。宋庆龄当年创办《中国建设》（即易名后的《今日中国》）是想打破西方对新中国的舆论封锁，向西方世界介绍当时的中国情况，这是当时的历史背景。现在，西强我弱的局面仍然没有打破，还是旧的格局。怎么样把现在中国的多样性介绍给国外，仍然是我们没有完成的任务，在这个问题上，我们肩上责任很重。

另一位是我当时的老同事，我十分尊敬的老大姐西门露莎也谈到过这一问题。她1953年大学刚毕业就进入了中国建设杂志社当了编辑。在头20年里，她先后搞过历史考古、经济、文教等方面的报道。1974年，领导突然让她搞起了医疗卫生报道。她回忆道："我搞卫生报道，实为'半路出家'……对医疗卫生这个领域，我从未涉足。当领导交给我这项新任务时，我还不知道卫生部在北京城的哪一个角落。"那时候，她连我国医疗卫生方面的方针都"完全茫然"，但她凭着强烈的责任心，很快就克服了这些困难。她写道：

强烈的责任心，加上自己惯常的苦干和钻研精神，使我在较短的时间内，填补上了横在我面前的空白。我几乎每月都要去卫生部的有关司、局和宣传办，了解它们的工作动向，搜集报道线索，渐渐地，我成了在这个部露面最多的记者之一。我还经常走访一些医学科研机构。由于"腿勤"，我结识了卫生界各级领导人和第一流的医学专家，他们都成了我的良师益友。我还争取参加卫生界许多全国性的会议。以上这些，为我搞好医疗卫生方面的对外报道，打下坚实的基础。

我本人从事对台报道的经历很像前面提到的西门露莎老大姐，也是凭着强烈的责任心，从艰难起步到做出微薄成绩，这是向社内所有老前辈们学习的结果。

我从中学起就有当记者、当作家的志向，1973年半路出家，由翻译转行当了编辑、记者。但真正入行，是在1979年让我跑对台新闻，特别是1980年进入《中国建设》中文版工作之后。

在《中国建设》中文版，我的分工是对台报道。在对台宣传这个圈子里我完全是个新手，不知道谁能帮我。于是，我一有空就跑对台宣传和工作部门，特别是中共中央台湾工作办公室，主要是向主管宣传的领导和新闻局请教，了解对台报道线索，还参加他们定期举行的通气会，了解对台宣传口径和改进意见等。时间稍长，就和他们成了朋友，还差点成了其中的一员。《人民日报（海外版）》的港澳台部、新华社的港澳台部、中央人民广播电台对台湾广播部（现称中国广播电视总台港澳台中心）、中国新闻社的港澳台部，这些部门里集中了最专业的对台宣传记者和编辑。我不但向他们约稿，还向他们讨教，很快我们就成了合作伙伴，和不少人成了朋友。像台盟、全国台联、台湾同学会这样的党派或团体，我跑得也很勤，他们的重要活动都通知我参加采访，我和他们的领导很熟。此外，我同全国政协的台港澳委员会、中央统战部新闻办和一些民主党派负责对台宣传的部门，文化部、外经贸部对台办等，也都有较多交往。海峡两岸关系协会成立不久，我就与之建立了联系，还采访过常务副会长唐树备，他的另一个身份是国台办副主任，担负着与台方授权机构就两岸关系进行沟通的重任，在海峡两岸享有极高的知名度。至于全国台湾研究会的专家学者，我也结识了一些，包括名望最高的李家泉。

正是有了这样广泛的联系，不但使我个人在对台宣传这个圈子里被认可，我们的杂志也扩大了影响。在这个基础上，我们邀请以上各部门、各单位对我们帮助最多的负责人担任了我们的顾问，差不多每年都召集他们开会，听取他们的意见和建议，以改进我们的工作。他们都是我的老师，我对他们都非常感恩。

就这样，我凭着较强的责任心，几乎是从零起步，成了中央媒体中对台报道领域有点影响的人物。但我还是很清醒。严格说来，我根本算不了什么。就中国外文局内来说，不论是前辈还是同龄人，比我好的多的是。比如张彦，90岁高龄的时候，还每天上网看新闻，收发邮件，用电脑写文章。再比如沈苏儒，在2009年去世前的一两个月，最后一次住进医院的头一天，还在通过邮件与我联系，就委托我编辑的他的最后一部著作交换意见。又比如林戊荪，在他78岁那年，我对他说："再过两年就80岁了，什么也别做了，好好休息吧。"他回答说："什么也不做，活着还有什么意思？"

像这样的老同志，中国外文局还有很多。他们一生中都用实际行动诠释什么是责任意识。

1985年第30期《北京周报》刊出了时任副总编辑的戴延年的文章——《从先富起来的村庄看"小康水平"意味着什么》。他在本文写作体会中写到了当初是如何敲定这个选题，又是如何尽职尽责完成采写的：

1985年春天，当我翻阅报纸寻找采访线索时，一条报道苏州农村少数村庄率先奔向小康的消息跳进我的眼帘，读后很感兴趣。

十一届三中全会以后，中央提出了本世纪末全国达到小康水平——国民生产总值人均800美金（这是当时的提法，后来又有大幅提高并得以实现。——

引者注）。这是一个令人振奋的目标。但小康生活水平究竟是什么样？人们都盼着、向往着可谁也说不清楚，只有到2000年才能见分晓。现在就有少数村庄把那时的生活情景展现出来，这太有吸引力了，很想去看看。同时我想外国人对此也必定有兴趣。而且，这个题目具有比较长远的价值。不会过几天就成了"明日黄花"。当我把上述想法提出来和别的同志商议时，他们都表示支持。

这个题目初步得到认可后，我又把那份提供这一报道线索的报纸找出来看，研究这些村庄是否确实提前达到小康水平。因为这是关键，如不把情况弄准确，仓促前去采访，很可能白跑一趟。可那条消息很简短，用词也很谨慎，没有数据，具体提法是有少数村庄"率先奔向小康"，没有"达到小康"或"进入小康"的字样。我把消息看了好几遍，反复推敲，仍不能断定。

这时全国人代会（指六届全国人大三次会议——引者注）正在北京举行。为了证实这个问题，我找到江苏代表团住处，他们做了肯定的回答，还给我看一份报告。报告中有一些数据，说明这些村庄确实已达到小康水平。

过了几天，在内部刊物上看到领导部门的一个意见，提出不宜过多报道这些村庄已提前达到小康，报多了，人们会以为领导在提倡提前实现2000年的奋斗目标，造成各地相互追赶之风。这个意见又促使我对初步确定的题目重新斟酌一番。斟酌结果是，我拟议中的题目表达的重点是从少数先进村庄展示中国到2000年时的农村面貌，不是宣扬中国已有多少农村提前实现2000年的目标。对外报道这个题目仍然是能够成立和有意义的。

我最初看到这位外宣老前辈为一个选题费这么多脑筋和周折的时候，心中不禁感叹：像这样的外宣老手，对一个选题都这么认真，反复研究，多方印证，这不正是外宣人应有的责任意识吗？

中国外文局的对日期刊《人民中国》从1983年8月号到1986年6月号，以《中国民俗探索》为题，连载了30篇文章，有24万字，在广大日本读者中引起了很大的兴趣和反响，许多日本读者来信表达了他们的爱读之情。很快，连载文章便在日本结集出版。同时也在国内出版界引起了重视。1989年在中国外文局第三届优秀书刊评比中荣获了优秀文章一等奖。这一连载的作者就是后来曾任《人民中国》副总编辑的丘桓兴。我抱着极大的兴趣，研究过他的文章——《采访〈中国民俗探索〉的体会》。文中道出了"中国民俗探索"是一个重大选题成功的秘诀，从中也看到了从策划开始到完成写作的过程中，他是如何尽职尽责的。

先看这个选题的由来。他回忆说：1982年秋，在北京中国美术馆举办了陕北民间工艺美术展览。出自村姑、农妇和民间艺人之手的剪纸、布玩具、面花、泥塑、刺绣，散发着泥土的芳香，充满窑洞人家的生活情趣。起初，我们拍了彩色照片，准备刊登画页和配合的文章。通过民间工艺品，介绍陕北农家风土人情。……后来，天南地北的民俗习惯越凑越多，题目越来越大，最后杂志社领导决定搞个连载，系统地报道各地汉族的民俗（本刊已报道过少数民族的风土人情）。……我接受任务后，对"民俗"连载怎么搞，应当采访哪些地区、抓什么问题，心里没底儿。正在这时《人民日报》发表了钟敬文先生的文章，用答读者问的形式，谈了民俗学的任务和作用等问题，我喜出望外：拜师去，向民俗学老前辈请教去！

在谈话中，钟老给了我许多指导。比方，中国地域辽阔，应采访哪些地区，才能反映各具特色的民俗，既不遗珠，又能不重复呢？对此，钟老第一次提出将中国划分为12个文化区的主张……我们遵照这一意见去做，工作进展顺利。后来，我们请钟老担任"民俗"连载的顾问，不但指导采访，还帮助审阅稿件，使我们获得了许多宝贵的教益。

接下来，为了完成这个选题，还有一个学习和"充电"的过程：

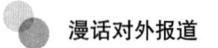

1983年夏，我参加了全国民俗讲习班的学习，不但听到了诸位专家、学者的讲学，还结识了民俗学界的不少朋友，并从他们那里得到了很多帮助。比如来自兰州大学的柯扬教授，在讲学之余，给我详细介绍了甘肃骆驼运输队的情况，为我后来采写骆驼队的文章，提供了宝贵的材料。

当然，这只是其中一个例子。他在回忆中还列举了多位专家、学者对他的支持和帮助。所以老丘说，如果没有钟老和这些朋友们的支持，他是很难成功的。

有了这个基础之后，丘桓兴又开始考虑：用连载的形式介绍各地民俗，怎样才能抓住每一地区的民俗特点，才能各具特色，吸引读者？除了向钟老和民俗学界的朋友请教，他还阅读了大量的有关材料，经过比较分析，逐步了解了各文化区的民俗特点，明确了采访的重点。并且确定：连载多少期、每期几页、是否有彩色画页相配合、计划去哪些地方、重点报道什么、抓哪些地方特色、怎样安排内容才可避免前后重复、用什么内容作为开篇，又在哪里收笔，能给人留下回味？他都认真负责地做了统筹安排。正是他下足了功夫，才保证了这一连载的成功。

《中国报道》记者郑振杰谈采写《农村改革和10亿人的粮食问题》（载于1988年第6期）体会的文章，特别提到这个选题是怎么确定的，自己又是如何通过努力才采写成功的，同样是外宣人尽职尽责的好故事：

按时惯例，杂志每期的选题计划，一般都是先由每个责任编辑提出，然后在社领导和编辑部、图片美术部全体人员参加的会议上最后确定。我记得1988年春天在拟定第6期选题时，因为手头没有什么资料和线索，我所分管的农业方面到底应该上什么题目，心里没有底。……为此我细心地翻阅了报刊上有关农业方面的报道，并两次到农业部的有关司局去了解情况。

通过调查，我了解到我国的粮食生产在1984年登上新台阶以后，由于多方面的原因，连续几年出现了新的徘徊。这种局面不仅引起了我国人民的普遍忧虑，而且引起了不少国外读者的关注。这时我便拟定了《农村改革和10亿人的粮食问题》这个比较引人注目又非常重要的选题。

《农村改革和10亿人的粮食问题》这个选题是在我翻阅了许多报刊、参照了农业部门提供的不少材料，认真研究、分析了我国政府对农业的许多政策，并结合当时农村所发生的许多新情况后确定的。实践证明，作为一个编辑、记者，如果平时不较多地积累和研究材料，不花较多的时间认真研究我国各个时期的方针、政策，不认真了解读者的反映、要求和喜爱，而是到拟定选题时才西鳞东爪地临时现凑，一个受国外读者欢迎的选题是难以产生的。

外文出版社的老编辑廖频，1963年9月参加工作，2012年1月退休，用她自己的话来说，是"50年只做一件事——编画册"。别看把半世纪的经历只浓缩成这样一句话，但细细回忆，却有着道不尽的故事，还有说不完的艰辛，这其中无不体现出她高度的责任意识。就拿她最后参加的"中国文化与文明"丛书的编辑工作来说吧，她回忆道：20世纪八九十年代，国际形势变幻莫测，国内开放的步伐加快，原先只出中文版的出版社也尝试出外文版图书或与国外谋求合作。外文局的各级领导意识到传统的对外出版发行模式正面临挑战，自20世纪50年代以来外文局在对外宣传中一枝独秀的局面将难以持续，于是开始不失时机地多方寻求对外宣传的新途径，尝试构建对外出版发行的新模式。恰于此时，大洋彼岸一些倾慕中国文化、对中国友好的有识之士，也意识到长期以来许多人对中国的恐惧与对立是因各自存在差异，彼此缺乏沟通产生的。他们希望有一套符合西方人思考方式、使西方人易于读懂的出版物，将中国悠久而丰富的历史文化及中华民族的精神品质介绍给西方，"以书为媒"搭建理解的桥梁。1991年8月间，时任中国外文局局长林戊荪和外文出版社副总编辑黄友义赴美国耶鲁大学和伊利诺伊州立大学进行访问。访问期间，与耶鲁大学签订了合作出版"中国文化与文明"丛书的协议书，拟通过画册、图书等形式，全面向西方读者介绍中国传统文化的精华。双方商定，中方由黄友义、美方由派克担任此合作项目的协调人。此事很快就受到国际出版界的关注，美国《出版家周刊》还对此做了专文介绍。

这是一种全新的合作模式，从选题策划、遴选中外作者、拟定书稿内容和编辑提纲、审稿、定稿、中英文翻译、收集图片、版面设计，乃至制版印刷，都由双方共同组织运作。其中画册的子集——《中国绘画》《中国雕塑》《中国丝绸》全部由外文出版社出版，廖频担任了《中国丝绸》的责任编辑。丛书编辑出版规划要求，画册系列每卷文字三四十万，图片三五百张，中英文版同时推出。她回想参与其中的过程时感慨道：

我为编辑加工那些文稿真是耗尽了心力！

中方作者的初稿译后交对方审阅时，差不多每篇都反馈回上百个问题，有质疑词义的、要求补充时代背景的、添加艺术家的际遇和创作时的心路历程的……若将这些细琐的意见原封不动地转给中方作者，他们会不胜其烦，更不可能一一回答，只能由编辑解答、处理，遇有非问不可的才去请教作者。

编辑过程中，向各文博机构收集图片也是一项耗时费力的工作，不仅要求必须是作者指定的图片，而且图片质量要达到精品画册的要求。核查、修正、补遗书稿中引用的资料、引文、年代，以及每条注释涉及的要素等更是烦琐。总之，许多令人思之生畏、望而却步的困难、障碍，都被双方的主持、协调、参与者们倾心合力地化解、排除了。大家的共同想法是：绝不能因为自己的疏忽、懈怠而给这套书留下瑕疵。因此，每次到深圳中华商务监印，当最后在清样的蓝图上写下"可以付印"四个字时，我手中的笔如千钧之重，久久不能落下。

正是在这一长达10年的合作项目中集中了像她这样责任意识最强的一批精

英，才保证了"中国文化与文明"这套大型丛书的成功，在中国外文局对外合作出版的历史上留下光彩的一页。这位大姐的回忆被收入中国外文局成立70周年征文集，读后让我肃然起敬。

外文出版社还有一位让我十分敬佩的编辑程钦华。他在外宣第一线服务了47年，我也是从中国外文局成立70周年征文中看到了他写的回忆文章，知道了他更多的故事，顺手引用两则。一则是1979年8月，他提出编辑一本介绍中国青铜器的书，以配合翌年4月中国青铜器赴美国展览。一天上午，他到中国社会科学院历史研究所向李学勤先生约稿。李先生时年47岁，已是卓有成就的研究员了。因为来约稿的人很多，工作安排很紧，一见面就说："给你三分钟，讲完就走，我很忙，写不写你等我电话。"他赶紧把本书的写作要求及出版意义做了说明，最后一句话是："我社出版英文版，能走向世界。"不久后，李先生果然寄来本书的写作提纲，收到书稿后半年出书，及时配合了中国青铜器赴美巡展。然后，他又写了四篇书评，李先生看了很高兴，还约他吃饭。

我早就知道，老程在对外约稿方面有一绝，不但百发百中，而且与作者关系处得好，不少都成了朋友。另一点是他编的书出版后必定有书评问世。书编得好，书评也叫座，向他约稿的也渐渐多了起来。自然，外文社将他视为一宝，退休后还让他留在社里继续工作了一段时间。接受返聘后，他也参加了前面提到的"中国文化与文明"这套丛书的编辑工作。由他担任责编的是《中国陶瓷艺术》，全书共52万字，700多幅图片，是全面论述中国陶瓷发展历史、艺术成就和对外传播等各方面内容的大型学术著作。他不但尽心尽力当好责编，还利用自己多年积累的专业知识，写出了《元代陶瓷》一章和经他提议得到美方赞同的《陶瓷词条辑要》。

在返聘期间，他还按社里要求，做了一本外宣书——《生活中的中国智慧》（中英文版）。约好的作者中途退出，他只好自己顶上，时间只有一个月了。他回忆道："我定下每日工作量，如遇今日有事，明日便要做两天的量，终于在一个月完成。"出版后，这本书被国家新闻出版署评为向全国青少年儿童推荐的百种优秀图书之一。后来，外文社还出版了印度尼西亚文版和匈牙利文版。这就是这位老编辑展示出的责任意识。

在中国外文局，像以上两位在责任意识方面堪称楷模的各年龄段外宣人，可谓不胜枚举。

还是说外文社吧，比上面两位水平更高、名气更大的，是英文高翻梁良兴。他是我1965年到外文局工作后在第一次参加的全局职工大会上听罗俊局长表扬的人之一。后来认识了他，也听到他的一些故事。当过中国外文局副局长的黄友义，早已成了全国翻译界的大师，不仅多次当选为中国翻译协会副会长，甚至还当选过国际翻译家联盟第一副主席。就是这样一位大师，回忆自己"在外文局43年"时，不说自己如何成长、怎样成名、有哪些成就，整篇文章写的却都是他眼中的"大师"。我读后不禁感叹："一位大师级的人物，满眼看到的却是别的大师，此等境界非一般人所能及。"他眼中的第一位大师，就是大翻译家梁良兴，他曾经的师父。黄友义在文章中说，老梁是他刚到外文社时领导为他指定的师父。他从这样一个细节发现了师父的职业操守。事情的缘起是梁良兴老师桌子对面另一位大师级的人物、担任过外文社英文部主任的赵书权让他看师父的一本字典。他写道：

大概他发现了我对梁良兴老师的"烟线"有所关注，有一天他从老梁的桌上抽出一本字典展现给我。他说，做学问要向梁良（当时老同事都这么称呼他）学习，你看他字典的每一页都是黑的。果然，老梁这本字典几乎每一页空白的地方都是黑乎乎的；上中部是他细笔小字的各种记录，下部是带着烟灰的手指反复翻阅留下的痕迹。看着他的字典，我惊叹不已，这时老赵补充说，你看梁良对每一个词、每一个释义研究得多么透彻，做翻译就得像他这样。难怪80年代初期外文出版社请来的一位外国文字专家说："有梁良兴，就没必要请我们外国人了，他的英文水平之高足能顶替我们。"

这就是老梁，从年轻时就养成了高度的责任意识，一直到退休，再到退休后被返聘为社里工作，每时每刻、一年又一年，直到生命耗尽，都从未懈怠过。

再举一个例子。中国外文局有多家对外刊物，《中国与非洲》算是比较小的一种，而且创办的时间相对也短。但是，正如《中国与非洲》记者曹焱新所说，他们刊物虽小，但是他们在采访大人物方面，却做出了非同凡响的成绩。这是一本面向非洲发行的刊物。开始几年他们就采访过钱其琛副总理和我国多位部长、副部长，还有外国驻华使团团长，包括一些非洲驻华使节，并在有关部门的支持下，在非洲采访过一位国家元首。这就成功地鼓起了他们采访大人物的勇气。1992年下半年，他们决心开办一个"大人物"专访系列，重点是来访非洲国家领导人。于是，任务就更重了，责任也更大了。一是要及时掌握信息，了解中国与非洲国家外交往来的最新动向，然后确定采访对象并提前进行多方面的准备工作。同行们都知道，采访来华的外国重要代表团，国家有很严格的规定，要办的手续很烦琐。所以不难理解，比起中央各主流媒体，《中国与非洲》的记者单独采访来访非洲国家领导人的可能性很小。但是，出于一种责任担当，他们做了不懈的努力，得到了有关主管部门的积极支持，终于将采访非洲国家元首、政府首脑由愿望变为可能。据曹焱新1999年的回忆，他们已经采访了非洲国家十位元首、两位总理、两位外长和数十位特命全权大使。回想他们为此所做的努力，他写道：

为了保证专访的质量，每次采访前，我们都做了认真的准备。所提的问题都征求过外交部地区司和新闻司的意见，有的还请权威人士审阅。因此采访都取得了成功，反应很好，为增进中非友谊与合作尽了一份力量。对非洲国家领导人和其他重要人物的专访，增加了《中国与非洲》的权威性，也提高了她的地位，增强了读者对她的信任。非洲国家驻华使节大都主动向我们提供信息，希望我们对即将来访的重要人士进行采访。有的西方国家驻华大使还通过我们的杂志了解中国对非洲的政策和中非关系的发展现状。

外文局还有不少这样对外宣服务具有高度责任感的人，大家都为了一个共同的目标，一年一年地尽着自己的责任。

四、提高创新意识

一个国家只有不断创新才能持续发展。一个国家的各行各业，包括我们从事的对外报道，也需要不断改革创新，向创新要活力、要效果。

新闻贵在新，对外报道也要讲究创新，所以外宣人要有这种意识，不断地开辟对外报道的新领域，不断地发掘对外报道的新题材，不断地探索深入采访的新方法，不断地创造写作的新形式。应该开动脑筋，每一次报道都能给受众一点新的东西，每写一篇文章都能有点新意。这是党对新时代对外宣传事业的要求，也是前辈一代代传承下来的好传统。著名记者邹韬奋就讲过：

最重要的是要有创新精神。尾巴主义是成功的仇敌。刊物的内容如果只是"人云亦云"，格式如果只是"亦步亦趋"，那是刊物的尾巴主义。这种尾巴主义的刊物便无所谓个性或特色。没有个性或特色的刊物，生存已成问题，发展就没有希望了。要造成刊物的个性或特色，非有创造的精神不可。

这段话不仅值得各外宣媒体的领导人牢记在心，对所有外宣人来说，都应该作为座右铭。

（一）以两大媒体为例

自然，媒体不同，创新的具体要求和实践也会有差异，但创新的原则都是一样的。

先以中国新闻社为例，看一次重大对外报道活动的创新。

中新社是面向海外、主要用户为海外华文媒体的国家通讯社。每年的"两会"都是中新社对外报道的重大选题，都会派出精兵强将到会采访报道。但是，受新冠肺炎疫情影响，2020年全国"两会"的对外报道可谓非常特殊，不仅开会时间推迟、会期缩短、与会人员全程无接触闭环管理，而且上会记者采访名额削减，更无法像往常那样面对面采访。面对这种前所未有的考验，中新社调动全社人员和技术优势，形成合力，实现了"打破时空限制，'两会'报道全流程、多维融合创新"。

关于2020年"两会"报道，该社通稿发稿中心主任吴庆才专门撰文，发表在《对外传播》杂志2020年第7期，文章介绍了自会前就进行的选题策划到发稿落地全过程各个环节的创新之举。例如采访，实行的是选题项目制和内容众筹制。他写道："在防控疫情的情况下，今年'两会'新闻通过网络视频、书面等方式进行采访，绝大多数采访实行'点对点、人盯人、不见面'式的远程采访。上会记者必须适应从'面对面'到'屏对屏'的全新报道模式。"如果说所有与会记者都只能这样做，算不上什么特别之处的话，那么，他们实行的"内容众筹制"和"选题项目制"则更多体现出了创新意识。在他的笔下，"内容众筹"是这样做的：

为避免会期缩短、记者采不到人等造成会议期间出现稿荒，报道组实行内容众筹制。一是大众筹，即充分利用总社跑口记者和分社记者平时与代表、委员联系比较密切的优势，由报道组圈定重点报道方向，向全社各部门、各分社众筹报道内容。二是小众筹，即就一个选题，根据需要请不同记者采访不同的人，众筹一篇报道。内容众筹不仅破解了上会记者可能采不到人的问题，也调动了全社采编的积极性，大大丰富了"两会"报道内容。

说到"选题项目制"，他又这样写道：

根据今年"两会"的重点和热点，结合中新社报道特色，报道组事先策划了六个系列报道，分别是"两会·战疫""两会·战贫""两会·经读""两会·看典""两会·世界观""两会·侨声"。这六组报道实行选题项目制，每组分别指定一位资深记者任组长，由组长去组"最强战队"，将选题落实到每一个人。项目组长从选题策划、内容生产、质量把关、产品包装与分发等各个环节，全流程总负责。这一全新尝试充分调动了参与者的积极性、主动性和创造性，效果十分明显。

中新社多措并举的成果，创新报道形态，使融媒体佳作大量涌现。2020年的"两会"报道组多元整合图、文、网、报、刊等传播平台资源，打破平台壁垒，打破时空限制，实现了多平台横向联合。采编主体跨界合作，多端功能多元融汇，使2020年"两会"报道形成你中有我，我中有你，更深入、更多样、更有机的多维融合。

同样是2020年"两会"对外报道，中央广播电视总台也有多方面的创新。例如其中的中国国际电视台（CGTN），将"新媒体、新技术、新表达"充分融合，其新媒体编辑部在全平台发稿量只有去年85%的情况下，"两会"报道的各项数据再创新高，刷新了这个编辑部自成立以来的"两会"报道纪录。不但如此，在报道形式和所用技术手段上，也有创新。这个编辑部的主任陈姍介绍的"硬题材软包装"就体现了他们的创新精神：

充分融合"新媒体、新技术、新表达",提前策划制作并分阶段撒出融媒专题网页、基于大数据技术的数据交互三部曲、自主孵化网红的创意短视频系列、介绍当代中国社会风潮的动画系列、财经类微访谈系列、社交互动竖视频节目等多样态的新媒体产品,打造符合海外受众阅读习惯、适配社交媒体传播、提升新闻专业性的原创精品矩阵,以活泼轻快的方式报道重大题材,直观易懂、感染力强。

(二)外文局的创新之路

再以外文局为例,看这些年整体业务工作的创新。其中的"外宣书刊本土化"就是一大创新战略。

在蔡名照局长任内,外文局的创新被提到了非常突出的地位。他来外文局是在2002年,当时我已经退休了,但我还是比较关心本单位的发展,又在整理"外文局对外宣传理论研究大事记"时,认真学习过蔡局长的一些讲话和文章,发现他是一位很有见地和创新精神的领导,很善于思考,也善于规划未来。比如,2004年1月7日,在外文局干部职工大会上讲话时,蔡局长提出了新的一年的工作思路。他说:

长期以来,有三大难题一直制约着我局书刊外宣事业的发展。一是如何提高对外宣传的针对性。可以说,自从外文局建立以来,我们就在研究外国人到底关心中国什么问题,如何宣传才能使外国读者感兴趣?尽管广大业务人员很努力,但是由于对对象国情况缺乏直接的、深入的感受和了解,大多数业务人员甚至没有去过对象国,因而对对外宣传针对性的把握,难免存在或多或少的主观主义。对此,始终没有从体制上找到一个有效的解决办法。二是如何提高对外宣传的时效性。由于我们的期刊在国内出版印刷,无论采用航运还是海运,到达对象国时都已超过了读者能够接受的时效期限,新闻早已变成了"旧闻"，很难再引起读者的兴趣。这又迫使期刊主要选择时效性不强的题材，报道内容难以全面反映现实的中国。三是如何提高对外发行的时效性。受上述出版模式的制约，书刊对外发行主要是在国内进行，远离对象国市场，实行远距离销售，难以在对象国开展有效的市场推广工作，基本上是"等客上门"，在减少免费赠送之后，书刊发行量长期在低水平徘徊。……在总结试点经验的基础上，局长办公会议决定并经中央外宣办同意，从今年起，用两年左右的时间，分步骤、有计划地推进外宣书刊本土化战略。所谓本土化，就是以国内为基地，把策划编辑和印刷发行环节前移到对象国和地区，从根本上解决外宣书刊的针对性、时效性和市场发行问题。

2007年1月25日，时任中国外文局局长蔡名照在干部职工大会上讲话时再次强调创新，提出了"与读者需求相结合，创新对外宣传"的要求。他说：

当前，我们欣逢盛世，是新中国成立以来对外宣传中国的最好时期，作为对外宣传工作者应该大有作为。要站在时代的高度，用全球的视野，按照"三贴近"的原则，更新外宣理念，拓宽外宣视角，创新外宣内容。既要坚持以我为主，又要把我们想说的与海外读者想了解的结合起来，满足读者的信息需求；既要坚持正面宣传为主，又要学会运用国际惯例，把握海外读者的文化背景和思维习惯，切实增强对外宣传的针对性和时效性。

他在讲话中将多项创新措施，可概括为"**与读者需求相结合，创新对外宣传的选题和内容**""**与高新技术相结合，创新对外宣传的手段和方法**""**与市场规律相结合，创新对外宣传的体制和机制**"，并称为"三个创新"。

继蔡名照之后担任中国外文局局长的周明伟，也高度重视外宣业务的创新。他提出要以科学发展为主题，推动外宣事业不断发展。要努力提高外文期刊的办刊质量和水平，增强对外传播的独创性、针对性、实效性和影响力；以加强图书选题策划和制作为突破，着力打造精品，形成具有持久影响力的外文图书拳头产品；以加强新技术应用为支撑，不断推动传统媒体和新媒体的深度融合，促进形成新的业态。要以改革创新为动力，不断增强事业发展的活力。要营造鼓励创新的政策环境，培养善于创新的人才队伍，搭建激励创新的事业舞台。要以外向型、国际化为重点，不断提高国际竞争力。要加大国际交流合作力度，开拓新的合作领域，构建国际化事业格局，通过带动中国出版"走出去"，不断提高向世界说明中国、传播中国文化与信息的能力和水平，增强国际传播的覆盖面和影响力。

中国外文局是外宣的国家队。这里的外宣人的理论研究成果和实践经验的总结，肯定是整个外宣战线的宝贵财富，对各兄弟外宣媒体或许也有借鉴意义。

中国外文局除了主办中国网和36本多语种期刊外，还拥有7家出版社，每年以40余种文字出版3000余种图书。这里面有一部分是同国外合作出版的。2009年10月，中国外文局成立60周年之际，时任中国外文局副局长兼总编辑黄友义回忆起与美国合作出版的往事，这样写道：

改革开放后的中国，国门敞开，西方的文化经济浪潮奔涌而来，中国也渴望与世界沟通。但由于距离遥远，能踏上东方大陆的人毕竟是少数，而发展中的中国非常需要一个良好的外部环境，需要世界各国朋友的了解与支持。因而，对肩负着"向世界说明中国"出版任务的中国外宣领域的工作者来说，走出去，让外文书刊出版向对象国"靠岸"，进而落地生根，就显得格外有意义。

就是在这时候，中国外文局的领导抓住了一次与美国出版商派克会晤的机会，共同创立了一种全新的合作出版模式，即组织国内外知名专家学者共同写作，利用美国的主流渠道出版和发行关于中国话题的图书。那么，什么样的出版商才是合适的合作对象呢？最终选定的是耶鲁大学出版社。这是美国五个最大的大学出版社之一，在人文社科类专业图书出版方面有显赫的成就，在国际图书市场上也享有很大的影响力。经过几次谈判，1990年双方决定，共同编辑出版一套"中国文化与文明"丛书。1997年10月，时任国家主席江泽民访美，将"中国文化与文明"丛书的首卷——《中国绘画三千年》，作为国礼，送给了克林顿总统。此后又接连出版了5个文版，其中法文版于2003年出版，在法国大小书店畅销。

2019年9月4日，习近平总书记发来贺信，对中国外文局成立70周年表示祝贺，向辛勤工作在国际传播一线的中国外文局全体干部职工致以诚挚问候，希望中国外文局"把握时代大势、发扬优良传统、坚持守正创新、推进融合发展"，要求外文局"不断提升国际传播能力和水平，努力建设世界一流、具有强大综合实力的国际传播机构，更好向世界介绍新时代的中国，更好展现真实、立体、全面的中国，为中国走向世界、世界读懂中国作出新的更大的贡献"。

为实现习近平总书记提出的要求，新任中国外文局局长杜占元特别强调以创新的精神，以习近平总书记提出的目标为方向，推动开创新局面，为我国的外宣大局多做贡献。2020年7月，已得到中央宣传部批准的《中国外文局中长期发展规划纲要（2020—2030年）》就是在这样的背景下制定的。外文局副总编辑陈实在宣介《规划》时指出，这一文件是在对当前对外宣传和国际传播工作面临的新形势、外文局自身所处历史方位的新起步进行分析判断的基础上制定的。2020年是新冠肺炎疫情在全球大流行的一年。有相关专家指出，这一年注定要成为世界历史的重要转折点，百年未有之大变局和世界疫情相互交织，加之美国等西方国家内部矛盾激化，爆发了一些大规模社会运动，我国的对外传播工作遇到了空前严峻的挑战。我国外宣媒体应当保持战略定力，化危机为契机，在理论和实践层面主动进行调整和重构，以创新思维积极适应后疫情时代的新常态。

中国外文局的这个规划中明确的重大任务和重点工程，都体现了新形势的需要和创新的精神。单就创新来说，已经明确的任务，一是加快推进国际传播深度融合发展，二是大力推进新技术赋能国际传播。这同时也是为了适应海外受众获得信息习惯的变化。他们越来越多地通过互联网、客户端、社交平台等新技术发挥决定性作用的渠道来了解中国。

不单是中国外文局，就全国整个外宣工作来说，今后的责任更大，任务更重。无论在哪个媒体工作，外宣人都应当意识到身上有大责任，立志做出大贡献。

这也是适应国家发展大局所必需。2020年10月召开的党的十九届五中全会，把创新提升到我国现代化建设全局中的核心地位。一方面，全会深入分析了我国发展环境面临的深刻复杂变化，指出我国发展仍然处于重要战略机遇期，但机遇和挑战都有新发展新变化，指出重点领域关键环节改革任务仍然艰巨，创新能力不适应高质量发展要求；另一方面，全会又要求以改革创新为根本动力，坚持创新在我国现代化建设全局中的核心地位。在全会通过的《中共中央关于制定国民经济和社会发展第十四个五年规划和二〇三五年远景目标的建议》中，"创新"一词被反复提及，贯穿始终；"坚持创新"被列为未来五年十二项重要领域工作的首位。

要促进对外传播事业的发展，为实现国家新的发展目标创造更好国际舆论环境，同样也要坚持创新的核心地位。这对外宣人也是机遇和挑战。

（三）对外期刊的"本土化"创新

至于期刊的"本土化"创新，还是以今日中国杂志社为例。2004年10月，今日中国杂志社的中东分社和拉美分社分别在开罗和墨西哥城成立，其阿拉伯文版和西文版开始在当地出版发行。今日中国杂志社于是成了我国首家在海外使用当地文字出版发行期刊的新闻机构。这自然是创新。实际工作，一项项也是创新。比如，以前今日中国杂志社没有管理海外分社的经验，就借鉴了外交部和新华社的有关规定。至于具体的业务工作如何开展，也只能凭着创新精神一点点开拓。当年具体负责"本土化"的联系和协调工作的李五洲回忆道：

"本土化"最重要的任务就是要使我们办刊者的思维更贴近受众，选题贴近当地舆情，使刊物更有时效性和针对性。为了实现这一目标，我们前后想尽办法，通过聘请当地资深新闻工作者、中国问题专家、政府官员出任我们的海外顾问，参与杂志选题策划。为了使杂志摆脱"自吹自擂"之嫌，我们还设法约请当地主流媒体的有影响人物为杂志撰稿，借他们的口为我说话，这样的文章还经常被视为中国官方观点为当地主流媒体引用，增强了杂志的宣传效果。

在海外发行上，两个分社也摸索出各具特色的办法，并很快取得成效。阿拉伯文版的发行覆盖了埃及全境和中东、北非地区。西文版的发行不仅覆盖墨西哥全部31个州，进入了北美和南美部分国家，甚至还批量进入了中美洲和加勒比地区所有未与我国建交的国家。

对此，今日中国杂志社副总编于茂虎在《本土化的第一份满意答卷》一文中写下了这样的见解：

外宣本土化是外文局工作创新的产物，应该说是高瞻远瞩的新思维、新举措。这一创举，受到中央的肯定和国际社会的赞许，这对提高外宣效果发挥了重要作用。

外宣期刊本土化是局领导经过深思熟虑、反复调研做出的科学决策，也是解决外宣"三贴近"问题和提高杂志时效性的最好途径。就我们的外宣期刊而言，所谓本土化，就是实施"两头在外"（选题策划和出版发行在外）的工作模式，制作出符合外国受众阅读习惯和市场需求的读物，扩大社会影响，提高外宣效果。客观地说，《今日中国》中东分社的成立和发展，是对外期刊本土化一个很好的诠释。

下面再以人民中国杂志社为例。王汉平副社长在《以人文交流活动为抓手，提升期刊对外传播效果》一文中指出：

传统的期刊工作主要围绕选题策划、采访编辑、设计制作以及广告发行来进行……随着互联网特别是移动媒体的迅猛发展，期刊面临着巨大的生存竞争。如何创新对外传播的内容、形式和手段，适应读者市场的需要，成为人民中国杂志社近年来着力思考的一大课题并进行了一系列有益的探索。其中的一个重要实践就是以举办人文活动为切入点，努力搭建中日交流平台……

他们的做法是：首先把交流纳入全社工作的总体规划和重点安排，举办以中日青少年交流为主的活动并逐渐拓展。最初举办了"笹川杯"中国青年感知日本征文大赛，受此成功的启发又举办了日本青年感知中国征文大赛，分别组织两国获奖青年到对方国家实地体验、双向交流。此后，全社组织举办的大赛和交流活动越来越多，例如"悟空杯"漫画大赛、中日青少年书画友好交流大赛、中日文化旅游交流大会等。这些活动本身就是一种有效的对外传播形式，反过来也促进了期刊内容的策划、采编和传播。但是，期刊主要以图文来展现，表达手段相对单一。在信息化时代，一本期刊显然满足不了众多读者口味多样化的需要。所以要细分受众市场，做出更多有针对性的选题和产品，特别是要在吸引年轻人上下功夫。王汉平在文章中写道：

期刊一直面临着传播形态单一和读者老龄化这两大问题，通过新媒体以及由此而形成的媒体融合是实现传播形式多样化的必由之路，也是吸引年轻读者的一种有效方式。另一种重要的途径是举办年轻人喜闻乐见的人文交流活动，通过征文、漫画、书画、音乐、摄影、翻译等比赛活动，运用新媒体的形式来呈现，丰富期刊内容，弥补期刊不足。

以上是外宣单位的创新带来的实实在在的对外传播效果。当然，创新无止境，无论什么时候，都是"而今迈步从头越"。

（四）外宣人应在创新中成长

对个人来说，要想在工作中不断取得新的业绩，自然也靠不断创新。在我们行业内也有许多这样不断创新、不断改变自己的人物。

沈兴大曾任今日中国杂志社主要负责人。他在人民中国杂志社工作的时候，同摄影记者刘世昭首创骑自行车采访京杭大运河，颇具创新意义。对那次采访，沈兴大在一篇文章中这样回忆：

在我30多年的记者生涯里，大运河之行是终生难忘的一次采访活动。

1981年5月19日启程，南下经过了北京、天津、河北、山东、江苏、浙江六省市，沿途采访了53个县和77个村镇，访问了上千人，历时408天，纵横行程万余公里，于1983年元月抵达终点杭州。

1983年4月号《人民中国》，作为新连载刊出我的"大运河自行车之旅"系列文章和刘君拍摄的彩色画刊。自此，每期一篇文章，至1985年7月号，共连载27回，合计20余万字。每期刊出，都受到日本广大读者的欢迎和好评。1986年，外文局首次评选优秀书刊，该连载荣获优秀文章一等奖。

沈兴大的这一创新之举是非常成功的。连载刊出后，国内外很快掀起了一股"运河热"，以这次采访为题材的四本图书也很快在不同出版社出版。各方人士也开始高度关注大运河，日本则分批组织了190人次，用六年的时间来中国骑自行车走完了大运河。

我个人在创新方面，多少也有些感受。

我的成长主要是在《今日中国》中文版那十多年。中文版自1980年创刊之始，编辑部里就集中了当时社里一批高水平的老编辑、老记者，如邱健、罗渊祥、邹霆、曹浚之等；稍年轻一些的是戴维雄。我们几个人那时已是40岁上下，还算是"小字辈"。我与大家一起，见证了中文版从创办到成长的十多年。随着老一辈的逐渐退出，我们这些人也挑起了重担。社领导中分管中文版的是沈苏儒和吴佟两位老前辈。在老前辈们的带领下，中文版不断创新，不断发展，除了前面曾提到的为两岸失散同胞寻亲访友，还专门针对回乡探亲的赴台人员开展过以"回乡的日子"为题的征文活动，同样非常成功。与我同龄的几位同事，都是在老前辈们的"传帮带"之下成长和进步的。后来他们因年龄关系离退了，我们这几位又成了步入这团队的"老资格"，"传帮带"的责任又落到了我们的肩上。有位年轻的同事回忆起那段时间我给他留下的印象时，说我是一个不断求新的记者，一句"写稿子要一篇不同于一篇"，让他深受启发。不断追求出新，实际上确实也是我多年中对自己的要求。后来我去了《台声》杂志，在那里工作的四年，我把原单位的好传统，特别是创新意识，带到了这个新单位。

1993年10月，刚到台声杂志社，履新会上，我就提议改版，获得成功。从此，《台声》杂志告别了铅与火的时代，由手工拣字排版改成电子照排，上了一个新的台阶，受到主管单位全国台联领导的表扬，也受到读者的欢迎。这自然得益于创新意识。此后，经我提议、策划，开过两次组稿和发行座谈会。参加的有国台办新闻局负责人，许多地方从事对台工作的宣传处长等。可以说我把原来的一些关系带进了台声杂志社，与各对台宣传单位和地方的友情与合作得以继续，支持和帮助我们的，其中多是我原来的老朋友。聘请的顾问们，基本也是如此。这些做法，在台声杂志社都具有创新意义，以前是从来没有过的。还有，为了加强与各地的联系，杂志开辟了"地方专页"，专门报道各地的对台工作和经贸联系。为了在台商中扩大影响和发行，我提议召开过台商座谈会，还阶段性地每一期采访一个大台商，而且上封面，讲他们在大陆创业的故事。

时代在发展，国内国际形势都在发展变化。在新时代，如何讲好中国故事，更好地向世界介绍中国，党和国家年年都有新要求。外宣人只有不断创新对外报道方式，增强对外传播的能力，才能更好地完成党和国家交予的任务。这就不但需要提高创新意识，还要有很强的责任意识。当代中国青年更要自觉按照党和人民的要求锤炼自己、提高自己，做到志存高远、勇于开拓，在火热的青春中放飞人生梦想，在拼搏的青春中造就事业华章。

近年，我十分欣慰地看到，一些青年同志走在了创新的前列。就拿新成立的中国外文局融媒体中心来说吧。这是中国外文局的一个新生事物，它的主任是局副总编辑陈实。主任助理王新玲写过一篇文章，专谈他们工作的进展，给我留下了深刻印象。

她在文章里写道，过去几年，中国外文局媒体融合与新媒体业务实现较快发展。所属的中国网、融媒体中心和北京周报、今日中国、人民中国、中国报道、中国画报五大期刊社的新媒体业务竞相发展。新媒体产品矩阵初步形成，传统媒体与新媒体团队联合作业成为常态。受众需求、议题设置、效果评估等互联网工作思维深入人心，大数据、技术平台越来越多地助力全媒体产品线发展。身处其中，她对外宣媒体融合的认识也不断深入。

2015年初，局领导决定组建融媒体中心，她本人成为初始员工之一。回顾中国外文局成立融媒体中心的初衷，以及近年来大家对"融"的希冀，很重要的一点是，希望通过"融"把各品牌下传统形态产品加工转化成为能够适应海外社交媒体等新兴平台传播的产品。策划实施一个成功的新媒体产品，其难度不亚于一个传统项目。成功的新媒体产品同样需要思想，需要价值观。只是呈现的方式更加轻量化了。她的体会是：

创新是永无止境的。创新也是外文局成立融媒体中心的初衷之一，即引领开拓更多适用于对外传播的新产品形态，尝试新媒体技术与外宣产品的结合。但创新也是所有工作中最难的。将宏大主题分解为具体而微的新媒体产品，需要战略和把控能力上的创新；让每一个产品新鲜而有趣，需要思路和策划上的创新；把最流行的新媒体技术巧妙运用于单个产品中，需要创意和实践能力上的创新。其中每一个环节的创新，都是对团队和个人能力的巨大挑战，都需要一支优秀的团队拼尽全力去推动，还需要来自各领域专业人士的权威指导和深度参与。

看看著名作家冯骥才谈到另一位大艺术家韩美林创新时是怎么说的：

当今画坛上，能够让我每一次见面都会感到吃惊的，是韩美林。他一刻不停地改变自己，瞬息万变地创造自己。每一天他都在和昨天告别，每一天都被他不可思议地创新。站在他的画室，我感到一种无形的磅礴，不可遏制的创造力在他的心中激荡。

外宣人怎样才能像这位艺术大师一样，使自己的工作年年都有新面貌，自己的作品篇篇都有新变化？我认为，最重要的还是牢记党的嘱托，像2020年1月8日习近平总书记在"不忘初心、牢记使命"主题教育总结大会上的重要讲话中强调的，要把学习贯彻党的创新理论作为思想武装的重中之重。

习近平总书记在"5·31讲话"中又着重指出：

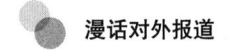

要围绕中国精神、中国价值、中国力量,从政治、经济、文化、社会、生态文明等多个视角进行深入研究,为开展国际传播工作提供学理支撑。……

要全面提升国际传播效能,建强适应新时代国际传播需要的专门人才队伍。要加强国际传播的理论研究,掌握国际传播的规律,构建对外话语体系,提高传播艺术。要采用贴近不同区域、不同国家、不同群体受众的精准传播方式,推进中国故事和中国声音的全球化表达、区域化表达、分众化表达,增强国际传播的亲和力和实效性。要广交朋友、团结和争取大多数,不断扩大知华友华的国际舆论朋友圈。要讲究舆论斗争的策略和艺术,提升重大问题对外发声能力。

创新需要学理支撑,需要加强理论研究,也需要不断学习,提高国际传播的策略和艺术。这就是习近平总书记对新一代外宣人的期待。

五、坚持学习意识

小时候时常可以在校园里看到毛泽东主席那八个大字:"好好学习,天天向上。"而在家里,长辈们也无一不期望自己的孩子能通过努力学习早成大器。

为学须先立志。每一个外宣人,实际上早就立志于此,接下来自然是继续学习,不断深造,持之以恒,必有所成。就像孔子在《论语·为政》中说的:"君子不器。"意思是说,有修养的人,不能只局限于原来会的东西,而是不断地去吸收新的知识,扩充自己。

前面讲政治意识时也强调学习,那是学政治,外宣人应自觉提高自己的马克思主义理论水平,提高理论修养,学会应用马克思主义的立场、观点、方法解决对外报道工作中的问题。我们毕竟是搞业务的,搞的是对外报道的业务,自然需要学习业务知识，不断提高自己的业务能力和专业修养，通过不断学习和实践，不断总结和提高，掌握扎实的对外报道的基本功，成为外宣战线的内行和专家。

（一）前辈们的教诲和经验

平时加强学习，不断增加知识储备，是必不可少的一门功课。都说记者是杂家，什么都得懂一点，有时候为了采访的成功，还得临时突击学习某方面的知识。如果是采访某一专业的权威人士，事先没有多掌握一些相关的知识，交谈起来，很可能听不懂对方的专业术语，让对方感觉你不是一个可以与他对谈的人，他就不会认真对待你的这次采访了。我在修改他人稿件的时候，经常感慨于一个个年轻的记者，怎么会把一些看似非常专业的问题，写得那么到位，文章就像是出自某个行业的专家之手。这就是因为记者采访和动手写作之前，把有关的知识都调动了起来。

这就如老前辈段连城在他的《对外传播学初探》中讲过的：

> 有效的对外传播能增进外国人对我国的了解。深入的了解又能促进中外关系和友好感情。我国在"四化"建设和在争取和平与进步的奋斗中，十分需要扩大和加深国际联系和国际友谊。这就要求我们学习并掌握目的正确、方法适当的对外传播本领。

他还谆谆告诫我们，为取得更好的效果，有许多问题需要研究。不仅有原则问题，还有许多技巧问题。譬如向外宾介绍情况时，怎样才能避免使用难懂的"行话"和令外国人头痛的"套话"，怎样才能恰当地运用汉语中丰富的典故和谚语；鉴于一般外国人对中国了解甚少，我们在讲话和文章中应怎样向他们提供一些必要的背景知识，等等。

他提出的这些问题，都有待我们去努力学习，以便能够掌握对外报道的原则和技巧，取得更好的效果。前面提到，改革开放以来，我们国家最重要的对外交往对象是美国，这也影响到我们对外传播的重点和方向。所以，他特别嘱咐我们要学习美国的历史、对华关系史，还有美国的政治、经济和社会学。我理解，这是一个外宣人外知世界的一个重要方面。曾先后担任《北京周报》《今日中国》总编辑的黎海波，还曾这样强调做好对美传播的重要性：

值得强调的是对外传播的重点是西方，而西方的重点是美国。美国是西方传播之头，它是一个大传播源、大传播市场，又是一个信息交换枢纽。故对美传播应是重中之重。这一工作展开了，做活了，整个对外传播的局面就可以大为改观。

当然，要学习和了解的，绝不仅仅是美国。就段连城本人而言，不但是美国问题专家，在各方面的学习中也都是我们的楷模。他是我见过的中国外文局最早使用电脑写文章的高手。20世纪80年代初期，人们一般对电脑还觉得很神秘的时候，他已经拥有一台自己的台式机。有一天我到他家串门，他正坐在电脑前工作，见我惊奇，他忙说："电脑没那么神秘，小魏你想学的话，我五分钟就可以教会你！"这说明，他早就走在了许多年轻人的前面，学会了用电脑工作。当然，这只是我亲见的一个例子，但也足可说明他的好学。

沈苏儒老先生到了老年也仍然好学。在他生命的最后一段时间，他还经常上网发邮件。他委托我帮他把一些发表在多种报刊上的文章集中起来编成一本文集。这期间我向他汇报进展、征求意见，都是通过电子邮件，直到他住进医院。他可真是"活到老、学到老"的典范。

我的老领导张彦也是这样。他也是较早学会用电脑写文章的老前辈之一。他厚厚的自传，就是在晚年用电脑写成的。上网浏览、同朋友互发邮件、互发微信，更是他日常生活的一部分。他对外部世界的了解，对世界局势和国内情况的掌握，基本上全靠上网。

我们要内知国情、外知世界，做好自己从事的对外报道工作，一定要像这些老前辈一样坚持学习，不断丰富自己。不是有人说记者应当是杂家吗？不知道外面的世界，不了解我们自己国家的情况，何谈杂家！

就共性而言，对外传播的理论和前辈们的经验，都是我们要坚持学习的。这是我们每个外宣人的必修课，一辈子都要学习。最起码，我们要掌握对外宣传的规律、原则、方法等，要懂得对外报道的特性，要知道怎样才能加强对外报道的针对性，要不断提高对外报道的技巧，要研究怎样才能把对外报道写得生动、有吸引力，这些都需要加强学习。

当然，对外报道的技巧是一个大课题，包括选材和结构、文辞与表述、组稿与采访，还有图片工作，每一项都能单独成为一个课题，都需要去学习和研究，继而在实践中加以运用。

以上其实都是大家需要面对的共同课题。

就个性而言，各外宣单位，现在大都已经实现传统媒体和新媒体的融合发展，宣传对象遍及全世界各个国家和地区。拿对外刊物来说，不同的语种，其读者对象都是特定的。所以，我们研究和学习的任务会各有不同。更何况，我们每个人侧重于哪个方面，都是有分工的。所以很自然地，每个人都要根据所在单位和各自的分工，来确定自己的研究和学习任务，在掌握广博知识的基础上，对自己分工采写范围内的知识要专精。博和专是互相依存、互相作用的，缺一不可。

在中国和国际上都享有盛名的对外传播大师爱泼斯坦这样寄语后来人：

报道有政治、社会、历史、经济、科学、国际等各方面，编辑记者除一般业务能力外，还应有各自的分工重点，它需要经过长期的知识积累。有专业知识，工作中才不会出错。也要了解各国读者当前阅读的书刊。编辑记者都具有某种专业知识，可以互相纠正文章的错误。

专业和爱好最好吻合。这样，听见和看见有关材料更容易记住。

人民画报社的一位老领导、高级编辑钱浩，他在一篇文章中也谈到外宣人应当坚持学习的重要性，非常值得后来者谨记在心。他说：

作为对外宣传的记者，最重要的是提高基本修养，包括丰富的知识（古今中外、历史现状），广泛的兴趣，敏锐的观察力和采访写作能力。要做到这些，要多读（书）多看（观察社会人生）多写（随时写各种文体的文章，如日记、手记、摘录、随感等等）。还要注意随时随地积累，积累是多方面的，不仅仅是一些资料、知识，还应当包括对事物的认识、印象、感情等感性方面的东西，也就是说生活的积累。做对外宣传工作，或做好一个对外宣传的记者，是不容易的，需要付出艰辛的劳动和不倦怠的追求（对事业和成就的追求）。

（二）值得学习的榜样

记者的知识不但要杂，还要专。正如著名记者范长江所言："记者做到最后，一定要博。记者写一篇报道要有广泛的知识、深厚的积累……在博的基础上，然后专攻一两个方面。"这里说的"博"，我理解，应当包括政治理论知识、基础文化知识、与采访报道关系较为密切的某些学科知识等。这里说的需"专攻的一两个方面"，应当是自己所分工报道的那个领域的专业知识。

中国外文局的同人中有不少就是通过学习，成了某个领域公认的专家。比如人民中国杂志社的郭伯南老先生。他在《我和〈人民中国〉》一文中写过这样的话：

我一生中上过两所大学，第一所大学是师范学院，第二所大学就是《人民中国》，一上就是15年，学的是"中日文化传播学"。我若不是扎根在《人民中国》，怎能实现我一生传播中华文明的梦想啊！

他是大学毕业后从事其他工作多年之后才到人民中国杂志社的。说起他在这所大学里的学习过程时，他说：

一到编辑部，深感阵容强大，编辑队伍占全社总人数的三分之一。究竟有多少记不清了，只记得人们戏称"18棵青松"。我刚来到，要算也只是刚移栽来的一棵苗子。初来乍到，如何策划选题，如何深入报道，只有虚心向前辈请教。老记者韩瀚说，他的经验就两句话："一叫钻进去，二是钻出来。"意思是你报道什么就要钻研透彻，弄个明白，然后再从资料里跳出来，从前人的窠臼里跳出来，用自己的话，写出有独自特色的文章来。这话成了我的座右铭。

很快他就通过学习认识到，《人民中国》的对象是日本，文章要适应日本读者的阅读习惯，不能讲官话、套话，要用事实说话，写出的文章要明白，就像给小朋友讲故事那样，亲切、生动而且有趣。就这样，他在老前辈们的关怀和引导下，一步步地踏进了外宣大门。他以此为开端，深入研究中国历史，几年后就成了中国历史专家，在业界也成了权威。不但他的文章受到日本读者欢迎和喜爱，他的历史著作在国内也很有市场。这是因为写法上既提纲挈领、简明扼要，又具体入微、生动有趣，给人一种新鲜感。为了增强生动性和轻松感，他特在文中插入许多珍贵精美的图片，使每篇文章、每本书都更有可读性。他的文字优美流畅，故事跌宕起伏，引人入胜。所以在我心中，郭老是记者中的大专家，高山仰止，值得我们尊敬和学习。

他在《人民中国》写过许多向日本读者介绍中华文明的文章，而且多是连载，一连载就是十几年，从来没有节假日，发着高烧也得写出来。有时自己病得走不动，就让妻儿将稿子送到社里……这些经历让他积累丰厚，退休后有了闲暇，他就将这些稿件进行整理，编辑成书，已经出版的有《彩图版 中华文明史》（六卷）、《上下一万年：图说中国通史》（三卷）、《饭后茶余谈文化》（四卷）、《国宝里珍藏的故事》等。

前面提到过沈兴大，他是人民中国杂志社原来的编辑部主任，后来成了副总编辑，再后来当了今日中国杂志社主要领导，也是一位好学的典范。他原来学的是历史，怎样搞好对外报道，都是后来学的。他在回忆自己提高内功的过程时，提到了秦泥老前辈。秦老出身于西南联大外文系，曾在新华社、中央人民广播电台、俄文《友好报》工作过，又是人民中国杂志社的元老，是公认的中文改稿专家，人们亲切地称他为"秦老汉"。沈兴大专门写过他是如何"偷师秦老汉"的：

我在担任编辑部主任之前的几年，有幸同秦泥老先生同在一个办公室。他虽然年长，可朝气蓬勃，每天午饭后就拿起乒乓球拍去"杀"上一场。而我生性不爱动，又养成午睡习惯，否则下午就无精打采。每天在办公桌躺下后，我都要拿起他正在修改的稿子来读一读再入睡。读的时候，我总是变换着两种身份，一种是作者身份，设想"假如我是作者"，此稿应怎样写？一种是改者身份，设想"假如我是'老汉'"，此稿应怎样改？两种身份一个标准，那就是读者针对性，亦即文章的可读性，努力提高读者的阅读兴趣。"功夫不负有心人"，久而久之，就从中看出一些"门道"来，不知不觉中把别人的长处和本事"偷"学到了手。

沈兴大的本事还来自对《人民中国》的"研究"。研究的结果是把握了杂志的"内容构成特色和基本表现手法"，研究的心得是连续写成的八篇文章。再后来，他被前辈车慕奇先生推荐，成了中国外文局和一些省市外宣培训和讲座上传授经验的常客。

沈兴大比我年长两三岁，而先后担任北京周报社和今日中国杂志社总编辑的黎海波则比我小几岁。两个人学问都比我深，学习态度都比我强。关于黎海波，曾在北京周报社工作的韩立强曾有专文这样评价：

黎海波本不是英文科班出身，却写得一手地道漂亮的英文文章。很多外国读者看到他的专栏文章时，都为其地道的英文表达所折服，误以为作者是一位以英文为母语的外国人；外语院校学生甚至拿他的文章作为英文写作的范本和攻克英语专业八级考试写作关的重要参考。

其实，他的文章英文地道还只是一个方面，更重要的是文章内容经得起推敲又深受读者欢迎。那么他是怎样成为这样一位大才子的呢？他1982年毕业于中国人民大学新闻系，那一年他32岁。初进中国外文局的时候，他就给自己定下了一个目标，三年之内要学会做一个既能用中文也能用英文写稿的"双枪手"。这话说起来容易，实际做起来困难重重，但他一点也没有灰心过。他主要还是通过自觉摸索和积累，同时向林语堂、胡适、钱锺书还有费正清、白修德等人学习，在他眼中这是自己找到的一个最完善、最具实力的"导师团队"。到了1996年，他便在《北京周报》开设了时事评论专栏《说东道西》，并且办成了我国外宣工作中编译合一业务实践的一个典范。他当然知道，用人家的语言写一些影响人家舆论的文章，是非常困难的一件事。所以他仍在不断学习。韩立强这样介绍他：

学无止境，这是黎海波常常挂在嘴边的一句话，也是不断实践着的一句话。2007年，他病重住院治疗，几乎把办公室搬进了医院，病床前堆满各种书刊资料和电脑、打印机等设备，尤其引人注目的是一本被翻得边页发黑、几乎都要散架的英文词典，而这些年来他已经翻烂了三本同样版本的英文词典了。

即使如此，他仍然一再坦言自己浅薄，越学越觉得自己还有很多单词不会。"永远把自己看成是一个学生"，这是黎海波的座右铭，也是他给同事特别是年轻同事留下的最深刻的印象。

我在写这本书的过程中从书柜里找出了1998年由中央外宣办研究室编的《对外宣传工作论文集》，看到了黎海波写的《浅谈美国传媒关于中国的报道及我之对策》一文，见解之全面和深刻，让我由衷钦佩。那时他就写下了这样的话："当今的美国利益就是要保住其世界唯一超强的地位，不容许任何人挑战，更不容许取代。任何现实的或潜在的挑战者都是传媒关注、批评乃至攻击的对象。苏联解体后，中国首当其冲。"二十多年前，他竟然就如此准确地判断和预言了现在美国的对华政策和策略。从中我们看到的，绝不仅仅是他的学习意识，其实，他与好多外宣领军人物一样，同样体现出了外宣人应有的综合内功，各种应有意识和修养无一缺失，每一方面都是学习榜样。

我所尊敬的还有与我同事多年的王复。她是今日中国杂志社阿文部老主任，在全国也是数得着的阿文高手，因工作成绩突出，曾被授予全国"三八红旗手"的荣誉。她不仅阿文水平高，而且对阿拉伯世界有着深入的了解，堪称这方面的专家。她基于自己对阿拉伯世界的了解，引领《今日中国》阿文版不断扩大在阿拉伯世界的影响，同时还交了许多那边的朋友，还有在北京的阿拉伯国家的外交人员。从她的这些朋友口中，又增加了对阿拉伯世界的认识，于是引领阿文版扩大了其在那片土地上的影响。在我眼中，王复同郭伯南有着相同的特点，干一行，专一行，最后成为自己工作领域的大专家。

段连城、沈苏儒、郭伯南、王复、沈兴大、黎海波，等等，还有更多的前辈或我的同辈，都是既在对外传播事业中做出了重大贡献，同时又成就了自己。只要我们努力努力再努力，学习学习再学习，创新创新再创新，我们每一个人都可以成为他们那样的人。

如今，许多年轻同志崭露头角。有的正大踏步前进在传统业务之中，无论是记者、编辑还是翻译，已经取得了不俗的业绩。有的在新媒体的发展中有了自己的建树，让自己的青春出彩。他们已经或者正在成为所从事工作领域的专家或领头人。他们是外宣事业未来的希望。

2020年荣获第十六届长江韬奋新闻奖的《中国日报》记者陈卫华，就非常善于学习和总结，这为他在国际舆论场上发声打下了良好基础。他为《对外传播》等杂志撰写了十余篇新闻业务探讨文章，探讨如何做好在海外的国际传播能力建设、做好重大政治事件报道和中国经济报道等，分享来自国际传播第一线亲身体会和思考。1993年他参加夏威夷访问学者项目，1998年作为美国明尼苏达州世界新闻研究所访问学者，考察了125个机构组织，与美国农民、非洲裔美国人家庭同住，对美国社会有了广泛深刻的了解，2004年他参加奈特访问学者项目，在斯坦福大学从事一学年研究工作。

陈卫华现任中国日报欧盟分社社长。曾获得第26届和第28届中国新闻奖，入选2019年中宣部文化名家暨"四个一批"人才。他于1987年复旦大学毕业后加入中国日报社，在三十多年的对外宣传工作中，坚守在国际传播一线，是中国日报社优秀的驻外记者和国际时事评论员，是出色的中国故事讲述者和中国声音传播者，也是践行习近平总书记提出的"展现真实、立体、全面的中国"的优秀新闻工作者。

陈卫华擅长用西方受众熟悉的语言和容易接受的方式讲述中国故事、传播中国观点，构建中国精神和中国价值。在担任中国日报社驻华盛顿首席记者期间，他活跃在这个重要的国际舆论场上，在美国政府发布会等场合踊跃提问，与美智库积极交流，广泛采访各界民众，刊发了大量的新闻报道和专栏文章，积极回应国际热点，以及一些美国官员和政客对中国的歪曲和污蔑，受到广泛关注。布鲁金斯学会中国中心主任李成称其为中国驻华盛顿最优秀的记者之一。驻美期间，陈卫华撰写的数十篇介绍美国"中国通"的长篇人物稿件有效地增进了两国主流社会和民众的相互了解。他多次参与高访报道，为访问创造了良好的舆论氛围。2013年习近平主席与美国总统奥巴马在加州庄园会晤，提出构建"不冲突、不对抗、相互尊重、合作共赢"新型大国关系的思想，陈卫华就此采访美国著名专家学者，在专栏中发表多篇有影响力的分析文章，使美国读者更好地了解习近平主席大国关系的理念。

陈卫华利用其专栏在争夺国际话语权方面发挥独特作用。他从2008年11月起每周为《中国日报》评论版撰写专栏，至今已有11年，成为报社撰写时间最长的专栏作家。针对所谓"中国崩溃论""中国威胁论"等论调，陈卫华以专栏形式给予有力回击，起到了良好的效果。奥巴马前亚洲顾问贝德和美国国会美中工作小组领袖拉森表示一直关注其专栏。2015年3月13日，他在《中国日报》评论版发表《沈大伟混乱的中国论文》，驳斥美国知名中国学者沈大伟（David Shambaugh）在《华尔街日报》上发表的《中国即将分崩离析》一文的错误观点，该文被多家美国媒体转载和引用，并获得第26届中国新闻奖评论三等奖。陈卫华积极参与美国亚洲协会的网络平台"中参馆"（ChinaFile）有关热点问题讨论，作为少数来自中国的声音，其观点引起了众多关注，促进更多海外政界、学界人士对中国的客观了解。

陈卫华凭借其深厚的新闻积累和扎实的英语功底积极开展视频报道。2019年习近平主席访问意大利西西里时，陈卫华在脸书平台做英文视频直播，取得良好的国际传播效果。他的英文直播还包括2017年特朗普就职、2017年熊猫宝宝离别华盛顿回国、2018年新加坡美朝首次峰会和2019年达沃斯论坛等。在美国分社工作期间，他以视频形式对每周新闻热点进行解读，常作为中央广播电视总台北美台嘉宾，与各国专家讨论国际热点话题。

陈卫华对国际问题的研究使他能够更好地抓住讲好中国故事的机会。2014年他去埃塞俄比亚采访，目睹中国企业在促进当地经济发展、创造就业机会上的积极作用，其十余篇报道有力驳斥了西方关于中国在非洲活动的不实报道，其中深度报道《中国对埃塞非常乐观》展示了中国对非洲大陆发展坚定的信心，与欧美对非洲的悲观看法形成了鲜明的对比。

加强各方面的自身修养，都是为了更好地完成对外报道的任务。习近平总书记在"5·31讲话"中对外宣人发出了这样的号召：

要高举人类命运共同体大旗，依托我国发展的生动实践，立足五千多年中华文明，全面阐述我国的发展观、文明观、安全观、人权观、生态观、国际秩序观和全球治理观。要倡导多边主义，反对单边主义、霸权主义，引导国际社会共同塑造更加公正合理的国际新秩序，建设新型国际关系。要善于运用各种生动感人的事例，说明中国发展本身就是对世界的最大贡献、为解决人类问题贡献了智慧。

任务和要求都明确了。接下来要解决的问题，就是练好国际传播的基本功，把对外报道做得好上加好了。

第二章

选题策划是做好对外报道的起点

第二章　选题策划是做好对外报道的起点

一、策划题解

按字面解释，策划即筹划、谋划。筹划的意思，就是想办法、订计划；而谋划，又是筹划、想办法的意思。所以这三个不同的词，意思是相近或相同的。本书统一用策划这个说法。

人们常说，凡事预则立，不预则废。有个成语叫"谋而后动"。"谋"就是商量、策划。凡是做事，小到家庭琐事、个人计划，大到国家发展、民族振兴甚至全球治理，都要先策划好再行动。也就是要先有明确的思路和实施的计划。要制订这样的计划，总得先把事情的来由、发生的原因搞清楚，然后要判断它的轻重缓急，思考如何才能做好。如果是多人参加的活动，更须事先把活动的内容、完成的时间、参与活动的人员及各自分工等，一一进行筹划，订出一个方案。实际上这就是策划了。

曾直面媒体20年、多年担任国务院新闻办主任的赵启正有句名言："事前策划选题比事后评论更重要。"他进一步解释说，选题不妥，下面就都会错，无的放矢，可惜了人力、财力，做了用处不大的事情。所以选题会要经常开，选题要有战略性的、战术性的，也有应急性的。在选题论证上，组织者要有学问，组织者应该是政治家兼出版行家，要组织社会名家商讨选题，要论证，要招标，要竞争，不能糊里糊涂地出书。

他这里说的是对选题策划的理论概括。中国外文局的具体做法则可帮助我们理解什么是选题策划，选题策划应当如何进行。

中国外文局多年来，无论图书还是期刊，所属各单位都有自己的选题策划机制。包括选题策划在内，全局业务工作的指挥和协调者，便是以主管业务工作的局领导挂帅的编委会。每当面临重大外宣任务或突发事件，都会举行专题策划会，以确定外宣图书、期刊、网络的各自责任分工和实施方案。为更好地贴近外国受众的需求，不但期刊"走出去"，在一些重点国家或地区建立了分社，负责在当地策划选题和组稿，图书也利用这样的经验，在几十个国家和地区设立了中国主题图书海外编辑部，已经将数以百计的中国图书选题拿到当地进行策划和编辑出版。特别是国际选题策划会，更是中国外文局的独创，每次都请来国外的专家、学者，特别是国际出版界的名人。他们大都是与中国外文局有多年交往的朋友，不但是出版行家，还是某个或多个领域的"中国通"。因为他们的热情参与和积极建言，中国外文局这样的策划会每次都取得很好的效果。一方面将初步拟定的外宣图书选题向他们征求意见，同时也请他们提出适合各自国家或地区的选题，并探讨合作事宜。这种做法对提高对外出版的市场针对性和选题策划能力，对丰富对外图书选题发挥了重要作用。

以2007年举办的第二届国际出版选题策划会为例，来自美国、英国、加拿大、新加坡、巴西、德国等六个国家的10位出版业专家和学者出谋划策。局领导分别出席了开幕式和分会场研讨会。会上，与会专家和学者从国际出版业发展趋势和具体选题策划这两个方面，与中国外文局下属各出版社的150余位主管领导和编辑、翻译进行深入互动研讨，取得了很好的效果。

据组织者介绍，策划会的筹备工作从当年4月就开始了。局机关国际合作部、总编室两个部门联合开展调研，多方面了解局属相关出版社的需求。在此基础上，国际合作部积极开展外联工作，邀请外国专家并要求他们各自提前准备五个选题。策划会前，大部分都就各自设计的选题提交了幻灯片、视频等演示文件。局总编室接到上述信息后，即提前向有关出版社通报并征求意见，要求参会人员做好研讨计划，确定最终将哪些选题提到会上研讨，以确保策划会效果的最大化。

这次研讨会筹备阶段的一个重要环节是，副局长兼总编辑黄友义两次召开专门会议，向局属各出版社、对外传播研究中心、国图公司等有关单位的负责同志传达局领导关于此次策划会的指示精神，通报此次策划会的筹备和安排，并动员各单位充分利用这一难得的机会，积极组织从业人员参加。

在第一天的大会主会场，首先以主题报告的形式阐述了国际出版业发展趋势，与来宾们互动研讨。此后两天，以选题为单元划分成若干分会场，与会人员结合各单位实际需要，选择不同的分会场参与研讨，这就使分会场主题更加明确，针对性更强，会议质量更高，也容易形成具体成果。同时举行的这些分会场，都有效利用国外专家们的优势，横向延伸研讨内容，挖掘选题资源。研讨中，专家和学者们从西方读者的思维方式和国际市场对中国图书的需求出发，提出了涵盖政治、经济、文化、文学、艺术、汉语教学等多个领域的选题共61个。这些选题都具有相当强的针对性和可操作性，受到参会者的好评。其中有"中国经济圆桌"系列、"巴俄印中（金砖）贸易市场"、"当代中国文学"系列、"深度游中国"系列、"中国电影"系列（图书）、"新观点诠释中国文化"、"19世纪中国人对欧美和日本的印象"系列等，还有艺术类和汉语教学类的选题。每个选题都包含着丰富的信息，涉及出版思路、市场运作模式等方面的内容。现场还有解答问题这一环节，给与会人员的启发很大。同时，专家们带来的幻灯片和视频演示也取得了良好的效果，使他们更直接地获取研讨的要点，更加形象、直观地获得外向型图书应该具备的要素信息。外文局与会编辑、翻译们踊跃参与互动，中外双方进行深度交流。具体的分析和研讨，为外国专家们所提选题的实际运作奠定了良好的基础。会后，局属外文出版社、新世界出版社、华语教学出版社和海豚出版社等，很快便着手研究这些专家、学者提出的选题，准备陆续组织实施。

更重要的收获是，这样的国际选题策划会让与会人员进一步明晰了跨文化传播的差异性，进一步熟悉了国际上选题市场化运作的方式，进一步理解了外宣"三贴近"在实践中的重要性。

像这样的选题策划，同样适用于对外报道。

对外报道就是从选题策划开始进行的。现在是传统媒体和新兴媒体融合发展的新时代。选题策划自然要贴合媒体的定位。在进行策划时，头脑中一定要牢记所在媒体的独特定位和目标人群有什么需求。

二、策划什么？

（一）总体策划

对外报道的总体策划。首先要有各个时期的对外宣传规划和要求，这是指导对外报道的总体要求和政策指导，都需要在决策层进行总体策划。中央颁布的对外宣传的专题文件和每年召开的对外宣传工作会议，所提出的指导方针、任务要求等，便是决策层总体策划的结果。其次是重大事件的对外宣传，如加入世贸、举办奥运会和世博会，还有多次重大主场外交活动等，也都进行过统筹规划，然后组织对外报道。现在经常用"顶层设计"这样一个说法，实际就是在决策层举行的策划。

各相关部门和媒体有了决策层提出的任务、办法、计划后，也还要进行策划，那就是想办法贯彻落实、制订自己的发展规划和执行计划了。如果是重大事件的对外报道，各对外媒体再进行策划，提出组织实施的计划，内容包括明确自己的任务、实施的步骤、各级领导承担的责任、保障措施和有关部门如何督促检查等。

（二）重大选题策划

从事对外报道，记者个人一般会将得到的对外报道线索报告主管领导，重要线索则须报告社领导或上级主管部门领导，经过策划，得到确认，新闻线索便成了对外报道的选题。有了选题以后，策划实际上是采访前的准备工作。

选题类型不同，采访前的准备工作也不同。有一类是突发事件新闻的采访，这类事件是在人们毫无思想准备的情况下突然发生的，无法预料，自然也就无法进行采访前的准备工作。还有本来应当做好准备但又来不及准备的，需要立即投入采访，也属于这一类，只能紧急应对，没有什么事先策划好说。第二类是可以预知的，但没有太大的对外报道新闻价值，事前并不需要进行多少准备就可以前往采访。还有一类是新闻事件的采访，只需要发一条新闻消息，也无须准备。相反，重大的可预知事件的新闻报道，则需要进行相当充分的准备工作。

可见，一般情况下可预知的重大事件的对外报道才需要进行采访前的准备工作，首先是策划。策划又有狭义和广义之分。狭义策划，指的是将一个比较简单的新闻线索变成选题的过程，提出者可能是记者本人，也可能是约稿的编辑；广义策划，指的是可预知的重大事件的对外报道前的准备工作，提出者可能是记者、编辑，更可能是编辑部负责人甚至是更高层的领导，由他们亲自主持，经充分论证后确定为重大选题，再经详细策划，制订周密的采访或约稿计划，包括作者和写作要求，以及采访前需做的各种准备工作。

要做好一次具体的对外报道，特别是一些重大选题，要高度重视，早做谋划，事先需要重点策划。这种策划又应当如何进行呢？还是举例说明。

10年前，中国外文局所属新世界出版社出版的《历史的轨迹：中国共产党为什么能？》获得过多种奖励，被公认为一本成功的外宣书。在回忆其策划过程时，责任编辑李淑娟说，这部书是她从业35年来编辑过的最有意义、最有感触、印象最深、令她永生难忘的一部书。这部书是为庆祝中国共产党成立90周年而策划出版的，是一部既有意义又有市场，且受读者欢迎、弘扬主旋律的外宣图书，也是创新党史图书写作风格之先河的外宣图书。她曾在一篇回忆文章中谈到这本书的策划过程：

2010年春节前夕，参与《中国简史——从孔夫子到邓小平》（英文版）一书出版工作的策划者和定稿人中国外文局原副总编辑林良旗先生、新世界出版社总编辑张海鸥女士和作为责任编辑的我，与这部书的主编时任中共中央党校党史教研室副主任、教授、博士生导师谢春涛，还有几名来自中央党校的作者聚到一起，庆祝这部历时两年的图书（上下册）出版并荣获2009年外文局优秀图书提名奖。在饭桌上，大家兴致勃勃地回忆起创作这部《中国简史——从孔夫子到邓小平》的艰辛过程和经验教训。这部书的主编和作者谈到，通过此书的策划、写作、修改的过程，他们不仅学会了如何摆脱长期以来养成的板着面孔说教式的写作风格，而且还尝试了如何给外国读者讲故事，将深奥、繁杂的历史和人物去繁就简、去粗取精、加工提纯，变成简单易懂、轻松幽默、亲切自然的形式。大家谈得十分热烈。言语中无不流露出一种眷恋之情，似乎刚刚找到一点做外宣书的感觉，就结束了，实在是不够过瘾。于是，大家又展望起未来：2011年是我们的党建党90周年，我们能为树立我们党良好的、真实的国际形象做些什么呢？

此时，主编谢春涛谈起了他的一段经历。他是山东人，在一次赴山东沂蒙山区考察中，他看到一些革命老区今天的生活条件依然艰苦，可那里的人民对党的热爱却没有一丝的动摇。他不禁在想，这是为什么？为什么共产党能赢得人民群众如此大的支持？他的话立刻引起了在座人的共鸣，大家七嘴八舌地议论起来：为什么我们的党犯过严重错误还能得到人民的支持？为什么有的人在"文革"中受迫害、被关进监狱或下放劳动，可平反后却依然坚决要求加入共产党？为什么有的人一生贫寒，却在临终时把最后剩下的全部积蓄作为党费交给了党？为什么中国共产党能取得如此辉煌的执政成就？为什么中国共产党成立近90周年、执政超过60年，依然能够充满生机和活力？……

一个个为什么随即像蹦豆似的不断地从大家的嘴里蹦出来。谢春涛顺势提出了一个建议，不如我们再做一部讲共产党为什么能取得一系列胜利、赢得民心的书。他说："这些问题在我近几年同外国执政党的交流中经常被问到。有必要把相关的问题及我们的思考写作成书,帮助国内外读者进一步了解中国共产党。"

"好啊!这事我看行。"中国外文局原副总编辑林良旗先生接着说,"听大家说了这么多为什么,我看书名就叫'中国共产党为什么能'吧。"大家一听随即齐声称好,《历史的轨迹:中国共产党为什么能?》的创意和策划思路便就此诞生了。

但是实际上,这个重大选题的策划过程并没有就此结束。李淑娟说,策划《历史的轨迹:中国共产党为什么能?》这样的图书的确很难,因为它所涉及的是中国共产党成立90周年以来的历史。面对这样重大的选题,还需要选择作者。作者选好、选对了,对于这部书的成功至关重要。因为谢春涛教授牵头的中央党校这个团队参加了《中国简史——从孔夫子到邓小平》的创作过程,对这部书的成功做出了重大贡献,这也促进了他们与新世界出版社的相互了解和友谊,这就为双方继续合作打下了基础。另外,以谢春涛教授为首的这个创作团队还经常应中联部、外交部之邀,为来自不同社会制度国家的官员、党派领导人讲课、答疑,已熟悉和了解外国人对于中国经验的疑点、问题和需求。这个选题正可以最大限度地发挥他们的优势。于是,这部书的写作任务便顺理成章地落到他们身上。另一方面,具有丰富外宣工作经验的林良旗则可以帮助他们了解并掌握和运用一些对外传播的方法和手段,特别是如何给外国人讲好中国故事的方法。这两个方面的优势加起来,其效果自然是"1+1>2"了。

但是这还不够。新世界出版社还专门就这部书的市场调查下足了功夫。通过调查,他们发现单是《历史的轨迹:中国共产党为什么能?》这样一个书名就引起了外界的兴趣。他们还利用中国外文局召开的国际图书选题策划会的机会,与国外出版界同行一起探讨这部书的撰写内容、结构和书名,听取他们的意见和建议。李淑娟说:"当参加策划会的国外专家看到我们的大纲初稿,并听我们描述如何回答书中13个针对国内外人士提出的具有代表性的问题时，他们同样表现出了极大的兴趣。他们表示，以讲故事的形式来回答这些问题的方式，十分具有吸引力，也是独辟蹊径。如果是这样的写法和内容，许多对中国感兴趣的外国人是不会拒绝阅读它的。"

在历史上，中国外文局历来有对重大事件集中进行对外报道的好传统。比如1995年，便曾组织局属各单位利用对外书刊进行"纪念抗日战争和世界反法西斯战争胜利50周年"的对外宣传。为此，局编委会年初就组织策划，专门研究，做出了初步安排，此后又及时做过调整和补充，使方案更完善。在研究过程中，局党组提出了指导思想，要求外文书刊要突出宣传中国共产党领导下的全民抗战、中国共产党在抗日战争中的主导地位和中国抗日战争为世界反法西斯战争做出的巨大贡献。结果可以说是非常圆满。全局对外期刊（共30个文版）共登出文章1050篇、345万字，彩色和黑白图片3375幅，其中6种期刊、21个文版使用了纪念抗战胜利和二战胜利题材的封面。外文出版社出版了3万字、300多幅图片的大型画册《中国人民抗日战争史》（英、汉、日文版），其中包括中国人民抗日战争纪念馆一批馆藏珍贵资料。这本画册还随该馆赴美参加为期一年的"日本731部队暴行巡回展"并销售。此外还制作了一批非贸易宣传品和展览图片。这一重大选题也成了当年中国外文局属各对外期刊的报道重点，5月至9月间，报道适当集中，造成了声势。我国驻外使馆纷纷反映，中国外文局出版的这些书刊物内容，及时配合了海外的纪念活动。在第二年的全国对外宣传工作会议上的书面发言中，中国外文局这样回顾上一年的这一重大外宣活动：

过去对日宣传，强调世世代代友好较多。我局期刊抓住抗日战争胜利50周年之机，针对日本国内否定侵略的思潮，着重向日本读者揭露日军侵华罪行。起初，日本专家和一些中国同志担心严厉的批评可能会引起日本读者的反感，但我们坚持认为，不指出日本侵略的要害和实质，只讲友好，不利于建立真正的友谊。只要我们的报道以事实说明，日本加害于中国和亚洲各国人民，最终会导致加害于自己，就能取得较好的效果。其效果正是如此。

同样是1995年，在北京召开的联合国第四次世界妇女大会，也是一个重大对外报道选题。对这次大会，中国外文局不仅参与了组织筹备及服务工作，在对外宣传方面也创造了很好的业绩。按照局编委会的策划，全局要求各单位发挥自己的优势，利用这个机会，集中介绍中国的妇女政策及中国经济、社会发展的基本情况。结果同样是圆满的。当年全局各出版单位为大会制作出版了涵盖30个选题的139种图书、小册子、折页、招贴画和五种期刊的专刊（特辑或增刊），印数达118万册，发表上千篇文章，约有800万字的报道及海量图片。在大会召开期间，中国组委会发放的外宣品中，中国外文局的出版物在题目数量和总册数上占了三分之一，在外文版中占的比重很大。中国外文局出版的《北京周报》、《今日中国》（世妇会专刊）和《中国1995》、《中国的计划生育》（白皮书）、世妇会招贴画等都成了会中最受欢迎的出版物。这当然也是提前进行重点策划的结果。

再举两个我参与策划的例子。

退休前我没有在出版社工作过，虽然也编辑过几部书稿，但基本上都是后期编辑工作，没有参与过选题策划。直到退休后的2003年，才和老同事饶凤岐一起到五洲传播出版社帮助工作。在四年的工作当中，我们参与了一些外宣图书的选题策划和选择作者的经历，也许同样对搞好对外报道的选题策划有些借鉴价值。

首先想说的是，一部外宣图书选题的提出，一是符合国家的需要和时代的要求，二是要适合外国读者的阅读需要。

用中、俄两种文字出版画册《胜利的回忆》的思路是在2004年提出的。我们当时想到，再过一年，就要纪念中国人民抗日战争和世界反法西斯战争胜利

漫话对外报道

60周年了,届时,中俄两国一定会举行多种纪念活动。如果我国国家领导人应邀访俄,参加他们的纪念活动,并在会见当年到东北帮助中国人民打败日本侵略者的苏联红军老战士的时候,能有一本纪念性的画册送给他们,一定很有意义。基于此,我们提出了这一选题,即用图片和文字介绍当年苏联红军帮助中国取得抗战胜利并因之结下友谊的故事。我们有此提议,一是基于这段历史是值得纪念的,二是基于苏联解体后中国与俄罗斯的关系正在向好发展,编辑出版这样一本画册有助于增进两国人民的友好情谊。这一提议很快就得到社领导的赞同,并且把这一任务交给了我和老饶。领导"戏谑"说,我是学俄文的,有"俄罗斯情结"。我承认,这话不无根据,但最主要的,还是我看到了这个选题的外宣价值。我和老饶一起去军事科学院找到了对那段历史颇有研究的专家彭训厚将军。经过多次接触和交流,我们一起拟定了写作大纲,顺利通过了报批手续。彭将军果然是一个理想的作者,他完成的初稿,内容和结构都几近完美。他提供的大量图片,更让这本画册货真价实。然后又凭我们沟通联络,在中国外文局找到了高水平的俄文翻译和定稿人。最终,这本画册以中、俄两种文字出版,并成为当年纪念中国人民抗日战争和世界反法西斯战争胜利60周年的一部重点图书。更为荣幸的是,这本画册成为胡锦涛主席访问俄罗斯期间出席相关活动时的国礼。

同年,我们两人又提出来一个选题。我们十分熟悉的老前辈爱泼斯坦,亲自见证了中国人民艰苦卓绝的抗日斗争,目睹了日本法西斯在中国犯下的种种罪行,而且又有那么多与此有关的著作和讲话,如果把这些资料集中起来,汇编成一本专门回顾中国抗战的书,在中国人民抗日战争和世界反法西斯战争胜利60周年时出版发行,无疑会产生极大的现实意义和历史价值。那时我案头正好有新世界出版社出版的爱老所著的《见证中国》一书,这是我非常尊敬的老前辈沈苏儒送的,他参与了这本书的翻译和编辑工作。这本书的部分内容,说的是爱老本人对中国抗日战争的回忆。如果能把这些内容抽出来,再补充一些其他资料，不就是一本很好的新书吗？五洲传播出版社的领导欣然接受这一建议，把选题报到了上级主管单位国务院新闻办，不久就拍板定案。2005年新年刚过，这本书的编辑工作就提上了日程。协助爱老编辑成书的具体工作也落到了我和老饶的头上，他分工图片编辑，我来整理文稿。非常感激爱老的支持。还在酝酿这个选题的时候，我同老饶一起去爱老府上报告我们的想法，他和夫人黄婉碧当即做了肯定的答复，把爱老的相关著作和历年发表的相关讲话和文章，全都提供给了我们。我粗看过这些资料后，更确信这一选题的提出正当其时，而且对选题成竹在胸，很快，我们就草拟了一个编写提纲，提纲拟好后，我俩再次登门，专门就这个提纲和书名征求爱老意见。爱老出于对我们的信任，对提纲当即表示赞成，还商定书名就叫《历史不应忘记》。

《历史不应忘记》于抗战胜利60周年前夕用中、英、日三种文字出版。沈苏儒老先生阅后说：这不是爱老的原著，但又像是爱老"原汁原味"的著作；这不是爱老新写的一本书，但又是他自己的语言。

以上列举的这些外宣书的策划过程说明，重点选题，不论是图书还是期刊，策划都是一项系统工程。最初提出报道线索或选题要求进行策划的，可能是一般编辑或记者，但参与并主持策划的则应当是他们的负责人。对外报道要服务于国家的需要，不同时期国家的需要也不同，所以策划具有阶段性的特点，不同的时期有不同的选题需要策划。一次报道策划在实施并完成以后，还会有新的报道需要策划。随着报道课题与报道环境的改变，策划好的方案也可能需不断改进与修正，以使其日臻完善。

（三）一般选题策划

这里说的"一般选题"，是相对于"重大选题"而言的。相对于重大选题，其价值并不一定就不重要，只是其提出和策划，在程度上会简略一些。这也就是前面提到的"狭义策划"。

1992年大陆首批记者赴台采访期间，台湾《联合报》资深记者沈征郎曾把自己的专著《实用新闻编采写作》签名送我。他与我同年，当时任报社中部特派员。他在书中阐释的一个观点是：选题的策划是采访的第一步。不过，他按习惯，将我们说的策划，说成是"企划""规划"，我理解，指的就是一般选题而说的"狭义策划"。他写道：

记者与编辑决定新闻发不发，发多少字，文字、照片、图表，件件不可偏失。一个编采单位主管须明确果断指挥调度，编采一体，规划从什么角度下笔，什么地方凸显切题，才可能打出新闻胜仗。可见采访的企划、规划是必要的，是采访的第一步。

这第一步怎样才能走好呢？自是先得发现新闻线索，通过策划，决定为选题；有了选题，才能谈得上对选题进行策划。

那么，最后成为选题的新闻线索，是怎样得来的？什么样的选题才值得进行策划呢？

蓝鸿文著、中国人民大学出版社出版的《新闻采访学》一书中，专门有一章写的是怎样掌握新闻线索。书中写道：

什么叫新闻线索？新闻线索好比作战时的信号，当然，这个信号不是给你指示敌人的所在，进攻的方向，而是给你指示采访的方向，新闻的所在。有的线索比较完整，不光有梗概，还有细节，甚至就是一个头尾明晰的故事。但多数新闻线索比较简单，只跟你提供一个粗略的情况，或者只告诉你一种现象，或者是个有头无尾的事件，或者只有一句话……无论是比较完整的，还是比较简单的，它们触发了记者的新闻敏感，使记者知道哪里有新闻，或者哪里将要发生新闻，然后跟踪追击把新闻采访到手。

第二章　选题策划是做好对外报道的起点

作者列举的发现新闻线索的渠道有很多。获得对外报道线索的途径也是很多的，如在采访中发现，在读者来访来信中发现，单位领导或者是有关部门提供，在其他媒介的报道中发现，等等。最应当强调的还是从客观实际中来，这是新闻线索的"源"。作者鲜明地指出："那些苦于找不到新闻线索，习惯伸手向编辑部要线索、要题目的记者，只能说明他们没有很好深入这个'源'。"可见，要得到有益而众多的采访线索，记者、编辑需要深入生活、贴近实际。当然，心中要牢记所服务的媒体的定位是什么，目标读者是哪些人。这是衡量一个新闻线索有无新闻价值的依据。

我在讲对外人物通讯写作时曾这样说过：对外或对台人物通讯的采访对象，一是靠上级或有关部门的要求和提示。最现实的是向记者提出要求，也就是布置任务，然后记者去寻找对象，进行采访，最后成稿交差。二是靠记者自己的积累，平时可以通过多种渠道注意收集适合采访的人物线索，经筛选后报告领导，再进行策划，纳入采访计划。

我自己的经验是，主要还是靠主观努力，按照所在媒体的需求，自己寻找和选择采访对象。

1995年夏天，因为李登辉访美而致使两岸关系倒退，也影响到台胞对大陆投资。我关注到，在这种情况下，上海主管沪台经贸的副市长沙麟曾对台湾记者发表过谈话。我敏感地意识到，这个线索有极高的新闻价值，就设法对这个人物进行重点采访。向主管领导报告后得到支持，又经上海市台联帮我联系，不久传来消息说，沙市长答应接受采访。去上海前我做了比较充分的准备，重点是了解沪台两地的经贸交流，特别是对上海的投资环境和优势、台胞赴上海投资的情况，重点做了了解，也拟出了采访提纲，报告主管领导后取得认可。结果，采访很成功，写作也很顺利。上海市台办对这次采访十分重视，主任亲自陪同，宣传处的同志悉数到场，有的摄影，有的记录，还在当天《新民晚报》头版发了消息。

对外报道新闻线索的得来，离不开服从国家对外宣传的宗旨和目的，这就是通过向外国受众和中国台港澳同胞及海外侨胞真实客观地介绍中国经济、政治、文化、教育、科技、医疗、体育、旅游、社会发展及人民生活等各方面的情况，介绍中国对国际事务的主张和中外交流与合作的情况，增进他们对中国（大陆）的了解，化解因国外和海外传媒对中国（大陆）的不实报道而引起的疑问、误解或敌意，建立彼此间的理解和友谊，进而为中国（大陆）的改革开放和现代化建设事业创造良好的国际舆论环境，最终树立中国（大陆）的良好形象。

这其中既包括了国家的需要，也涉及受众的需求。前辈们的说法是既以我为主，又有的放矢。换成先任人民画报社副社长、后任新世界出版社总编辑的张海鸥更为通俗的说法，就是"既有我们想让他们知道的，又有他们想知道的。对外报道的选题就是基于这两个方面而提出的。同时，还需要考虑我们自身的条件，能不能完成自己所设想的那样一次对外报道活动，并取得应有的成效。这就是客观要求和主观能力的统一"。

三、谁来策划？

（一）高层领导主持

1997年3月，时任国务院新闻办副主任兼中国外文局局长的杨正泉在谈如何做对外期刊总编辑的文章中曾强调"切实抓好重点"。他说的重点，一是指重大问题的宣传；二是指重点问题的宣传；三是指热点问题的宣传。重大问题、重点问题、热点问题的情况不同，宣传的方式也不同。要高度重视，早做预谋，做出计划，还要抓准问题，抓准角度，突出特点。这就涉及采访前的策划了。

像这样的重大问题的对外报道，往往由高层领导亲自主持策划。杨正泉局长在任时就曾对如何报道全国"两会"和香港回归，发表过指导性意见，自然也可以说是指导或参与策划。

1995年2月，当年的全国"两会"召开前夕，他对中国外文局参加报道的记者首先强调了方向和方针问题：要把握准"两会"的重点和特点，把握准对外宣传报道的总要求。每年的"两会"有连贯性，但由于任务和重点有所不同，要求也有所区别。这一点做到了，宣传报道就有了基本保证。当时中国外文局还没有中国网，参加采访的只是外宣期刊的记者。他要求着重研究我们的特殊性，一是对外宣传报道与对内宣传报道的区别；二是期刊的报道与其他宣传手段的区别；三是中国外文局内部各期刊之间的区别。然后他又具体谈到了"两会"报道的特点。一是大会的主要议题、对内报道的重点，有的是对外报道的重点，有的不一定是，要根据对外宣传的需要做具体分析。"两会"是一个好时机，给我们提供了许多好的题目、好的典型、好的素材、好的线索，要根据期刊对外宣传的特殊需要，主动做深入的采访。二是着重用典型的有说服力的事实，做深入报道。三是会议当中民主决策的程序，它是民主程度的重要标志，也要注意报道，而且要准确地用法律的语言，不能用生活的日常用语代替。

1997年6月，香港回归前夕，中国外文局已决定派《北京周报》和《中国画报》三名记者前往现场采访这一重大事件。杨正泉局长对他们说：

香港记者云集，是一场真正的世界新闻大战。我们的方针是"你打你的，我打我的"，发挥我们的特长和优势。在盛况空前、竞争激烈的情况下，你们要发挥积极主动性，确保主要任务的完成。我们这次采访报道的焦点，是集中反映政权交接这一历史性时刻。不管其他传媒是否报道、如何报道，《北京周报》是我国权威性的外文周刊，要把这一活动，把我国领导人讲话、部队进驻、香港特别行政区成立等，准确记录下来，尽快报道出去，作为中国的权威性报道供国外读者阅读研究、收藏。《中国画报》要不惜版面，把政权交接的历史时刻和庆典活动的重要场面突出地记载下来，出好专刊，这是历史的一部分。……

对报道好香港回归，你们两个社早已做了大量的工作，关键的是这次前方的采访。虽然你们对采访已做了充分的资料积累，但那是坐在家里的准备，这是大的采访，现场情况千变万化，有许多规定，要有多种准备，要随机应变，才能保证任务的完成。前方采访与后方的编辑出版要配合默契。后方坐镇的负责人，实际是这一报道的总指挥，要统筹全局，组织联络，保证各个环节不出问题，尤其不能出政治问题。

这是战前动员，但也可以说是重大选题策划的一个重要部分，解决的主要是指导思想问题，明确的是主要任务。

像这样的宏观指导，就属于上级主管领导机关或媒体负责人的大策划了。

发生于2008年5月12日的汶川大地震就是这样一个重大事件。像这样的重大事件，当然是突发的，无法预见的，在第一时间发出消息，自然是无法策划的。但事发后政府如何及时应对，怎样开展抗震救灾的综合报道、全面介绍，这样的对外报道，又是可以策划，也是能够策划，而且是必须策划的。就以中国外文局为例来说，地震发生的当天，时任局长蔡名照立即就外文局抗震救灾报道工作做出重要批示："局属各单位要高度重视抗震救灾的对外宣传和舆情工作，按中央统一部署，切实做好书刊网的外宣工作。"这就是对策划提出要求了。当天晚上，时任中国外文局常务副局长周明伟便召开了一次紧急会议，传达蔡局长的批示，就全局对这一重大事件的对外报道进行策划和部署。中国网、北京周报社、人民画报社、局总编室负责人和办公室有关人员参加。第二天早上，周明伟再次主持召开紧急会议，黄友义、方正辉两位副局长和所属各期刊社及中国网主管领导悉数参加。会议决定成立全局抗震救灾报道工作应急领导小组，由周明伟亲任组长，黄友义和方正辉任副组长，指定局总编室负责协调日常工作，所涉及单位确定专人参加这个小组。就这样全面启动了这项业务应急机制。会议还决定第一时间派记者奔赴灾区现场进行采访，指定北京周报社的黄卫带队前往四川地震灾区采访。组里还有中国网中文部编辑、北京周报社英文部记者、人民画报社采访中心摄影记者、人民中国杂志社记者。

但是，对这一重大突发事件对外报道的策划并未就此结束。5月14日，周明伟主持召开抗震救灾报道工作应急领导小组工作会，副局长方正辉和局有关部门负责人参加，决定建立由局领导和有关人员参加的应急小组每日例会，及时沟通、协调，部署抗震救灾报道工作。5月15日，副局长兼总编辑黄友义主持召开了局属部分出版社抗震救灾图书选题策划会。5月20日，局抗震救灾报道工作应急领导小组再次召开例会，传达前一天中宣部有关精神，研究中国外文局对外媒体抗震救灾报道和相关图书出版工作。5月21日和23日，中国外文局抗震救灾报道工作应急领导小组又先后召开例会，研究抗震救灾报道及相关工作。5月25日，中国外文局召开会议，安排部署赴灾区采访总结和交流、汇报工作。局领导周明伟、黄友义出席。5月间，局长蔡名照就全局抗震救灾报道工作多次做出指示，要求全局干部群众行动起来，坚决贯彻中央关于抗震救灾的有关精神，围绕大局，做出贡献。到了6月3日，周明伟主持召开局抗震救灾报道工作应急领导小组扩大会，再次研究部署下一步抗震救灾工作。

就经历次研究策划后派出的人员来说，由黄卫带队的第一批记者出发以后，5月13日至16日，中国网陆续派出由文字、摄影、摄像记者组成的报道小组奔赴灾区。他们的任务是按策划进行工作，真实记录灾情，以及解放军、武警官兵、公安消防部队、医务人员救援抢险情况和灾区人民互助自救的感人事迹。5月15日出发的，则是局总编室副主任于涛、今日中国杂志社总编室主任曾平和摄影部主任虞向军，还有中文期刊中心总编室主任温志宏等四人，他们随国务院新闻办组织的采访团赴前方采访。5月19日，副局长兼局副总编辑方正辉又率局总编室主任陈实及所属单位四人赶赴灾区进行采访。5月20日，中

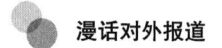

国外文局派出两组发行和采访人员携带《今日中国》等紧急出版的抗震救灾专刊分赴四川和甘肃地震灾区。

可见策划好的选题和报道方案，所涉及的工作人员，都不是一成不变的，需要随着情况的变化随时进行调整和补充。

从黄卫后来写的回忆文章中，可以清晰地看出当时在局领导亲自主持下进行策划的过程和做出的决定。一是在采访报道全过程中，所派出去的记者在信息上要互通有无，在生活上要互相扶持，逐渐凝聚成为一个集体。黄卫回忆道：在前方的各位记者始终感到自己是作为中国外文局的一员在工作。采访中，他们淡化了各自服务媒体的不同，全都统筹在中国外文局的大旗之下，全都按照策划提出的明确指令，紧张高效地工作。尽管他们每个人的力量有限，但是并不觉得形单影只，因为他们是以中国外文局的整体形象出现的，打的是一张团队牌。这都是策划的时候就提出的要求。而作为大后方的中国外文局领导和同事们的全力支持，成了他们的坚强后盾，让前方记者们在心理上得到强大的支撑。他们的前线采访，在精神紧张的时候，领导和同事的一个电话、一条短信都会让他们紧张不安的情绪得到稍许放松。策划还要求保证指令畅通，要注重前后方协作、刊网互动合作。前后方的联络工作由局总编室具体负责。黄卫说，这也是圆满完成本次采访任务的关键。他们在前方采访，及时向局总编室汇报前方情况；局总编室则及时向他们传达局领导或局编委会和各位记者所在单位负责人最新的策划意图、调整后的报道计划和新的任务指令。此外，局总编室还及时将有关汶川地震的海外舆情传达给他们，这对他们的采访报道也很有帮助。就是这样，前后方积极配合，他们在前线工作的七天时间里，每天都能得到后方的支持，同时也收到来自局领导以及同事们关切的问候和鼓励，这成了支撑他们顺利完成采访任务的一个巨大的精神力量。

最初的策划还有一条决定，就是稿件共享、刊网互动。这也是中国外文局这次大手笔的团队报道计划的一大亮点。在这次地震发生后的头几天里，西方媒体对救援情况高度关注，中国外文局派出的这个团队及时跟踪灾情的救援工作进展，以图片报道和现场报道为主，突出外宣特点，发挥中国外文局网络媒体的优势，第一时间满足了一些国外读者对抗震救灾信息的需求。根据统一部署，他们拍摄的所有图片和采访的文字稿全部上传到局总编室指定的文件夹里，由全局各刊社和中国网统一享用。

从黄卫的回忆可以看出，中国外文局对这一重大突发事件的对外报道的策划，不但提出了明确的报道要求，而且对相关事项也都做了明确的决定，如局属各媒体所派人员、他们的分工与合作、如何为前方记者提供各种物质保证、什么单位担任前后方总协调、哪位领导负责前后方的总指挥、采写的稿件如何发表等，也都做了细致的安排。

最后的结果证明，中国外文局的这次抗震救灾报道，是一次成功的实践，起到了很好的外宣效果。对此，中国外文局领导的事先策划和指挥、指导，起到了决定性的作用。可以说，这一重大突发事件的对外报道策划和实施，完全可以作为重大问题对外报道策划的典型案例。这一重大对外报道成功的策划经验，非常值得总结、传承，同时对各兄弟单位也有借鉴意义。

最重要的是，一个重大事件发生之后，只要有对外报道的新闻价值，各媒体应当在第一时间做出反应。否则，国外媒体已经抢在了前面，我们再报道，时效性便大打折扣。这是指不可预见的重大事件。可预见的重大事件或热点问题、焦点问题的对外报道，则可以提前进行策划。这就需要前瞻性。像我国2008年举办的奥运会、2022年举办的冬奥会，还有前面提到的1997年香港回归和1999年澳门回归，等等，就是属于这一类。对这一类重大事件的对外报道，中央主管部门都是早有要求，各媒体都是提前策划。因为是重大事件，对外报道的策划，首先都在高层进行。

重大选题的报道不是一两篇稿件就能完成的，策划与组织实施不是某一个部门或者相关编辑人员能够独立完成的，更不是一两个记者所能够胜任的。应该对进行深度报道或重点报道的新闻线索进行策划，需要在领导层面上进行精心安排。如果需要组织多方合作与协调配套的采访报道，主管领导更应亲自负责策划和调度，指挥多个部门、多家媒体、多名记者共同完成策划。

中央各主流媒体，特别是新华社和中新社，经常要面对各种重大外宣事件，都有行之有效的策划机制，有一套成熟的经验。中国外文局所属单位，多年以对外书刊为主，期刊是主要新闻媒体，除了《北京周报》，时效性都不强，但现在不同了，有了自己的新闻网站——中国网，也强化了突发事件对外报道的任务，随之也建起了相应的策划机制。

一般来说，特别大的突发事件，往往场面很大，地域很广，采编部门主管乃至上级领导必须到现场或通过现代通信工具在后方进行指挥，调度现场与后援人马，组织前后方分工合作。分工合作的好处是，在一片混乱的场面中，记者们各司其职，各路人员相互协调。这时，就更能表现出策划主角的决策和指挥能力了。

我想起曾任中国外文局副局长兼总编辑黄友义的一句话，他在谈到需要多个部门、众多参与者共同完成的重大出版项目的翻译时曾感慨道："翻译难，组织翻译更难。"对重大对外报道活动的策划来说，何尝不是"策划难，组织策划更难"呢？我想当过对外媒体主管或其部门负责人的同志，对此定有深刻体会。

（二）编辑、记者尽责

重大事件、热点问题的对外报道，往往由上级领导部署任务，主管部门负责人亲自主持对外报道的策划。若是日常需要完成的一般性问题的对外报道选题策划，则主要还是编辑、记者的责任。这就要更多地依靠编辑、记者来完成了，这也是他们显示自己的功夫和能力的机会。

首先要发现有价值的对外报道线索。只要有心，获得这种新闻线索的途径是很多的。怎样才叫"有心"呢？一是想着"我们需要外国读者了解的"；二是想着"外国读者想了解的"。有了这样的心，就会不断在采访中、在读者来访来信中、在其他媒介的报道中发现新闻线索。当然，这其中也有单位领导或者是有关部门提供的。编辑、记者要做的，就是将获得的新闻线索，根据对外报道的需要和读者兴趣，做出分析判断，筛选出适合对外报道的线索，报告编辑部领导，然后在选题会上提出，进行策划。

《人民中国》有个记者叫杨珍，没上过大学，但依靠自学，拿到了本科学历。就是因为那段有点"悲壮"的艰难经历，他曾发誓："总有一天，我要把我和我的学友们亲身经历写出来，以让人们了解一点我们的悲壮。"这个想法，实际上就是他心中的一个新闻线索。那正好是"文革"结束后刚恢复高考之际。有了大学学历后，他由一个工人成了《人民中国》的记者，他的想法有了实现的可能。有一天，在编辑部的选题会上，他提出了自己的想法。实际上只是提出了一个新闻线索。他回忆道：

说老实话，此时我只是被自己占有的材料所激动，写什么，用什么角度写，并不是很清楚的。可就是这样一个新闻线索，立刻引起了大家的注意。经过热烈的讨论，我逐渐明确了应该重点写中国自学青年的精神，而不要拘泥于介绍中国自学考试的制度。

策划中还明确了采访方式和写作形式，最后发表的文章题目是《自学成才青年的命运、生活和理想》，副标题是《高等教育自学考试同窗恳谈》。这是由编辑部领导主持、杨珍和几位同窗一起参加的座谈，文章内容几乎全部是他和学友们的发言记录。此文一炮打响。日本专家刚看到译文就大加赞扬。发表后，社里收到的读者意见卡中，有219件将其列为最喜欢的文章。文章还被国内的一些报刊转载或摘录，或制成广播节目，反响也都不错。

想起就那么一个新闻线索，经过策划成了选题，文章发表如此受到喜爱和关注，杨珍不由得感慨："选对了题，文章就成功了一半。"之所以说选对了题，就是后来的事实证明，他提供的那个线索经集体策划成为选题、按策划方案进行采访和写出来的文章带有创造性。创造性原则是对外报道进行策划时的一条重要的指导原则。最好能出奇制胜，具有强烈的吸引力。相反，如果失去了创造力，缺乏足够传播力，就失去了对外报道的新闻价值。

其次是时效性原则。对外报道策划必须重视新闻推出的时间。时间的变化，社会大背景的变化，受众的关注点也会发生变化。

《中国报道》的大记者张梅芝，在她当了编辑部副主任后还以普通记者的身份到山东潍坊采访，写了《乐在农家》，也是发表在1988年第6期。她在写这篇文章的经过时，也谈到了选题的重要性，而且标题就是《要有一个好选题》。她说：

如果说我的这篇小稿还有点什么可说的，那就是这篇稿子的选题。

选题的确很重要。一篇文章的选题如果好，它就可以一下子把人吸引住。我认为，好的选题应该是人们最关心的，也就是有新鲜感。当然，不同的读者所关心的方面会有所不同……具有新鲜感的选题总是最具有吸引力的。

除了新，还应该有特色。许多企业在搞产品时总是说要发展"唯我独有"的产品，以此作为搞活企业的方略。我们的对外报道，也应该强调"唯我独有"，即要报道"唯我独有"的东西。对国内新闻来说是要抢独家新闻。对我们对外报道来说，就是要报道中国特色最浓的东西。《乐在农家》这个选题正是基于这样的一个想法制订的。

于是，张梅芝选择了距北京较近的山东省潍坊市石家庄村作为她的采访对象。用她的话来说，这个地方可玩的东西不多，但可干的事并不少。她选这个地方来完成一篇旅游方面的报道，是因为她洞察到了一种新的风向：中国的旅游资源丰富，不仅有许多名山大川，而且有悠久的历史文化，淳朴的民俗风情。随着旅游业的发展，旅游者的兴奋点也发生了一些变化，就是从单纯的游山玩水转变为参与意识很强的深入生活。越来越多的旅游者要求走到普通的老百姓家中，去了解他们最平常的生活，并与他们共同生活，从中得到乐趣。于是中国出现了民俗旅游，她看中了山东省的这个叫石家庄村这个旅游热点。她这样做，同时也因为她知道，《中国报道》的读者本来就十分喜欢中国的民俗风情的介绍。这就把我们想说的和读者想知道的，很巧妙地结合到了一起。这也正是她策划这个选题的成功之处。

《人民中国》名记者、担任过编辑主任，后来又成了副总编辑的沈兴大的"大运河之旅"系列报道这个选题的产生和策划，更值得细细揣摩。他介绍该系列报道写作经过的文章，载于1999年出版的《书刊对外宣传理论与实践》中。他在文章中说，"文化大革命"结束之后，《人民中国》迎来大发展时期，一个重要标志和突出成就是相继推出了一系列长篇连载。可谓好戏连台，在国内读者中产生了重大影响。当时在这里当编辑的老沈已人到中年，一种紧迫感和责任感促使他也想搞一个长篇连载。那么，搞什么呢？他回忆道：

我生在长江边，长在运河畔。那是江南运河的一个上镇，镇上有一半人家的房屋就搭建在伸入运河的木桩上。人在上面住，水在枕边流。每天从早到晚，片片白帆就打临河的窗前掠过。看着远去的白帆，童年时代的我常常想：运河从哪里来，又流到哪里去了呢？外部世界是个什么样呢？

由此可见，从小就能亲近的大运河，早就在他心中播下了这个选题的种子。他中学毕业后离开家乡，来到著名的运河城市扬州读完大学，而且学的专业又是历史。老师常带他们对大运河最早在扬州开凿的一段进行过调查、考证。毕业后来到运河的终点北京工作。在对日宣传报道中，他进一步了解到源远流长的中日友好往来的许多重要事件，都与运河有关。所以他想："通过大运河之旅，把其中的故事挖掘出来，日本读者会感兴趣的。"

所以说，沈兴大的这个线索和选题是从生活中来的，也是从读者需求中来的。让他始料未及的是，连载刊出后，很快在国内外掀起了一股"运河热"，出版界纷纷前来约稿，相继出版了一批由他独自创作或与他人合著的运河作品。日本神奈川县日中友好协会受此启发，先后分批组织了190人次，从1988年至1993年6年来中国骑自行车走完大运河，此举又加深了中日两国人民的了解和友谊。

沈兴大的这次对外报道的成功有诸多因素，关键的一条是他为这次采访做了充分的准备，首要的就是周密策划。他采访前收集和阅读有关资料就花了半年的时间，不但经过自己的缜密思考，还特地征求了日本专家的意见，这才拟出了采访计划。后来的整个采访基本上都按照这个计划进行。他的体会是："拟好采访计划，等于采访成功了一半。"

从他们的介绍中可以看出，他对这个选题的策划包括这样几个方面：

首先，对报道目的性的了解，是从国家的需要和读者的需求两方面出发，解决报道什么、不报道什么以及如何报道的问题。只有这样，深入生活中进行采访时，才能心中有数，什么该抓，什么不该抓。

其次，分析新闻线索，从已经了解的情况中对已经掌握的新闻线索进行挑选、提炼。可以说，能否发现新闻线索、正确挑选新闻线索，是整个对外报道采访活动中的第一道门槛。

再次，要对计划采访的单位或人物做进一步的了解，以掌握更多的情况。这一工作做得越充分，采访也就会越主动。

此外，还应当有必要的知识准备，对与采访对象有关的知识要尽可能多懂得一些，不能做"门外汉"，否则很难得到采访对象的尊重，也就难以保证采访的顺利完成。

这些做法和经验，都值得从事对外报道的编辑、记者们学习。

四、怎样策划？

（一）举例说明

先看一本书的策划能给我们什么启示。

曾任国务院新闻办副主任兼中国外文局局长的杨正泉有本书，名为《新闻背后的故事：我的亲历实录》，由新世界出版社出版，责任编辑之一杜力在以《一个编辑的"水磨功夫"》为题的一文中，对这本书的策划有这样的介绍：

我的理解，出版一本书是指挥一个战役，各兵种、各战区齐头并进、分而不乱。这不是一个普通的任务，千头万绪，我把它分为书稿、图片、版式封面三条战线同时展开，以每一步的结果都和老局长、社里资深编辑、发行印刷部门取得共识为原则。

我们这个团队提出的策划编辑思路是：本书是一本厚重的个人回忆录，同时又是一部关于中国重大宣传报道的凝练历史、精彩的纪实作品；将内容整合为五大部分，凸显重要内容，使时间线索更清晰；按照精品书的标准，使文稿更审慎、周密、精致；确定以文字为主，配以前插4页彩色图片、少量内文黑白图片的形式，图片由历史图片和老局长提供个人图片两部分组成，既彰显大历史，同时具有现场感、亲切感；每一篇文章都要有导语，突显其精粹的阅读价值。

我与罗平峰作为本书责任编辑，按以上策划思路进行了细节策划：和老局长以及其他方面议定书名；为五个部分取了恰当、紧密而有历史感的标题；选取相宜的历史图片，筛选老局长的图片并将之相得益彰地配到不同历史时期的文章中，精心撰写图片文字说明；精心选取、编写每一篇文章的导语；以厚重个人回忆、凝练重大历史为封面创意点，撰写封面文章；内页版式以庄重、现代为风格，和设计师一同精益求精地设计每个细节要素；和出版部同仁议定相宜而精美的纸张、印工要精。

这本书的成功，固然与内容吸引人和作者超强写作能力有关，同时也得益于总体思想和细节的策划。正是有了精心策划并且按策划进行各环节工作，才保证了这本书的成功出版，和出版后产生的巨大反响。

上面说的是图书的策划，对外报道的重大选题策划，又何尝不是这样呢？

2016年9月初在杭州召开的G20峰会，是当年我国最重要的主场外交，也是那几年我国主办的级别最高、规划最大、影响最深远的国际会议，为全球所瞩目，数千名中外记者聚集杭州，报道这一盛事。中新社积极参与。他们对这一重大事件的报道，一是选题先行，策划得早。早在会议召开半年多以前，他们就成立了专门的指挥部，开始对计划中的系列选题进行精心推敲和策划，并在会前、会中、会后各个重要节点接力推出报道，特别是到了8月中下旬，相关报道密集发出。二是在选题策划上兼顾政治经济和峰会的宏大主题。这就抓住了重点。三是注重选题策划落地。因为各种因素，往往计划赶不上变化，一旦选题落地受阻，指挥部便及时调整采访路线。结果，峰会的大小议题无一遗漏，甚至包括未能到场采访的文艺晚会和"国宴"也有报道。

很显然，中新社G20峰会对外报道策划是成功的，既显示了策划的前瞻性，又注意了策划的可变性。他们的做法值得借鉴。

下面再举些例子，各有成功之处，都能说明应当怎样进行策划才能更加有效。

曾任《中国画报》代理总编辑的高级编辑钱浩，也曾亲赴一线采访。有一次是在1986年，苏州建城2500周年之际，采访后写成了《山温水暖话苏州》一文，发表在1986年第9期的《中国画报》。他是怎样成功策划这个选题的呢？他深知，从对外宣传的角度来看，苏州的内容是很丰富的。园林风景、生产生活、旅游等都可以作为专题报道，必要时也可做系列报道。具体一些，某一条街巷，某一座桥，某些名菜佳肴，也可以小做文章。他说：

我们是在苏州建城2500周年这样一个特定的时机报道苏州的。在考虑如何报道的时候，觉得虽然有许多动人的内容可以单列为专题，但为了给国外读者一个总的印象和基本的了解，就决定对苏州做概括的介绍，或称之为全景式的报道。

如果从对外宣传的角度对文章提出要求，大体可以概括为以下几点：一是题材要能引起外国读者的兴趣；二是文章要言之有物，要告诉读者有关的知识；三是文字要生动可读。这是很起码的低调的要求。

这个选题一是把握住了对外宣传苏州的这样一个时机，二是选题的设想和策划都是围绕着读者的兴趣和需求。

《中国画报》的资深编辑孙桂琴则写下了她是怎样"以'新'字取胜"来完成选题策划的。文中谈到，还是20世纪80年代的时候，得知中央决定近年要将我国开发重点转移到西北，于是编辑部酝酿如何在画报上反映这一战略决策，进而决定搞个系列报道，指定五人参与其中，由她负责制订选题计划，组织采访、写作和编辑工作。关于选题的策划，她说：

报道西北开发，不能不讲种植业的资料和前途。文章怎么做？西北那么大，各个方面画报不知出现过多少次了，尤其是种植业。

我以为新闻稿件应该以新"字"取胜——选题新、素材新、手法新，关键是选题新。题目无新意，全盘皆输。为了解决系列报道的选题，我们确实花了一番功夫。我们利用摄影采访的淡季——严冬，花两个月时间先到西北五省区去调查研究，之后又经过多次筛选，才定了十个题目。

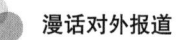

这十个题目都是从西北的特点和画报的优势来选定的。他说：

要讲新闻性，刊物是干不过报纸的，但刊物要办好，绝不能只从报纸上找选题。也不能只从其他刊物上找选题，炒冷饭有时不得不为，但绝不是一条好的出路。唯有第一手选题才有个性，才能激起人一读的欲望。在刊物如麻的今天，似曾相识的选题读者往往一翻而过，里面有多好的内容也会付诸流水。

她写下这些体会和经验之谈的时候，已年过六旬，但她的思想之新、追求之新，却丝毫不输年轻人。时过30多年再看她的做法和说法，竟还能给人以新的启发：好的选题要从实际中来，选题的"新"要从创新中来。

以上所举的例子，都是往事了，但对外报道的经验常新。

（二）策划程序和技巧

前面已经提到过，并不是所有新闻报道都要进行策划。真正需要进行策划的选题，主要有三类：第一类是可预知的、有重大社会影响的活动和事件性或非事件性新闻；第二类是非可预见、有重大社会影响的突发性事件新闻；第三类是新闻媒介自己设立的重要问题报道、活动性报道。

不论哪种情况，凡需要进行选题策划的，肯定是重大选题。对外报道重大选题的策划，主导者、组织者、决策者自然是领导，是上级主管部门的领导、记者所在单位的领导或部门负责人。

如果不是需要主管领导主持策划的非重大选题，获取对外报道新闻线索的记者本人可以独自完成采访前的策划，继而将结果上报主管领导，以确定选题和采访计划。报告中应当具体说明选题是根据国家需要决定的，报道内容和文章写法是根据受众的需要而设定的，说明该选题不但适合自己服务的媒体，而且有针对性，又有自己的个性特点。还要说明采访活动大体的步骤、方式，要采访的部门、人员名单及其先后顺序，设想一下写什么体裁、多少字、采写周期等。再写上所提问的大纲细目，那就是采访计划中包括的采访提纲了。可见，策划不是一个简单的过程，这里面可以显示记者本人的策划技巧，乃至记者本人的整体水平。

策划要分阶段进行。从发现对外报道线索、确定报道选题到收集与分析各方面相关材料、确定报道效果目标的一段时间，是策划的预备阶段。在这一阶段，策划者首先要围绕已确定的对外报道线索广泛收集各类信息。比如，报道一个重大事件，就需要了解有关这一事件的背景情况、进展势态、各方面对事件的反应、有关专家对事态发展的分析预测，等等。还需要搞清楚读者对这一对外报道线索是否已经有所了解，他们对此选题的获知需求点究竟在哪里。这些信息有助于策划者把握受众的心理特点，有的放矢地策划报道，而且这些信息有一部分可能直接成为报道的内容。

策划前期收集与分析这样一些相关信息对于策划的成功至关重要。一方面是据此可以对选题做进一步的推敲，必要时做出修正和调整，另一方面还可以根据所掌握的信息，对报道可能取得的效果进行预测，有助于提出报道所要达到的目标，进而围绕这一目标确定报道方案的设计。

后一阶段，则需要对报道进程、报道方式、表现形式提出设想，最终形成系统的报道设计方案。这是对外报道策划的核心阶段。在这一阶段，需要形成一套完整的报道思路。这又是一个由酝酿期向明朗期过渡的过程。酝酿期是指策划者对所收集的资料、信息在头脑中进行加工处理，找出对外报道的突破口，找到具体解决问题的方法。到了明朗期，一个选题的策划便大功告成了。

我在《今日中国》的同事侯瑞丽从记者做起，在社里先后担任过多种职务，来社里10年后走上领导岗位之后自然少不了参加选题策划。他的体会是这样的：

10年后，我被调到中文部当副主任、主任，开始承担重大题材的策划及采访报道。……

从对具体事件的采写提高到对专题文章的策划和采写，是一个质的变化。……

由于策划的需要，我开始关注一个事件发生的国际和国内背景，与事件保持一定距离，看专家怎么审视这个事件，从而形成自己客观的立场、生动的角度，再配合深入的背景内容。在文风上注意学习外国人的叙事方式，作者始终是与事件有一定距离的旁观者。

从这些成功者的经验之谈可以看出，"选题策划"从信息采集开始，信息采集从社会调查入手。编辑要有意识、有计划地进行社会调查，搜集社会发展信息、科学文化信息、对外报道类、作者和受众信息，掌握大量一手材料，并使用科学方法和现代技术手段对其进行分类、综合、分析，从中寻找选题方位，进行选题策划。在信息分析的基础上，根据国际传播的需要和各类受众的不同需求，构思并策划选题。

策划选题须考虑选题的主题及名称，选题的内容、规模、体裁，选题的新闻价值，选题的优点及特色，读者对象，等等。

实施方案也应列入策划，即对报道项目从设想到成品发表的全过程做出宏观的、大致的考虑。包括人力组织、成本预估、实施进度等。

在选题、实施方案策划比较成熟之后，便可申请立项了。首先是撰写选题报告，说明提出选题的理由、依据、目的、进度安排、特殊情况及应对措施、可能会出现的问题及对策等。然后进入审批阶段，由该选题的责任编辑、编辑部主任、总编辑逐级进行审批。必要时还需组织集体论证选题的可行性，供领导决策参考。

附：一个可供参考的策划案例

新闻报道策划方案———充满异域风情的满洲里城市建筑

一、专题报道可行性分析

1. 题材分析

满洲里市地处中、俄、蒙三国边界，是典型的边疆口岸城市，历史悠久。城市中大部分建筑物都是俄罗斯式风格。在这里，东方文化与俄罗斯风情的完美结合，铸就了教堂、水塔、木刻楞、俄罗斯艺术博物馆等充满异国情调的人文景观。地理位置，俄式风情等，都是它的地方特色，都是它的"魂"的所在之处，也为它旅游业的发展提供了很好的契机。夏日欣赏俄罗斯建筑，领略呼伦湖美景；冬季观赏各式冰雕和三国选美大赛。一年两个旅游旺季，可吸引大批游客前往。每个城市都应该有自己的属性，有自己在广阔时空中的坐标。满洲里亦是如此，它独特的"魂"应当时刻保持着，因为当社会不断发展，城市不断复杂化的时候，如果我们丢掉了自己的个性，将会被同化大潮所淹没，以致造成身份危机。

2. 受众分析

比较喜欢异域风情并关注城市建设喜欢旅游的那部分人。

二、报道主题

走进满洲里的异域风情城市建筑

三、报道主旨

镇政府在尊重传统形成的建筑风貌和民风民俗的基础上，通过挖掘当地特色，在考虑群众经济承受能力的基础上，采取多种处理手法，使房屋在多方面充分展现风格多样地域文化，要逐步形成一镇一特色的标志性街道或主题建筑。在城市规划上，满洲里以遵循城市发展定位为前提，按照"扩规模、增功能、创精品"的要求，投入资金4000多万元，编制完成了城市总体规划、区域详规及土地、交通等各规划40多个。2001年为更进一步突出城市特色，打造旅游经济，满洲里在经过深入研究和广泛征求意见，启动了城市风貌改造工作，将临街楼房外立面统一为欧式风格。2007年，按照"单位建筑特色突出、每条街道风格各异、整体形象和谐统一"的原则。对市区内162栋临街楼房外立面进行了欧式风格改造，通过风貌改造，让外来的俄罗斯人到了满洲里有种归家的感觉，中国人到了满洲里有种出国的感觉，成为"中国人眼中的俄罗斯，俄罗斯人眼中的中国"这样一个极具旅游吸引力的特殊窗口。据统计，2008年，满洲里市接待游客470万人次，旅游创汇2.11亿美元，实现旅游总收入25.8亿元，占GDP比重达38.2%，创造了0.84万个就业岗位，占全市从业人员总数的15%。

四、报道目的

城市特色，能让公众感受到城市的个性和魅力，进而对其广泛传播，并对其他公众形成强大的吸引力，那么一座城市便创出了自己的城市品牌。满洲里市应抓住重点开发开放实验区的机遇，定位准确，分清主次，付出实际工作，稳扎稳打，果敢创新。在文明城市的基础上逐步走向发展新型低碳生态旅游城市的道路，利用天然的平台优势带动旅游业的发展，进而和谐统一。努力树立一个清新的城市形象。

五、报道角度

1. 带有哥特式元素的俄罗斯建筑

2. 中、俄、蒙不同的建筑共存于城市建筑中

3. 具有西方特色的中式建筑的产生

4. 满洲里建筑风格的缺憾

5. 满洲里的城市风格和城市风貌

六、报道定位：系列专题报道

1. 报道进程安排：做一周的连续性报道，首先是走进满洲里，采访居民，写几篇人物通讯，带出建筑的历史和人情风味。接着选取一些较好的角度撰写

特写，向社会公众征集稿件，诗歌抑或散文，文体不限。然后采访相关部门的负责人，了解关于满洲里建筑的发展过程和设计理念。采写专访。最后，以评论收尾。

2.体裁类型：主要采用通讯、特写、专访、评论这几种体裁。

七、报道要求

记者深入采访，写稿时以事实为依据，真实可靠，注重实效，态度中立客观。

八、媒体及人员分工

a组：负责搜集有关满洲里城市建设的历史文献资料。

b组：全组成员共同参与多方采访。

c组：负责各类资料的汇总以及整编筛选。

d组：负责新闻稿件的采写、新闻照片的拍摄。

后期文稿的编辑排版由全组共同完成。

第三章

成功采访是做好对外报道的前提

成功采访是做好对外报道的前提，这是从"采访决定写作"这句话引申而来的。比较早提出"采访决定写作"这一观点的，是我国新闻界老前辈陈克寒。他说过："从一般原理说来是内容决定形式，那么从新闻观点为出发，便应该是采访决定写作。"

一、说东道西，话说采访

（一）名家高论

蓝鸿文先生在他的《新闻采访学》一书中强调的是，"采访决定写作"这个观点是唯物主义的。要完成一篇新闻报道，必须经过两个阶段：采访阶段和写作阶段。采访在先，写作在后，采访为写作搜集事实，写作是把采访搜集来的事实加以表现。可见，采访是写作的前提和基础，写作是采访的结果和归宿，离开了采访，写作就成了无本之木、无源之水。从这个意义上讲，采访对写作有决定性的作用。他还说：

采访决定写作，还表现在采访的广度和深度，决定写作的广度和深度，采访工作的成败关系到写作的成败。这是为无数记者的采访实践经验所证明了的，带有规律性。

结论应该是这样：对待采访与写作，既要深入采访，又要精心写作，二者都不能偏废。但是采访同写作相比，采访毕竟是第一位的工作。离开了深入采访，记者纵有生花妙笔，也无用武之地，这和"巧妇难为无米之炊"是一个道

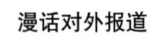

理。所以，记者要重视采访，把功夫首先用在采访上。

新华社高级记者、中国新闻学院特聘教授孙世恺在所著《怎样采访新闻》一书中的说法是，采访的任务就是寻找有新闻价值的事实，是新闻工作的基础，是新闻写作的前提。他还特别强调，寻找有新闻价值的事实，是有立场的，是在一定的报道思想指导下进行的。也就是说，要明确我们要按照什么样的观点和思想方法进行采访。

对外报道也有这样一个问题，一是要服务于国家的需要，二是要为受众设想。这就需要做到客观真实，切忌主观片面，更不能弄虚作假。

段连城在《对外传播学初探》一书中特别强调对外报道要"实事求是"：

在对外开放的形势下，对外传播的真实性更为重要了。许多外国人深入各地，取得关于中国的第一手材料。如果我们像"文革"中那样关起门来自吹自擂，只能起反作用。……即使是讲实实在在的成就，含蓄的用语效果更好，更能增加可信性。……在谈论具体问题时要实事求是，在介绍全面情况时更应如此。

他强调的另一个问题，就是加强艺术性和针对性。他说过：

在对外开放的形势下，同我们发生联系的外国人日益广泛，国别不同，行业殊异，大多数人对我国情况不熟悉或很不熟悉。这就要求我们的对外传播工作要加强针对性，对不同的对象采取不同的方式，在内容上做到有的放矢，在形式上做到清晰易懂，喜闻乐见。

要达到上面这些要求，采访是前提。这是因为：能不能及时地发现我们想让外国读者知道或者他们想知道的新闻事实，决定于采访；能不能把对外报道写得充实、精彩，能吸引外国读者，也决定于采访；能不能使对外报道真实、准确，同采访的关系极大。

采访要做得好，就得有技巧。比如：

要善于发现新闻。要准确地发现有对外报道新闻价值的事实，并且能够很快判断它是否符合国家需要，是否符合中央最新的方针政策，有没有针对性，会不会得到受众的欢迎。这样的新闻，经常会出现在迎来送往、接待方面的言谈、有关人员的聊天当中，很能考验和锻炼记者的政治意识和新闻敏感。同样重要的是，还要能发现和判断在新闻事实中哪些是最重要的，哪些是次要的，还有哪些是不重要的；哪些该抓住，哪些该舍弃。还要能在看似细枝末节的小事中，发现有对外报道价值的事实，这就看记者有没有"于细微处见精神"的本领了。还有一点，就是要有预见能力，能判断眼前的事实中有哪些可能成为以后需要关注的，有可能成为下一个新的选题。

要善于挖掘新闻。意思是要深入采访，能发现别人没有发现的有对外报道新闻价值的事实。这样的新闻事实，一种是新近发生的新鲜事，一种是隐藏在大量资料中的"干货"，一种是可能有深刻含义的一句话，等等，都需要记者有股钻劲，能够向深度发掘，而不是浅尝辄止。不但要跑得勤，还得钻得深，更要有敏锐的洞察力，能够捕捉到一般人容易忽略的事实，能透过现象看到本质。这才是对外报道的高手。

要有超人的观察能力。首先，观察应当是有目的的，就是事先必须明确需要采访的是什么，主题思想是什么。在这一前提下，观察应当紧扣主题，去抓事物或人物的特点和形象特征，能够把采访对象最精彩的、最具本质特征的东西提取出来。这时有对物的观察，包括现场的环境、布置、气氛及景象等；有对人的观察，包括人物的表情、手势、眼神、身体特征、言语表达特点等，有动有静，有人有物。所观察到的活生生的事实，说不定到写稿的时候都是用得着的细节。

要善于了解采访对象。无论是事件还是人物，采访时记者都必须面对人，所以要一边采访一边注意所面对的是一个什么样的人。因为不同的采访对象，会有各方面的差别，特别是性格和心理特征各有不同。对采访对象有了解，方能决定用什么样的方法掌控采访现场，引导被访人沿着记者事先设定的思路进行下去。这时还需要有一定的心理学知识，善于察言观色。技巧得当，不论什么人，都能和他谈得来，都能很快打开"话匣子"，说出真实的事实和真实的想法，就像朋友谈心一样，方为记者中的高手。特别是采访一个陌生人的时候，如果所提的问题与他有直接的利害关系，更需要记者设法打消他的顾虑和戒备心理，不妨在访问开始时就坦率、真诚地向对方说明采访的意图，让对方心中有底。《今日中国》杂志原副总编辑沈苏儒在他的《对外报道业务基础》一书中提醒我们采访时需注意的一条就是："必须培养与组（稿）采（访）对象的感情，努力寻找共同兴趣和共同语言，产生同情和共鸣，最好使记者编辑与组采对象之间的工作关系发展为友谊。"

沈老还告诫我们，在采访中要能主导采访而不能让采访对象牵着鼻子走。不论面对什么样的采访对象，健谈也好，木讷也罢；自大也好，腼腆也罢，记者在采访中要时时处于主导地位。对外记者更要牢记这一条，因为采访常常是在国内进行的，而国内的各方人士，了解对外报道要求和原则的人还是比较少的，如果不主动引导或晓之以理，采访对象的谈话很可能跑偏了题。如果记者心中无数，让他带偏了节奏，结果必然是想要的材料没给多少，不想要的材料倒是给了一大箩筐。如此，到了后面的选材和写作阶段就更加困难，甚至无从下笔了。为了防止出现这样的偏差，记者就要善于提问题，对采访中可能出现的多种情况都要有预案。

更重要的一点是，记者采访要深入生活，多一些亲身体验。《今日中国》以《北京人一天生活的开始》为总题目的那组报道，成功也在于这一点。这组报道是以第一人称自述的形式发表的，但都是记者经过深入的采访后帮助各篇主人公写成的。比如，为了采访菜农早晨在做什么，记者住在村里，下地与农民一起劳动，晚上就采访农家，凌晨四五点钟又跟随这户农家踏着晨光和露水去菜地里收菜，一直送到菜站和集贸市场。为采访值早班的交警，记者多次随他一起上岗，亲身体验清晨北京交通的繁忙和交警的辛苦……正是因此，各篇报道都更加真实感人。

（二）同行经验

记者采访不要怕吃苦。原来在《人民中国》当记者的戴德忠在采写《北京的"交通战争"》这个大题材时就是用的这种"笨办法"。他回忆说，虽然他常年在北京生活，每天都在骑车或坐车，然而要把北京的交通这一重大题材写成文章，确实感到有些无从下手。他在总结写作体会的文章中说：

想来想去，我还是采取了一种笨办法，即多跑腿不怕吃苦的办法。为搞清北京的交通问题，我花了个把月的时间，做了大量的深入细致的采访工作。我曾多次来到北京市交通管理局，从科室一般干部到局办公室主任到局长，虚心向他们请教学习。我也多次来到北京市交通工程管理所，同该所所长段里仁同志长谈。我还采访了北京市公共交通总公司以及下属的几个车队，听公司领导及车队干部皱着眉头向我诉说北京公共交通的种种难处。为了解和亲身体验一下北京的行车难和乘车难状况，我曾来到东单、西单等重要交通路口，早晚高峰期间蹲在马路牙子上，观看如潮似涌的机动车和自行车来回通过路口的情况，还曾同指挥交通的警察唠嗑，同早出晚归的司乘人员拉家常。

通过个把月的采访，他终于对北京的交通这一重大报道题材有了一个粗线条的轮廓性的认识，从而也就有了文章的骨架脉络，写起来自然也就轻松自如了。他的体会是："通过这个把月的采访，再次使我认识到，新闻采访过程，实际上就是一个由浅入深、由表及里的调查研究过程，是一个学习和认识的过程。重要的是首先放下'记者多知多识'这个架子，虚心而且耐心地向人家请教学习，不怕多走路。文章确实是用脚写出来的。"

戴德忠还回忆起当年采访时的一个小插曲：

记得那天来北京市交通总公司采访，接待我的是新从北京团市委调来的一位年轻干部，我把采访意图和内容讲清后，这位年轻气盛的领导率直地对我说："北京的交通是比较乱，你现在写文章还不是'豆腐一碗，一碗豆腐'吗？除了给市民火上浇油，还能解决什么问题呢？我觉得实在没有这个必要！"说完，这位年轻官员径自打起了自己的电话，把我给晒了起来。遗憾的是，他还没有弄清我们是对外刊物，根本与"北京市民"不搭界的，更谈不上"火上浇油"。

这个插曲虽小，但却很形象地说明了当时社会上普遍存在的一种情况。对这种情况，业内当时都感同身受。比如，后来成了中国国际广播电台台长兼总编辑的张振华就曾在《关于对外宣传若干问题的思考》一文中写道：

外宣较之"内宣"是后起的事业，发展要有个过程，这是外宣事业发展滞后的历史原因。外宣没有大量的广告收入，是纯投入的事业，而国家的财力又只能逐步增加，这是外宣事业发展迟缓的现实原因。此外，外宣的落地在国外，受众、影响在国外，国内看不见、听不见（甚至听见了也听不懂）、摸不着，而且它的反馈、作用周期长，又常常是间接的、潜移默化的。这些特点使得外宣不像"内宣"那样立竿见影，可以朝做夕誉，甚至当场就可以听到掌声和喝彩。因此一些部门、地区的负责人常常自觉不自觉地把外宣当作软任务，不像对"内宣"那样有紧迫感，那样肯于投入和不甘人后。这是外宣事业得不到更多的发展、支持与更快发展的深层次的根本性原因。

在这样的情况下，戴德忠在采访时遇到的那种小插曲就不足为奇了。这个插曲虽小，但也说明了一个大道理：采访时肯定会需要各方面的支持和帮助，首先必须要向他们说明我们的媒体是对外的，对外和对内是有区别的。现在，我们国家实行对外开放已经40多年了，人们对我们的工作的了解已经比20世纪80年代以前要多了不少，如今再与社会上各方面人士打交道，可能不会再遇上像老戴说的这类年轻干部了。

上面讲的是对外报道记者在采访中需要把握好的几个方面。实际上，这几个方面同时也应当引起对外媒体编辑们的重视。他们在组稿中，也常常需要同各方面的人士打交道，也会遇到同样的困难和问题，需要用一些办法去克服和解决。

（三）事外功夫

老领导段连城在给我们讲课时还说，要想把材料选择得好，文章写得好，不仅需要新闻敏感和技巧，更需要有较高的思想和认识水平，要善于发现特点，善于捕捉有典型意义的材料。有些同志之所以写了一辈子文章，到头来还是不得要领，就是因为抓不住特点，总想什么都说，什么都说不明白，或者没有重点，没有头绪。这就不单是技巧问题了，而是思想和认识水平不够。

从老领导的教诲和同行们的经验中都能看出，为了提高写作能力，学好政治，提高思想水平，掌握好正确的思想方法，也是极为重要的。这其中又包括加强政治学习，提高新闻敏感，增加知识储备，树立良好形象，恪守职业道德，诚以待人，广交朋友，等等，这些都可以称为"事外功夫"。

平时与采访对象多交往，培养感情基础，实际上也是采访前的一种准备。这种交往应当是多方面的，但都是从工作出发的。

我在《今日中国》中文版工作的十多年当中，主要从事对台报道。其间，我尽可能多交往。不论是与对台报道的主管部门的同志，还是与采访对象之间

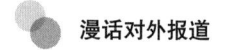

建立起来的良好信誉和个人友谊，让我在工作中更加顺利。

我想强调的是，记者采访前的准备，绝不能只是停留在技术层面，实际上需要全身心地投入，调动各种资源。到了采访的时候，记者平时的良好作风、较强的能力、丰富的知识和应有的政策水平等，都会帮助自己把采访工作做得更好。特别是平时与采访对象建立起良好的个人关系，取得他的理解和信任，更会对采访带来极大的帮助。

1996年，我在《台声》工作的时候，策划过如何打开台商这块市场。上百万人在大陆发展，那可是送上门来的宣传对象。首先是帮助他们对《台声》有更多了解，争取他们认同《台声》这块园地。在主管方全国台联领导的支持下，我和同事们开过几次台商座谈会，向他们推介《台声》，并听取他们的意见和建议，但更多还是从讲述一个个台商在大陆创业的故事做起。每期一个台商故事，封面也用台商。就是在这时候，听说生产箱包的台商江枝田到了北京，住在老国展附近，我与总编室主任江小工一起到他的住处拜访。当时还不算正式采访，主要请他介绍了自己的经历和来大陆的投资情况，算是对他进行初步了解。同时也向他介绍了《台声》杂志的情况。双方达成了采访意向。接着他热情邀请我们去他投资的重庆项目和广东中山的工厂采访。

后来我与摄影记者徐波先去了重庆，看了他在重庆的投资项目。实际上这还是采访前的准备工作，虽然没有见到他，但对他的了解又深入了一步。然后我们两人飞到中山，在那里他有一个大型的箱包厂。这就进入实地采访过程了。刚一见面，他就说要给我们两人一人一个房间。我们当即谢绝。接下来，他说要拉我们去澳门吃饭，我们又谢绝了，连说："不用、不用！"第二天他又说要请我们打网球，我说不会打。最后他诚恳地说："魏先生是我的朋友，手里拿的却是别人生产的箱子……你们两位明天到生产线上看看，看中哪个拿哪个。"但实际参观的时候，我们只是采访，脑子里根本没有拿一个的想法。

生产线上的产品都是出口日本和中东的,既美观又结实,全是"皇冠"名牌。但我们真的没有动过念头。那两天正好刚下过雨,厂区里路面不是太好,徐波跑这儿跑那儿拍照,不但一身大汗,还沾了两脚泥。这一切,江老板都看在眼里,记在心里,相信他从这一切当中感受到,《台声》的记者心里想的只有采访,真是来干事的。

正是我们两人的行动打动了他,也取得了他的信任,所以接下来的深入采访就十分顺利了。

上面这段故事,在我退休后又帮助《台声》工作期间,曾多次同他们当时的领导谈过,还在他们举办的记者和通讯员培训班上讲课时提到过,希望他们从中悟出一点道理,思考应当用一种什么样的态度和作风来对待采访,特别是做好采访前的准备工作。我还强调,我们搞的是对台报道,有其特殊性,对所采访人物的选择,要看某个台商的生活、创业、工作、学习等方面的故事,是否有利于增进两岸同胞间的互相了解;要看他所表达的见解是否有助于台湾同胞对我们政策的认知,是否有利于促进两岸关系的和平发展。从这一标准出发,不但人物能选得准,而且能把握好采访的方向,控制好访谈的重点,掌握好采访的进程,从他身上发掘出所需要的东西。这都是采访前应当想好和做好的。

像这样一些事外功夫,包括政治水平、工作作风等,看起来比较"虚",但都可包括在采访准备工作之内,算是思想准备吧。

二、采访提纲,拟写到位

(一)做好采访前的准备

下面讲的准备工作,就侧重于"实"的方面了,权且称之为技术准备吧。

最重要的,自然是了解对外报道的对象。就如毛泽东讲过的话:"做宣传工作的人,对于自己的宣传对象没有调查,没有研究,没有分析,乱讲一顿,是万万不行的。"这里说的宣传对象、对外报道的对象，是一个大题目，指的是如何更有针对性地做好对外报道。要做好这门功课，并非一日之功，这方面的内容在本书前面或后面都有论及。本章着重讲的是怎样更多了解采访对象，做好采访前的准备。其目的在于更好地为对外报道的宣传对象服务。

就这个意义而言，采访前的准备，无非就是利用各种渠道，对所要采访的人物尽可能多了解一些，以便在采访中做到心中有数，在有限的采访时间内获得比较满意的效果。许多同行都知道，世界上有个以写大人物而闻名的记者，就是意大利的法拉奇。她采访过许多国家的领导人，包括邓小平。此人的提问，一向以尖锐犀利著称，最能探寻政治人物的内心世界。

这位意大利女记者非常重视采访前的准备工作，在访问邓小平之前，她看了好几公斤的书面材料。那时候还没有网络，得靠查找图书和剪报资料来获取需要的信息，书面材料曾经是最重要的信息来源。现在有了网络，给我们带来了极大的便利，但凡稍有点名气的人物，只要在百度中输入他的名字，立刻可以看到各种相关的资料，齐全而细致。这自然让采访和写作变得容易了许多，但也给编辑、记者提供了走捷径的办法，就是不用深入采访也能利用网上材料拼凑成文。像这样过度地依靠网络，自然是要不得的。

各方面修养高的外宣人，自然不会走这样的捷径。他们在采访前总是尽可能更多了解采访对象。如果采访的是人物，事先就需对他的社会关系、家庭情况、个人经历、兴趣爱好、性格特征、心理素质等，通过查找资料或向有关方面咨询，至少有个初步了解。蓝鸿文在《新闻采访学》中，就特别强调采访之前要对采访对象尽可能多一些了解。因为认识采访对象不是一件容易的事情，这要从与采访对象直接接触之前开始——通过一些间接渠道，对采访对象有一些初步了解和认识。特别是计划采访高级领导干部、知名人士、国际要员等，他们一般没有较充分的时间与记者长谈，有的还限定记者采访时间，这就更需要提前做好准备。准备工作充分，提前掌握采访对象的所有相关材料，便能在有限的时间里把握住重点，提出非当面问清楚不可的问题。采访一些重大活动，也是这样，尽可能在采访之前多一些了解，特别是相关的背景材料。如果预计采访中有自己不熟悉或不懂的问题，采访前应尽可能向内行讨教或查找有关资料，这样才能保证采访取得成功。去陌生的地方采访，道理也是这样。至于出国采访，多数情况下都是一次性的，如有因考虑不周而发生遗漏，就难以补救了。这更说明采访前做好准备工作的重要性。

如果采访的是一个事件，需要对事件先做一份调查，如果时间允许，不但需要查看大量的资料，还要参考其他媒体从各个角度对这一事件进行的报道，看他们各自表达出了怎样的观点，被采访人又是怎样回答这些问题的。然后再进一步斟酌，看是不是还缺少什么，自己是不是还有没弄明白的地方。

如果采访的是一个地区，就要先行了解那里的经济发展、自然地理、风土人情、历史沿革等，这里面很可能包括写作时要使用的材料或者背景。如果采访的是社会某个方面的专题，则需要首先进行一定程度的调查研究或向专家请教，以了解这方面的相关政策和基本情况等，还需充实相关的知识。

有一年，我为中国外文局的年轻编辑记者讲课，课间休息时，《中国报道》的一个年轻人告诉我，他准备去采访王蒙。王蒙可是最著名的中国作家之一，曾当过文化部部长。不言而喻，一个刚走出校门不久的年轻人，要面对这样一位文学大家，不但需要很大的勇气，更需要做更多的准备工作。他告诉我，为了这次采访，他正在读王蒙的著作。他计划先把他的主要著作读完，再去采访他。他说："采访的时候，如果他觉得你连他的著作都没有读过，接下来的谈话就难了。"斯言极是。采访各类专业权威人士，如果事先对他没有多一些了解，没有多掌握一些相关的知识，交谈起来，很可能听不懂对方的专业术语，让对方感觉你不是一个可以与他对谈的人，那就很难期望他能认真对待这次采访了。

新华社对外部的曹凯先生在《对外传播》2012年第9期发表文章，对此有一段精彩的论述：

一般说来，自己熟悉的人物比较好写。但很多时候我们对要采写的人物并不熟悉。这需要我们在采写之前全面地了解他的背景，包括工作和生活经历，这样采写起来才会有的放矢。尤其是采写名人，关于他们的报道已经铺天盖地，如何才能写出新意，资料的搜集至关重要。

我们这一代外宣人年轻的时候搜集资料，只能靠书面材料，一是去图书馆借书，二是去资料室看相关的专题剪报。那时候，中国外文局有一座很大的图书馆，各方面的藏书很多，有中文的，也有外文的，借书很方便。另外，新建的国家图书馆（原名北京图书馆）离中国外文局不远，办个借书证去借书也不难。另外，各出版社和杂志社都设有资料室，一是收藏一些常用书和多种相关期刊合订本。各社的资料室都有专职人员，他们的工作就是把认为对编辑记者有用的资料裁剪下来，过一段时间再分门别类地加以整理并装订成册，以备编辑、记者和翻译们查找使用。现在多好，获取资料的来源早已现代化了，老式的资料室已失去作用，也没有了这方面的机构和人员编制。要查资料，只要上网，无论手机还是电脑，都十分方便快捷。

综上所述，可以说采访前的策划能否成功，准备工作做得好不好，不仅是技术问题，还取决于我们的政治素质、政策观念、新闻敏感和活动能力，这是记者综合水平的体现和检验。有了这样的综合素质，才能把采访前的准备工作做好、做细，对采访对象先有较为深刻的了解和认识，从而发现人物的闪光点和与众不同之处，才能更加准确地提炼主题，写出的文章让读者想看、爱看，觉得可信、可亲。所以，平时要努力学习政治，提高认识和分析问题的能力，提高政策水平，培养自己的新闻敏感。这是当一个好记者的必备条件，也是人物采访成功与否的关键所在。

平时加强业务学习，不断增加知识储备，也是必不可少的一门功课。都说记者是杂家，什么都得懂一点，有时候为了采访的成功，还得临时突击学习某方面的知识。有两年，我奉命审读《中国报道》杂志，每一期都发现一些好文章出自年轻记者之手，其中包括不少人物通讯的佳作。我经常感慨于一个个年轻的记者，怎么会把一些看似非常专业的问题，写得那么到位，文章就像是出自某个行业的专家之手。这就是因为记者采访和动手写作之前，把有关的知识都调动了起来。

（二）制订周密采访计划

做好前面讲的准备工作之后，就可以制订采访计划了。沈兴大有句话十分精当："拟好采访计划，等于采访成功了一半。"曾任《人民中国》总编辑的老前辈车慕奇也说："一开始还是要有计划，没有不行。脑子里空空的，去搞什么呢？"

这里说的采访计划，与采访提纲还不是同一个概念。简而言之，采访提纲应当包含在采访计划当中。对于特别重大的选题，采访前的策划涉及的内容很多，与实际采访有关的，可能包括报道的目的、针对的受众、参与的部门和人员、完成的时间等，如果一一列出，并包括采访提纲，显然就是一份采访计划了。

采访提纲如何产生呢？丘桓兴在《采访〈中国民俗探索〉的体会》一文中说："天南地北的风俗习惯越凑越多，题目越来越大，最后杂志社领导决定搞成连载，系统地报道各地汉族的民俗（本刊已经报道过少数民族的风土人情）。"由此可见，他是通过各种渠道先把汇集到的线索整理成了一个个选题，然后才有了连载的计划。从他的文章中还发现，中国著名民俗研究专家钟敬文先生的指导也起了很大作用。正是受他的启发，丘桓兴将连载分成了12大块：北京；陕西、山西（秦晋文化）；甘肃、青海（西部文化）；辽宁、吉林、黑龙江（东北文化）；山东（齐鲁文化）；河南（中州文化）；湖北、湖

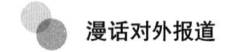

南（荆楚文化）；江苏、浙江（吴越文化）；福建、台湾（台闽文化）；四川（巴蜀文化）；云南、贵州（云贵文化）；广东、广西（百越文化）。这12大块的提法，实际上成了整个采访计划的雏形。

丘桓兴进而写道："这一连载是一组深度报道，不能只是介绍各地的民俗事象，重要的是要通过现象揭示其科学内涵，在描述民俗事象的基础上，由表及里，对民俗事象的内在本质做深一层开掘，从而让读者知其然，知其所以然，明白其中的精神精华和奥妙。由于我国地域辽阔，各地自然环境和气候不同，与别的国家相比，中国的民俗显得更加丰富多彩。对外报道民俗应以科学的精神和方法，揭示民俗事象产生、发展、消亡的社会原因，传承的传播的规律，以及它的社会作用。"于是，有了大的计划以后，他又和同行的摄影记者一起，对各个子题一一详细计划，列出了采访提纲。包括到了一个地方，重点采访内容是什么、需要到当地哪个城镇采访、要采访哪些重点人物、采访时提出什么问题、采访大约要用几天时间等。

更重要的是采访计划中还明确了报道思想和报道内容。包括：各个文化区的民俗特点分析和把握，在各地如何取得采访对象的理解和协助，对采访中可能遇到的困难的估计和应对办法，如何深入到各地最基层、发现和掌握最生动的资料，用什么办法在各地短短几天中了解到更多的素材。还有精神上的准备，即寻根问底，深入地探索民俗事象的由来、演变、含义和作用。

不仅如此，他的采访计划中还包括几点注意事项：一是深入采访，不能认为下去随便转转，最后再找些资料一编便行了。二是安排连载期号最好采取东西南北中"插花"的办法，使连载的内容各具特色，画面反差强烈，给人五光十色、常读常新的感觉。三是采访计划安排要适应季节变化，如写春节风俗放在元月号，秋天赴西北写收获瓜果等。

（三）拟好采访提纲

有了一个较大框架的采访计划，接着就是设计在采访时提出的问题了。这些问题需要环环紧扣，就像是一条流水线。到了采访的时候，记者就要沿着这条流水线往下走，以深入挖掘出事件中读者可能会感兴趣的东西，尽力想办法让受众读完之后对中国有新的认识和理解。如果觉得还不能达到这样的预期效果，就证明尚不能完全保证采访和写作的成功。那就再从源头重新思考，看哪些准备不够充分，特别是采访提纲设计上还有哪些不合理或不完整之处。最后，采访提纲写出来了，但是有时候也会出现采访对象没有像预计的那样，沿着提纲设计的思路走下去，那就只能随机应变，看怎样才能让采访对象回到所设计的方向上。也有一种可能，就是从采访对象的谈话中发现了新的、更有价值的素材，这样的话，就要因势利导，说不定会有意想不到的新收获。

总体说来，事先有准备的并且难一些的采访，还是有采访提纲更好。哪怕是一般选题，采访前的准备工作重点，也在于在列出采访时打算提的问题。是不是非要写出来，则需视情况而定。比如，提问条数不多，心中已经有数，就没必要一一列出。自然，是否一一列出，也看记者的功夫，如果是新手，多半需要把准备工作做得更为周全些，写出以备忘。

在设计问题时，要确保其新颖、准确、连贯，有创意，能引人入胜，把一次采访演绎成一次生动活泼的思想交流，就像两个朋友间的对话。——这应当是一个好的采访提纲应达到的目标。当然，采访提纲的拟写还和记者本人的采访习惯、交流方式有很大的关系，但确保问题的独特、准确、连贯、有创意、能引人入胜，肯定对所有人都是重要的。

许多同行的经验都证明，采访提纲在记者的采访活动中发挥着至关重要的作用。一个好的采访提纲能够帮助记者坚定信心，临阵不乱，更容易掌握采访的主动权，使采访结果完善。如果采访前没有拟定一个采访提纲，采访时就很可能会陷入盲目，成为一只"无头苍蝇"。特别是对新入行的年轻人来说，更是如此。

其实，写采访提纲并不难，就是将需要采访对象回答的小问题罗列到一起，但又不是简单地干巴巴地罗列，而是记者逻辑思维和周密思考的体现。这里的关键首先在于列出的问题是否到位，其次是在采访现场能不能视情况需要而适时调整。这就是前面提到的选题策划的特点之一——可变性。《人民中国》原总编辑车慕奇谈到采访提纲时就这样说过：

报道思想和采访提纲，或者说是作战方案，不是一蹴而就的，是在采访过程中不断地加以充实、完善的……不能要求记者在采访之前就制订一个很精细的、很完整的计划，应该是在采访过程中，不断地修改或发展。最后完成的东西，可以和原来设想的差不多，也可以完全是两码事。

车老在向我们讲课时，以他采访1978年恢复高考这个题目的经历来加以说明。题目确定后，他还只是想表现恢复高考、择优录取是一项得人心的政策。但是究竟怎样得人心，从哪些方面反映这个主题，还没有形成明确的提纲。开始与北京的相关方面接触，还只能算是实际采访的准备阶段。在这个阶段，他了解到对于恢复高考，教育界和有关单位都很支持，许多单位还协助自己的考生做准备，给他们创造条件。车老说，掌握了这些情况之后，他才拟订了采访计划。他的这个计划，包括采访考场，在现场观察考试情况；考试后与三个考场的监考教师座谈；采访三个学校，了解考生的感想；采访三个工厂，了解他们为考生做了什么，考生为什么要参加考试。他说："这个计划采访面铺开了，从工厂到学校，一直到考生，使我可以从各个角度来观察高考……这时，我的报道思想也逐渐清楚了。"他通过各方面的采访，获得了足够的感性材料，脑子清楚了，下笔写的时候就很顺利了。"许多事情在你脑子里活动，你就可以挑选，而不必'概念加例子'了。"他曾批评写文章用"概念加例子"的写法，说原因在于记者的采访工作没有完成，不能用事实来说明自己的观点，就用了这种简单的写法。这种写法当然是不可取的。

如何拟定采访提纲？前辈的教诲应当牢记，我还有一点个人体会。

1992年9月大陆首批记者共18人赴台采访，我是其中之一。我的采访对象，一是陈立夫，他是主张国家要统一的，我提出这个选题，原本是想就此听他说一说的。选题是我提的，也大体上拟写了个采访提纲：先对他此前为我们的刊物题词表示感谢，并送上我带去的礼品；接着请他谈谈对当前两岸关系和国家统一问题的看法和主张；最后想问的是他的养生之道。到了采访的时候，《人民日报》、新华社、中央人民广播电台的记者都要参加，他们是团长和副团长，此外还有《光明日报》记者，我已无法主控，再加上老先生一出场就按自己的思路开讲，全然不像一般人接受记者采访，先问一下想让他谈什么，于是我没有了提出问题的机会。他一讲就差不多用了40分钟，离总计给的时间已经所剩不多了。怎么办呢？时间十分紧迫，不容多想，他话音一停，我立即举手，请他谈谈自己的养生之道。他已如此高龄，身体如此之好，思维如此之敏捷，是有资格来谈这个问题的。果然，我的提问，引起了他的兴致，他提高嗓门说："我用八个字，五分钟可以说清楚。头四个字是养身在动……"把这四个字阐释完毕，他没有继续往下说，我马上又提醒他："还有四个字呢！"……后来，我把他的养生八字箴言写进了专访之中。对我来说，这次采访就这样完成了事先准备好的采访计划，得到了想要的材料，可以说是一次动静结合的实践吧。

而对台湾名人沈君山的采访就不完全是这样了。他本来没有列入我的采访计划。那是我们一行到了香港，等待转机去台湾的时候，对方提出的采访建议。我欣然接招。我知道，他受过非常好的教育，对政治有相当的热情；还知道他围棋也下得好，不但促成了"应氏杯"这项世界级的围棋赛事，而且常来大陆切磋棋艺，更与聂卫平、陈祖德等大陆围棋高手都成了好朋友。但是，对这样一位经历丰富、学识渊博的人，见面后应该请他谈些什么呢？特别是，我如何才能在气势上不输给他，在学识上不显得无能让他瞧不起呢？更重要的是，根据自己刊物的特点和要求，应该把采访的重点放在哪里呢？因为这是到了香港后才决定的选题，当时通信条件不似现在，无法再请示社领导，只好自己来策划和拿主意了。斟酌再三，我决定只和他谈围棋。但是我不会下围棋，不能让谈话陷入如何下围棋的层面，而是要紧紧围绕两岸围棋界的交流，重点是他在其中发挥的作用。结果还好。现场只有我一个人进行访谈。一开场，我就按设想和他"约法三章"。可是在谈话中，他多次超出这个我给的范围。我知道，沈先生是绝顶聪明的人，如果谈政治，或者单纯谈棋艺，我都不是他的对手，而且这也不是我想要的材料。所以，每次当他要转移话题的时候，我都客气地说："沈先生，咱们还是按约定的话题……"他是很有修养的人，也不为难我。我也给他尊重，请他就两岸关系简单谈了自己的看法。所以说，整个采访都在我的掌控当中，没有意外情况发生，姑且算是按照我的采访计划，得到了我自己想要的内容。虽然没有事先列好的采访提纲，但我心中有数，采访对象是我平时关注到的台湾名人，否则我就没有勇气同这位极端聪明的人对谈一个多小时了。

由对这两个人物采访的经过我想到，不论有没有采访提纲，不论是可预知的事件或者突发事件，只要有一定的知识积累，对采访对象已有一定的了解，总是可以应付的。即使在开始采访前，计划和采访提纲还不那么完整，只要目标明确，仍可在采访过程中不断调整和补充。

《今日中国》老领导沈苏儒谈到过这样的经验和体会。1980年，他亲率几位年轻记者采访报道中国人生活中的自行车。他回忆道：

开始时，我们只有一个笼统的想法：外国人说中国是"自行车王国"，他们初到中国时对中国自行车之普及、用途之广、数量之多，无不感到惊讶并产生浓厚兴趣。我们应该对外报道一下。究竟采取什么角度、定什么主题、要说明什么，都不明确。我们决定从自行车的生产、销售、使用到交通管理，全面地摸一下情况，再做研究。我们这个小组先后到轻工业部、天津自行车厂、商场、公安局交通队、西单岗亭、存车处、一家中等工厂、郊区和城区住户去采访，了解了许多情况，收集了不少材料。经过这样的实践大家再在一起分析讨论。我们觉得自行车全世界都有，本身并无多大报道价值，中国自行车之"多"才有报道价值，所以应当把主题集中在"多"上：多到什么程度、为什么这么多、怎么多起来的、"多"反映什么、多了之后产生什么问题又如何解决。整个报道要采取生活角度，所以生产技术部分要压缩。报道内容应在全国和北京相结合，因自行车之"多"在全国是普遍现象，不限于北京，而有些具体材料（如交通管理）则可取之于北京。后来按照这个方案去整理材料、核实材料、分头写作、统一加工，同时进行摄影配图。许多材料都"忍痛割爱"了，包括我们花了一天时间采访天津自行车厂的材料。为了使主题集中，关于这个厂的我们只写了一百多字，配一张图片。

沈老讲的这个过程说明，就算是这样的大题目，其策划工作也是先有一个大概的想法，经过采访实践，才使之明确、充实和提高的，而且会有某些改变。恐怕在某位记者单独完成采访过程中，这种情况也会发生。在实际采访中视遇到的新情况和新问题，对采访提纲做出适当的调整，实际上也是记者采访技巧的一种体现。

三、采访技巧，助力成功

不仅写人物通讯要采访人物，写事件通讯也离不开对人物的采访。于是，如何能正确而巧妙地与人交流，就成了采访成功的重要保证。

（一）交流沟通，贵在心诚

在谈技巧之前，首先强调端正态度。"交人以诚"这一点非常重要。记者要用人品取信于人，一个很灵的钥匙就是"诚恳"，即诚心诚意地尊重对方，诚心诚意地向对方请教，诚心诚意地与对方交朋友，唤起对方的热情，让他把心里话都掏出来。新世界出版社出版的《向世界说明中国：赵启正演讲谈话录》有句话值得牢记："和朋友谈话要从心里说。"

许多成功人士的经验都证明，所写的人物是否鲜明，有没有生动的故事和细节，都取决于采访的成功与否。而其中最为重要的一个途径，就是与被采访者的交谈沟通。由此可以说，人物采访做得好，是对外报道写作的基础和前提。

沈苏儒在他的《对外报道业务基础》一书中，曾详细介绍过他1963年采访末代皇帝溥仪的经过。接受这个任务后，他通过阅读溥仪的自述《我的前半生》和其他许多与这位末代皇帝有关的新闻报道，对溥仪的基本情况已大体了解。采访前，沈老想的是，应该按照历史唯物主义去认识溥仪，其思想、性格、经历都是在非常特殊的历史条件下形成的，并且经过了剧烈的变化。所有这些，都是溥仪的过去。而现在的溥仪已经是中华人民共和国的公民。所以，他认为应当抱着一种尊重的、亲切的、平等的态度来对待溥仪。见面后双方都觉得很谈得来。

沈老在书中提出的对外报道的采访，应该本着三条原则，其中的第三条，"是必须培养与组（稿）采（访）对象的感情，努力寻找共同兴趣和共同语言，产生同情和共鸣，最好使记者编辑与组采对象之间的工作关系发展为友谊"。他认为，记者同采访对象是完全平等的，两者应该是密切配合的关系。在许多方面，记者是要向这些采访对象请教的。这样的采访是为了对外报道。而对外报道又不像对内报道那样为国内各界人士所熟知，这就更需要让采访对象了解对外报道的特殊要求，以取得他（她）的配合和支持。这就是沈老为什么特别强调让采访对象对我们的工作"产生同情和共鸣"，鼓励记者同采访对象的关系发展为友谊。他采访溥仪的过程，不但是这一原则的具体体现，更为我们提供了一个难得的范例。

对那次采访的过程,沈老这样娓娓道来:

我起初到他工作的单位全国政协去访问他,我们不是坐在办公室里,而是一起到花园里去散步,边走边聊。后来熟悉一点了,我提出去他家里拜访他的新夫人李淑贤,他欣然同意,后来还在他家吃了一次便饭。……我发现他最珍爱的就是目前作为一个同别人一样的劳动者、公民、普通人的处境和生活。……他渴望和热爱新生。这是我在采访过程中感受最深的一点,也是最使我激动的一点,也成了这一报道的主题:从皇帝到公民。后来文章的题目就是这样写的。

关于怎样才能同采访对象交朋友,沈老强调:"同采访对象交朋友不是一个单纯的技巧和经验问题,它首先是一个思想感情问题。热爱生活、热爱工作,自然就会产生一种同采访对象交朋友的动力。"具体怎么做,沈老有三点体会:

一是"见面要有话谈"。为此,采访前要对采访对象的经历、家世、职业、爱好等有一个大概的了解,寻找与其共同感兴趣的话题。这当然需要记者主动去做。对此,孙世恺在《怎样采访新闻》一书中也有谈及。他说,丢掉记者架子,有助于同采访对象谈得来,谈得真切。这里所谓的"记者架子",包括两个内容,一是指交谈时摆起"新闻官"或"老爷记者"的架子,盛气凌人,好为人师,自以为高人一等。当记者一定要丢掉这个"架子",甘当小学生。二是指采访时正襟危坐,拉开"你讲我记"的架势。这样的"记者架子",会让采访对象紧张或不自然,影响采访效果自不待言。作者给记者提出的建议是,要成为社会活动家,和什么人都能谈得来,这既是记者的一个本领,也是对记者工作最起码的要求。因为,若和采访对象谈不来,就会连起码的情况都摸不清楚，更不用说深入采访了。这不但需要对采访对象抱持正确态度，还要懂一点心理学，在采访前和采访过程中，对采访对象的心事、情绪、性格、爱好多一些了解，才能谈得投机。此外还要会找话题，或者借题发挥，抛砖引玉，多找一些与对方交谈的话题。有些话题可能不是采访提纲范围里的内容，却能创造好的交流氛围，有助于打开对方的"话匣子"，得到更多想要的材料。对此，我想补充的是，记者在采访中容易出现的毛病，一是提问过大过空，或者太笼统，让被采访的人不知如何回答。二是说话不得要领，说来说去，绕不到主题上，不仅把被采访的人说糊涂了，连自己也不明白说了什么。三是学识有限，对所采访的人物事先了解不够，特别是对他所从事的专业缺少必要的知识，信口开河，言辞不当，特别是冒充内行，不懂装懂，使对方在心理上产生反感，从而与记者拉开了心理距离。经常是记者张嘴一问，被采访者就能听出来，你对他的事情了解有多深，你对他的成就认识程度有多高。如果提问时说的是外行话，就很难获得被采访者的认同，也就无法深谈，难以探寻到被采访者的内心世界。这些都在无形中影响了采访对象的谈话情趣。话不投机，硬要往下谈，就没有意思了。记者要与采访对象像朋友那样交谈，能触及他最敏感的神经，能探索其心灵深处，最容易找的共同语言就是采访对象的行业话题。能不能达到这样的效果，就看记者平时的知识储备如何和采访前的准备做得怎样了。

二是要有对采访对象"产生一种去进一步接触、了解和报道的冲动"。为了让我们容易理解，沈老在书中引用了车慕奇的说法："你应该整个地投入到采访中去，为所采访的事和人所激动，产生感情。特别是对于人，越是不好接近，越要想办法接近，接近到这种程度：对这个人非常尊敬了，非常同情了，非常喜欢了。这时你的采访才算深入了，写起来就容易了。"对车老的教诲，我的体会是：对外报道，讲究动之以情，晓之以理。这是指怎样感动读者，为读者解疑释惑。从另一个角度讲，记者要从采访对象口中得到"干货"，也需要用真情感动对方,双方能真诚相待,开诚布公,自是上策。这就要动之以情了。但这种情绝不能是虚情,而是真情实感,否则会弄巧成拙,甚至会被对方识破,结果不好收场。我采访1987年11月台湾当局开放赴大陆探亲后的第一个回乡探亲团,就是相互都动了真情,到后来,我真像车老讲的那样,对那些为回大陆探亲而奋争的老兵们不但产生了同情,还十分尊敬他们,写作时就有了那种"冲动"。那是1988年1月19日,全国台联宣传部通知我,下午有一场在京台胞同来自岛内乡亲的聚会。从岛内回来的,是经过长期抗争方得重回家园的大陆籍国民党老兵,一部分是由于各种原因滞留大陆、至今仍有家不能归的台湾省籍同胞。相似的经历,共同的感情,一样的心愿,使他们这些饱经风霜的老人们一见面就抱头大哭。从岛内回来的返乡探亲团的团长何文德是湖北人,两个月前我到湖北采访时,听省台办的领导讲起过他,说他正在岛内团结同他一样的老兵们争取返乡探亲的权利,还说老家的妹妹正等着他早日回来。我握着他的手向他说出这几句话的时候,他动情了,我眼中也有泪珠打转,那是他们的命运让我心酸,让我同情。我愿通过自己的笔替他们发出呼声。听他们诉说心中的痛苦、思乡的心切、对亲人的思念,我也跟着流下了眼泪。有了这初步的真心交流,何文德很爽快地答应我晚上再做深谈。按约再见时,我明显感到彼此已经有了一份朋友情谊。我们两个人一直谈到零点之后。

那天采访过何文德后,我还与两天前已经认识的同乡苏兆元促膝交谈。一路的奔波疲惫,他嘴唇干了,嗓子哑了。他说主要是心里着急,着急着回家。他像朋友般对我谈起了此刻的心情:"我家中还有母亲,84岁了,一个外甥女为了照顾她,到现在还没出嫁。我这次回来,总想给她带点什么,但是我没有钱,连探亲路费都是别人支持的,我能买得起的,只有一块手表……"就是这个苏先生,后来还真是同我成了朋友。1992年,我作为大陆首批记者赴台采访,曾与他见过面。后来他多次来京,每次我们都相约见面,他有事也托给我

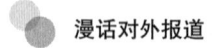

来办。再后来，他在大陆住下，年已古稀的他还结了婚，带着夫人来我家里做客。这都是因为那次采访结下的友谊。

三是"要以正确的态度对待采访对象"。沈老的意思是，面对采访对象，千万不要摆架子，特别是在面对基层群众时，不要有什么"优越感"。要真诚待人。古话说："精诚所至，金石为开。"双方以诚相待，就容易产生同情、理解，容易达成合作。还要尊重对方的意见，要甘当小学生，不能不懂装懂。蓝鸿文在他的《新闻采访学》中提出的相关建议，是采访时要"讲究礼貌"：从记者工作的性质和特点来看，记者在访问时，除了守时而不失约、穿着大方而不奇特，以及恰当的称呼、必要的寒暄、真挚的感谢这些一眼就看出来属于礼貌范围的问题外，还要尊重对方的风俗习惯；注意对方身份，提问得体；不要轻易打断对方谈话。这些要求，自然也是以正确的态度对待采访对象的体现。关于"不要轻易打断对方谈话"，他这样展开论述："对方谈话时，记者也可以插话，但要注意不要轻易打断对方的谈话。特别是在对方谈兴正浓时去打断，往往把对方的思路也打断了，而且是不礼貌的。有些记者不等对方讲完一个问题，又赶紧提出另一个问题，提得又不巧妙，使对方感到记者在刹车了，这也有失礼貌。还有些记者在访问时，注意力不集中，思想开小差，或者在听到自己不需要的东西时不耐烦，这是对访问对象不尊重的表现，也缺乏礼貌。所有这些，在访问时都应力求避免。"

（二）采访提问，各有诀窍

无论写人物通讯还是事件通讯，甚至篇幅较长的消息稿，都离不开对人物的采访。综合高手们的经验和我自己的体会，人物采访的技巧大概可以做这样一些概括：

1. 外围扫荡式。《北京周报》1984年第40期发表的采访天津市长的文章就是这样完成的。因为市长本人不接受采访，记者要写他，只能采取这种方式。作者陆云对此有较详细的介绍。"当我同秘书取得联系赶到天津后，得到的回答是本人不见，可以访问市政府一位副秘书长"。他想，"只要有人出面接待就有希望。我可以在外围进行采访，多接触这位市长身边的人"。作者陆云在采访前尽可能搜集市长的讲话和报道，了解不同身份的人和普通市民对市长的评价。陆云采访了市政府三位秘书长、一位办公厅主任、身边的主要秘书以及秘书处长。他们从不同角度介绍了这位市长的施政纲领，有代表性的思想、谈话，在天津工作的政绩、特色和某些重要的设想，以及他的家庭情况、个人爱好、生活习惯，还分别谈到自己和市长共事的感受，各种印象最深刻的东西。他说："这些内容在很大程度上弥补了见不到市长本人的不足。写入文内的引语和材料，有不少是这样得到的。"在采访中，他还利用自己曾在天津上学、工作过的有利条件，比较广泛地拜访了亲友、老同学、老上级，包括机关干部、教师、记者、文艺界、工程技术界人士和普通工人、市民，从中了解到不同职业的人和一般市民对市长和市政府工作的评价。他说："这种反映，在文章素材的取舍和行文的分寸上具有一定的参考价值。"陆云在文章中专门写了该市长担任总指挥的引滦河水入天津这一工程，这是他在天津的政绩中难度最大、影响最广的一项。他查阅了大量有关文件、报道，并做必要的追踪采访。该工程指挥部早已撤销，他找到一位主要的副总指挥和几位工程技术人员。听他们谈起该市长在工程总指挥任内表现得勇于进取、多谋善断、尊重科学、实事求是的事迹……就这样，记者陆云完成了这篇"人物专访"。

2. 迂回曲折式。1985年初，美籍华人莫虎当上了纽约警察局副局长，几个月后来北京访问。随同的是他的母亲、妻子、女儿和两位美国记者。我的同事尤宇文接到了采访他的任务。这是北京市公安局邀请的，对记者采访限制较严，未安排单独采访。那么，对他的采访如何才能完成呢？尤宇文在一篇回忆文章中谈到其中的奥妙。首先是"挤进去"，每当他们参观名胜、游园观光时，她便尽量靠近莫虎或他母亲，边看边谈。其次是观察，这也是一种重要的采访方式。她尽量争取参加莫虎在京活动的全过程，有时只有她一名记者同行。正是在这难得的机会中,她发现了许多具有人情味的细节。她写道:"他的语言、行动非常真实地透出,他为自己的中国血统自豪。这一切不到现场,不去仔细观察体味是得不到的,而我正是用这些看起来并不出奇的细节,描绘出这位在美国政界职务最高的华人的民族感情。"她还多次与他的母亲交谈,了解到莫虎孩童时的情况。她说,文章中对莫虎过去的叙述,就来自这些家常话。更重要的是,尽管接待方不安排单独采访,也不告诉莫虎住在哪个房间,但她一直想方设法争取专访的机会。经过几天的迂回曲折,她同莫虎已经有一定的沟通,并有了不少共识,于是决定向他提出单独采访,莫虎欣然同意。"那天晚上我从预约的8点一直等到10点多。莫虎满含歉意地说明晚宴拖的时间太长了。为了不耽误太多时间,我筛选了要提的问题,可没想到一谈起来,我们双方都忘了时间,午夜已过,我们的交谈仍在热烈的气氛中,直到他送我出门,我们站在门口还难结束谈话。"就这样,她成功了,得到了不少第一手材料,笔记记了大半本,有趣的材料能写几篇文章。

3. **指东打西式**。记者在采访开始提问前,为了制造一种良好的沟通气氛,经常需准备一个开场的由头作为"突破口"。《怎样采访新闻》一书的作者孙世恺介绍20世纪50年代采访小说家张恨水时就有这方面的经验。他说:"当时他患半身不遂刚刚好转,本来不愿接待记者。可是,当我谈起在大学读书时就看过他写的《八十一梦》《五子登科》《啼笑因缘》和《金粉世家》等长篇章回小说时,激起了老作家的情绪,抱病满足了我们要求。"他另外又讲了两个例子,一个是斯诺的前妻海伦·斯诺1937年去延安采访,第一次见到毛主席时,先拿出了斯诺一年前访问陕北时给毛主席照的一张照片。很显然,她此行不是为了送毛主席这张照片,而是以此为由头,展开她对毛主席的采访。她后来就曾这样说:"这张熟人的照片,就好比桥一样,把我同毛主席之间联系起来了。从这张照片上,毛主席可以引起丰富而有趣的联想,发生心灵的交感。"另一个例子也是海伦·斯诺,1981年她在西安采访时遇到老将军王震,她第一句话便是："我记得我们俩是同年。我去延安的时候是28岁，现在72岁了，你是不是72岁呢？"王震听后点头笑了。其实，时隔40多年，他已经不记得这位美国记者了，但这几句充满热情的话，立即引起他对往事的回忆，两人谈话的气氛一下子就融洽了。

4. 闲话家常式。爱泼斯坦1965年去西藏采访后，写成过一篇通讯，发表在《中国建设》当年第11期，题为《拉珠一家》。爱老先是在一家工厂会见了拉珠，又在他们一家20口人团聚的时候访问了他们的家。就是在闲话家常式的采访后，爱老在文章中写下这样一小节文字：

拉珠说："我20岁时，他们（指农奴主）把我送到'噶厦'（原西藏地方政府）的造币厂，我在厂里待了27年。我的工作是每天手工做足8000个小铜币，少做一个就要吃皮鞭。我每天天刚亮就动手干，一直干到夜里。就这样，一天的工资还不到一个小铜币。我结婚以后，先后生了9个孩子。我们买不起足够的糌粑，只能拿匙子分给他们吃。我和妻子常常饿着。"

这段话说的自然是西藏农奴翻身之前他们的生活状况。爱老那次采访的主要目的，还是想说明在西藏所有巨大而迅速的变化中，最重要的变化之一是，从过去农奴和奴隶的队伍中，已经出现了一个25000多人的工人阶级，可以拿拉珠一家作为典型例子来说明。于是他同拉珠的孩子们分别拉起了家常，又写下了这样一些片段：

大儿子达娃说："现在同过去比是什么样子？我们的物质生活你已经看到了。但还不止于此。我们家里从前没有人会读会写。谁都不能选择职业。现在我的孩子们上了学，他们将来可以随便做什么工作，只要对社会有好处，一切全在他们自己。我现在已认识藏文，也认识一点汉字。我的老婆央金，从前是造币厂一个女奴隶，不识字，现在她是党员，市政府的干部。"

二儿子洛桑说："解放以前，拉萨只有一个很小的电厂，只给达赖和一些最高级的贵族供电。劳动人民家里，晚上是一片漆黑。我们现在把电供给拉萨全市90%以上的市民，过去的农奴和奴隶还免费享受。我们现在是为我们自己这样的人劳动。在我们厂里，藏族工人管理和修理很复杂的机器，很多人在这里和在内地学习过。还在训练许多人，准备将来派去建设许多农村新电站。"

爱老在文章中还介绍了他是怎样同拉珠的四儿子群佩拉家常的。他见到这孩子不是在工厂里，而是在崭新的、漂亮的拉萨人民文化宫门口。他是学校的少先队队长。

我问他："你长大了想干什么呢？"

他答道："当工人，和爸爸一样。"

后来我把他的话告诉拉珠。拉珠很高兴地说："他说得对。我们一家人每星期聚会的时候，我总对他们说：'永远别忘记过去。'怎样来表示呢？就是发展生产，因为除了我们，谁来建设西藏的社会主义工业呢？"

爱老的这段采访可谓是闲话家常式采访的代表。

5. **多问多看式**。这不是指对某个人的单独采访，而是围绕一个大的选题进行的多次、多地、对多人的采访。《人民画报》资深记者孙桂琴就曾8次去西北五省区的46个县采访，总共花了15个月的时间，前后和几百人交谈过，发表过17组报道。仅《希望在绿洲》一篇，内容就用了两去青海、两去陕西、三去甘肃、三去新疆采访所得的素材。就这样，她还谦虚地说："我采访的本来有限，但信守一条原则，事情的来龙去脉不搞清楚不罢休。"那就要多看、多问。她总结道："多看、多问，说来简单，做起来不那么容易。西北地方大，交通落后，采访起来，仅旷日持久一事就让人望而生畏。1974年我去新疆，一下子就是三个半月。当地同志劝我不要去和田，说是饭都吃不上，我还是去了。1986年在新疆阿勒泰采访，汽车过河差一点翻下去，车里灌满了水。在西北采访，吃不上，喝不上，睡不好，是常事。当记者苦，当摄影记者尤其苦，什么地方都得去，一切一切就是为了获得更好的素材。"

6. 随机应变式。台湾有个著名的文化商人叫李志仁，26岁时即从父亲手中接过了经营笔墨的胜大庄这个有名的商号。到1990年，他亲任总裁的胜大庄旗下已经有了六类公司，都与文化有关，这成了他在世界各地弘扬中华文化的平台。他不仅有"台湾笔墨大王"的美誉，还斥巨资买下流散世界各地的许多中国文物古董，其中仅历代名人字画就有2000多张，还有历代彩陶400多件。他引起大陆新闻界注意，是1990年6月至8月在北京的故宫博物院展出他的部分珍藏和自己的书画作品。我参观过后，又去钓鱼台国宾馆同他长谈。这时我对他已有了比较详尽的了解，知道他不仅是位商人，还是位艺术家、收藏家、鉴赏家。原计划顺着这个思路采访他，写他的艺术人生。但他的谈话，很快就让我对他的人生道路和家国情怀产生了更大的兴趣。于是我索性改变计划，听他直抒胸臆。原来他这个"富二代"也经历过曲折，还对国家、对民族、对社会有那么多的精辟见解。于是我从他的谈话中另外选材，另设主题，以《李志仁纵论社会和人生》为题，写成了一篇专访。说到他的人生，他这样讲："绝对的坚忍和绝对的耐得住烦，是任何一个人的成功之道。因为世间没有哪一件事是容易的。做每一件事的过程中，常有来自外界的许多干扰、破坏、中伤，等等，使一个意志不坚定的人受不了，甚至放弃。其实，困难常常只是短暂的一段时间，只要忍得住，很快就会见到柳暗花明又一村。但是许多人就是熬不过那短短的黑暗片刻，而坐失了本来那一大片光明和良机。因此我觉得做事情锲而不舍的精神相当重要，只有跑完全程才算数。"说到他的志向，他这样讲："我的人生观是：不管一个人的地位有多高，多么有钱，多么有权，这都是暂时的,当他过世后一切都是空的。只有生前做出对国家、民族乃至人类的贡献,才有永恒的价值。"说到国家,他这样讲:"我一直认为,21世纪是中国人的世纪。在一个大时代里,必会有大的政治家、艺术家、企业家甚至宗教思想家的出现。所以我们一定要把自己当作一个大人物,为21世纪的中国创造出雄伟、尊贵、荣耀的世纪风貌。"他进而又讲:"世界上任何一个国家,必须维持精神和物质的平衡。追求物质发展很容易,但如果物质超过了精神,社会就会出现投机、败坏、堕落,甚至国家会亡。因此,失去精神文明是很危险的。"我问他:"想来大陆发展吗?"他毫无迟疑地回答:"想。我从小就在心目中没有分大陆和台湾。长大后我经常在世界各地跑,有些人把当成日本人,每次我都拍着胸脯说:我是中国人!我永远以中国人为荣。"

我引用这么多他的话,是想说明采访时我及时改变计划,是正确的。采访前要有计划,但又要见机行事,随机而变。

7. 共同探讨式。1985年秋天,正好是深圳经济特区创办五周年之际,我发现,无论国内还是国外,对这一个特区的发展现状出现了正反两方面的意见。到底应当怎样看这场争论呢?对此,看过大量资料之后,我心里实际上已有定见,甚至自己就可以编写出一篇有分量的文章。但受记者身份所限,不宜发表主观看法。国外读者肯定更想知道国内权威人士的看法。于是我选定时任中国社会科学院副院长的刘国光先生为采访对象。他是当代中国最著名和最有影响力的经济学家之一,对中国经济改革发展以及宏观经济管理进行过深入系统的研究,提出了一系列精辟而深邃的理论观点和政策建议。我决定就这个问题对他进行专访。他爽快地答应了我的请求,在中国社会科学院大楼办公室内接待了我。我为什么把对他的采访定位为"共同探讨式"呢?在之前很长时间里我就想在人物专访方面有一点创新,不要那么死板地一问一答,而是同受访的专家或权威人士就某个问题进行讨论、共同探讨甚至有冲撞和交锋,以引出想要的结果,实际上是想比较完整地彰显某位专家或权威人士对某个问题的见解。

这次采访就是这样做的。但说是"相互探讨",我实在不具备和刘国光先生进行探讨的资格,其实是学生向老师讨教,只不过我事先做了比较充分的准备。一是对要提出的问题,有一点粗浅的想法,二是对刘先生的观点多少也知道一点,我拟定的采访提纲就不是一个个问题的罗列,而是在提问前先说几句自己的看法或社会上的说法,然后请他加以评说,还有我对他的观点的评说。文章写好后,经沈苏儒副总编辑修改,把标题改得更醒目了:《经济特区得乎失乎?其前景如何?》这个标题恰如其分地表现了文章的中心思想,也体现了采访时提问中的要害和关键之处。文章经翻译之后到了外国专家手中,英文翻译曾特别告诉我,专家表扬我,说我问题提得好——不是仅仅提出问题,而是与被访者形成了交流互动。

我的提问中有这样几段:

我国从1979年起已经创办了深圳、珠海、汕头和厦门四个经济特区。对开办特区的战略目标和几年来的利弊得失,一直是人们议论的一个话题。最近几个月来,海内外有识之士又仁者见仁、智者见智,赞扬者有之,指责者有之,褒贬参半者也有之。您作为经济学家,据说还带了贵院的几位学者亲赴特区实地考察,很想听听您的高见。

在引出深圳特区的话题之后我又说:

人们议论的是,深圳是不是充分利用了这些优势,发挥了特区应有的作用,把对外对内关系密切地结合了起来。之所以开办特区,是为了扩大对外经济关系,更好地吸引外资,引进先进的科学技术和管理方法,让它发挥技术的窗口、管理的窗口、知识的窗口、对外政策的窗口的作用。但是,五年来,深圳对内地的依赖仿佛太多……

漫话对外报道

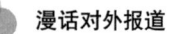

在刘院长肯定深圳特区的发展之后，我说：

那么，为什么国内对深圳的指责最近多起来了呢？仅仅一年以前，邓小平等中央领导人先后去深圳视察，对开办特区的方针给予了充分肯定，新闻和舆论界对特区的成就广为宣传，现在却又响起了一片指责声……

在刘国光对深圳的利弊得失进行评说之后，我附和道：

美国一家报纸曾这样写道："仅仅五年的时间，人们在深圳这块荒芜的农村土地上，就修建了绿树成荫的大道、整齐划一的街区。那里有中国最高的大楼和一些最高级的旅馆。这个城市的30万居民是全国挣钱最多的人们。"

这几句话，引出了他的大段评论，充分肯定深圳的成就。这时候我又概括地讲了海外报章对深圳的批评集中在哪些方面，引出了他对存在这些问题的原因所做的分析。然后我们又共同探讨深圳今年应当如何发展，听他讲深圳最终应实现怎样的发展目标。

为了表现与被访者的互动，我把文章写成了一篇访谈录。

8. 开门见山式。抓住核心问题，开门见山，直击要害。这种方法一开始就提出硬性的紧扣主题的问题。这种方式适用于采访那些善于言辞、名望较高，而且思考敏捷、自我感觉良好又比较自信的对象。开门见山会让对方觉得你坦率，有效率，可以使对方觉得你懂行，愿意同你交谈。于是，采访对象也会坦诚相待，把该说的话，也就是你想要的东西和盘托出。回想1991年初我采访时任全国政协副主席和中国和平统一促进会会长的程思远先生就是这样。我之所以能同他开门见山，坦率地对祖国统一问题进行交谈，基于数年间同他的交往，我们之间已经有了深度的相互了解。这种关系开始自然是工作，后来则发展为个人间的信任和友谊。因此，提出要采访他，请他谈谈两岸关系和祖国统一问题，自然就水到渠成了。

我们两人都关注台湾问题，时常就此交换意见。让我印象最深的是，他有一次刚接待过一拨台湾来的客人。肯定是他们中有人出言不逊，让他老人家生气。见状，我觉得正是一个好时机，便说："请程老谈谈对祖国统一问题的高见，如何？"话音刚落，他便开讲，一下子讲了个把小时，把他对台湾问题和祖国统一的见解和盘托出。我将他的谈话内容整理成了一篇专访，发表于当时另名《现代中国》的《今日中国》中文版1991年第3期。虽然时隔近20年，但是当时他表现出的那种发自内心的爱国之情，那种舍我其谁的豪迈，那种高屋建瓴的气势，那种喷涌如泉的文思，那种以天下为己任的胸怀，想起来仍历历在目。

9. 寻根问底式。《人民中国》资深记者丘桓兴谈到采访《中国民俗探索》系列报道的体会时，曾提到很重要的一点，就是"要有寻根问底的精神"。他举了两个在陕北采访的例子：

在陕北，窑洞贴着蛇缠兔的剪纸，妇女捏面花时还爱捏蛇缠兔的面花。看着兔子被蛇缠住，心里很不是滋味，而老乡却这般喜爱，是啥道理呢？问过房东大娘，才晓得当地有谚语曰："人要富，蛇缠兔。"老乡认为属蛇的男人，像蛇一样灵巧，再娶个属兔的守窝女人，这家子有灵巧生财的，又有勤俭持家的，准能发财致富了。老乡细察动物习性，借以喻人，原来是想表达对幸福生活的追求。

陕北农民，一年四季头扎一白羊肚毛巾。看似平平常常，找老乡寻根问底之后，才晓得扎毛巾还有不少学问。春秋时节，不冷不热，将毛巾往脑门一扎，能遮土挡尘。数九寒天，把毛巾往下拉，包住耳朵便不冷了。夏天在太阳底下弯腰干活，把毛巾往后脑勺轻轻一结，正好挡住了烈日。而这时赶路怕烈日刺眼，将毛巾拧成股，往脑门一扎，就搭了个遮阳的"凉棚"。天气闷热，再扎毛巾便难受了，这时把毛巾从头上垂搭下来，既遮阳又透风。

丘桓兴那组系列报道共30篇，约24万字，在《人民中国》连载后又续集成书出版。在3年当中，他访问过农耕、伐木、造屋、牧牛、养鸭、打猎、挖人参、制陶、造纸、酿酒、采竹笋等生产民俗，还细细了解过剪纸、刺绣、捏面花、扭秧歌、唱信天游等多民族民间艺术。作为客家人，他还较深入地探访了生活在客家土楼、围屋的客家人的生活情景和文化习俗。不言而喻，作为一个记者，要将这么多的行当和内容写进报道，没有寻根问底的精神，是不可想象的。

以上集中讲的是采访时的提问技巧。虽然列出了九种，但也只是提问技巧的一部分。

新华出版社1980年出版的美国杰克·海敦著、伍任译的《怎样当好新闻记者》一书中也谈到采访技巧，不过，译者用的是"访问"这个词："访问是一门富有个人色彩的技巧，对甲记者可行的办法对乙记者未必可行。"书中还引用美联社的苏尔·佩特的话："访问仍然是一门神秘莫测的技巧。没有几项技术能用概括的说法讲清楚。"事实的确如此，采访技巧，更确切地说是采访中的提问技巧，也如同各种科学技术和写作技巧一样，同样丰富多彩、千变万化，而且还在推陈出新、日新月异。可以说，这方面也没有一成不变的方法或技巧，只要能达到预期目的，无论怎么做，都是好方法。

北京周报社记者唐无恺是中国外文局采访2008年北京奥运会的三名注册记者之一。他后来写了《北京奥运会采访手记》一文，回顾那段不平常的日子。他在谈到提问时就这样写道：

提问无好坏，可"问"会有高低。……必须想办法提出能够诱使他们说话，引发其"新鲜感"，同时换来精彩回答与更大信息量的问题。其实，"道理"谁都懂——要"问得好",功夫在"问"外。……

"人们不会主动把什么事情都告诉你,你需要自己去发现。"拳王阿里1964年所说的这句话也许并非针对记者所言,但奥运会上不少有新意的报道就是通过这种"自己去发现"的方式得来的。我也边学边开动脑筋边工作,结果,采访不少"热闹人物"都进行得比较顺利,至少他们很爱"答",还不时有"独家披露"。

引用这位年轻记者的一番话,算是这一段的小结吧。提问无好坏,创新无止境。头脑冷静,心系读者,应当是既有好的态度,又有高明技巧。总之,一句话:能拿到想要的材料,才是硬道理。

四、突发事件,快速反应

突发事件往往是在不可预知的情况下,短时间甚至瞬间发生的,让事物、环境和人的生存状态发生急剧变化或产生重大影响的事件,比如自然灾害、安全生产事故、疫情等。

突发事件具有不可预见性,都是在短时间内突然发生的,往往会影响到社会生活的各个方面。不仅如此,有的突发事件虽然几秒钟就结束了,但在几个月、一年,甚至几年里,对社会、企业产生的影响仍在持续。由于突发事件的不可预见性,新闻媒体自然是在没有任何心理准备的情况下知晓事件。不论是国内还是国外媒体,为了能在第一时间获取更多的信息,都会想尽一切办法、通过各种渠道了解相关信息并尽力抢先传播。

从纯粹的新闻学意义上说,无论对内还是对外,突发事件的新闻价值是不言自明的。因此,正确、及时地做好突发事件的对外报道,不仅是对各家对外新闻媒体的考验,也是对一线采访记者的一大考验。策划好、组织好、实施好重大突发事件的对外报道,特别是抢在国外媒体之前发布真实消息,不仅能

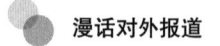

起到引领舆论的作用，也是彰显政府的应对能力、树立中国形象所必需的。因此，凡遇重大突发事件发生，各单位都派出精兵强将，争取第一时间赶赴现场，发出第一手消息。如果我们不能及时并实事求是地予以报道，全世界的舆论就会跟着那些外国记者跑。因为人们的认识一般都会先入为主，我们发声晚了就会陷入被动，本来是真实的新闻也难以让人接受了。

（一）主动出击

2008年5月12日下午2时28分汶川发生地震，当天晚上中国外文局编委会就召开策划会。策划会的决定之一，是指定《北京周报》记者黄卫任前方采访组的组长。13日早上刚上班她便接到了带队前往震区的指示。她说："当时心情很复杂，可以用激动、紧张和自豪来形容。十几年的记者生涯使我对亲历重大事件报道始终保持着一种冲动。作为一个四川人，与家乡天然的血脉关系使我希望在这种重大灾害发生的时候能直击现场，但在震后的十几个小时里，从与当地亲友时断时续的电话沟通中，我已经感觉到此行的艰巨性。在中国外文局历史上，还是第一次派记者赶往突发事件地点进行现场报道。局领导的信任让我既感到自豪又倍感压力。"她匆匆忙忙回家拿了几件换洗衣服，还有相机、数码摄像机，就和其他记者一起赶往机场。飞机晚点，抵达成都已是14日凌晨4点。她后来这样回忆道：

来到灾区，大家都有一种强烈的"求战"心态，想尽快奔赴灾区，尽快赶到受灾最严重的一线进行采访。……震后最初阶段，大家都把报道视线放在震中汶川，但汶川"孤城"这时候尚没有消息传出。小组经过认真讨论和商议，决定兵分两路。……14日早上会议结束，两队人马随即分头出发。……

14日和15日我们完成了都江堰的采访，景小磊完成了给《北京周报》英文印刷版当期的发稿。第二天进入北川采访。由于北川的道路是当天凌晨才打通的，大量救援车辆、运送物资的车辆和志愿者的车辆堵塞了进入北川的道路。……我们想了很多办法，包括搭乘当地山民的摩托车，最后，在距离北川县城几公里的地方，连摩托车也禁行，我们三个人只好徒步行进，到达北川县政府所在地曲山镇时已将近下午两点了。……

在北川的下午是我们这次地震灾区采访最艰难的一次，也是工作强度最大的。我们完成采访拍摄任务后，徒步返回几公里，搭乘山民的摩托下山，找到我们自己租的车，一刻也不敢停歇，寻找旅店住下来时，已是当晚快9点了。没有时间吃饭，白天采访时目睹的情态也使大家根本不想吃饭。大家赶紧整理图片，当天深夜，（中国网记者）段崴拍摄的组图被编辑成图集上传到中国网首页的显著位置，很快就被新浪等多家门户及新闻网站转载。……

（二）积极介入

2020年春节前夕，新冠肺炎疫情在武汉暴发。当此之际，中国外文局决定派出得力记者前往采访。这一大动作、大手笔，也是经过了紧急策划之后而实施的。回过头来看，提前进行的策划同样具有典型意义。策划中不但确定并及时下达前往抗疫一线采访的任务，而且确定了参与的单位和人员以及出发时间，还有他们到一线之后如何协同行动、前后方的联系如何保证畅通等。这次策划的主角是中国外文局主管领导，各相关单位的主要领导也参与其中。被选派到抗疫一线采访的记者不顾个人安危，奋勇当先，在连续多天的采访中，为对外报道世界瞩目的武汉和湖北疫情防控，立下大功。

《人民画报》总编辑李霞撰文回顾说，在疫情期间他们刊出的"抗疫故事"分为两类：一类是事实性故事；一类是观点性叙事。事实性故事以客观事件为叙事内容，其逻辑是在场、见证、记录和言说，其重点是在场，其目的在于令人信服；观点性叙事以表达主观立场的叙事为内容，其逻辑是舆情、意图、议题和言说，重点是舆情和言说，其目的在于说服他人。在场是事实性叙事的重要条件，《人民画报》以图片为报道手段，在场尤为重要，这对他们构

漫话对外报道

成了挑战。

记者的在场为人民画报社的重大疫情叙事提供了可能性，使他们承担记录历史和言说的责任有了实现的可能性。社内各业务部门借助前方记者发回的素材，针对不同国家受众特点，以暖心故事、柔性传播为基调，做深度加工、突出特色；以多维度、多形式展现，多渠道发布，构建了故事感人、情节有张力、人物鲜活的具有信服力的武汉抗疫叙事。李霞总结道：

多维度、多形式的言说，加之在场的真实记录，取得了非常好的传播效果。据统计，在武汉两个多月的时间，人民画报社四位记者共拍摄图片十余万张，视频素材1500多条，在此基础上制作的图集近百组，视频产品120多个，电子刊六期，在海内外社交平台发布总阅读量5200万。……

《今日中国》副总编辑张娟曾说："在疫情报道中，为增强报道的针对性和关联度，我们非常注重舆情研判和受众关切分析。以西文版为例，我们一方面与拉美各国使馆建立合作，及时组织约请相关地区和领域专家撰文回应热点；同时与拉丁美洲社会科学理事会建立合作，探索选题策划、稿件共享等合作机制。"

除此之外，疫情期间，中央和地方对外传播媒体也都各显神通。且不论中央对外媒体，就地方来说，上海的英语媒体网站"第六声"（Sixth Tone）的抗疫报道就做得有声有色。

新冠肺炎疫情是中国近年来最为重大的突发公共卫生事件，也是中国第一家全数字英文媒体"第六声"上线逾四年来所报道的最为复杂的新闻事件。其首席编辑吴海云曾说：

从1月20日晚钟南山院士在中央电视台宣布新冠病毒可以"人传人"的那

一刻起,"第六声"便进入了"战时状态",以前所未有的速度发布新闻、特写及评论,让国际读者能在第一时间了解到有关疫情客观而全面的信息。……不仅如此,"第六声"还积极调整报道框架与特色,以求内容能更符合疫情报道的需要与国际读者的需求。"第六声"的中国抗疫报道在国际读者中引起了热烈的反响和好评。

中国的抗疫对外报道,也引起了国内学者、专家的注意。2020年第4期《对外传播》杂志曾刊出《新媒体时代突发公共事件的国际传播》一文,以新冠肺炎疫情报道为例进行论述。作者胡正荣和田晓这样写道:

自2019年年底以来,新冠肺炎疫情这一突发公共事件给中国社会治理带来巨大挑战,同时也迅速成为世界舆论焦点,对于这一事件信息的传播和报道也考验着中国的国际传播能力。在疫情发生两个多月的时间里,我国重点外宣媒体积极探索创新国际传播思路,适应融媒体发展特点,运用新形式、新方法,持续对外报道中国疫情防控进展和全球疫情动态,真实地展现了整个事件发展过程,有效回应了世界各国的种种关切。

从他们的文章中可以看出,在这一过程中,重点外宣媒体争相在第一时间对外发布权威信息,《人民日报》、新华社、中国国际电视台(CGTN)等,对内对外同步发布疫情信息,以及时、翔实的数据回应关切,展现了中国政府与人民直面问题的决心和信心。在创新融合传播报道方式方面,一是推出新媒体直播,二是开展视频博客短视频报道,三是制作新媒体精品产品,许多都被外媒转载或转发。

作者指出,从这些工作可以看出"加强突发公共事件国际传播的重要性":一是可更好地争夺国际话语权,二是可有效提升国际影响力,三是有利

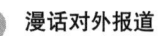

于塑造国家形象。

《对外传播》2020年第2期发表的《基于新冠肺炎疫情的检视和思考》一文中，作者沈正赋则从更加宏观的角度，检视了新冠肺炎疫情暴发后我国对外媒体的舆情应对。他指出，2019年12月以来发生的新冠肺炎疫情，属于一起典型的、具有全球影响力的突发公共卫生事件。"此事件发生后，我国各级政府、新闻媒体和普通民众积极而稳妥地采取各种应对措施，发挥各自的独特优势，利用舆论的力量，及时向国际社会传达明确而积极的信息，尽力化解由这场突发公共卫生事件给国家和人民带来的危机，在国家形象传播和建构上，受到世界舆论的高度重视。"

关于媒体层面的舆情应对，作者列举了三个方面的作用：一是逆向而行，积极介入突发公共卫生事件的报道，争夺国际传播话语权；二是发挥新闻媒体舆论监督作用，客观公正地呈现突发公共卫生事件真相；三是有效引导社会舆论，平息网络噪声，稳定社会秩序。提到对外传播时，作者这样写道：

在这起新冠肺炎疫情报道中，一些传统主流媒体和新兴媒体的记者，在疫情初期就深入疫区一线，采写了多篇深度报道，发表了不少掷地有声的新闻评论。多国主流媒体还邀请我国中央广播电视总台记者进入新闻节目演播室，参与连线报道，或引用总台的新闻报道。该台有关新冠肺炎疫情防控报道，得到美英德法等国际主流媒体的广泛转发。

虽然以上只是举例，但也可说明我国对外传播媒体在这起突发公共卫生事件的对外报道中所发挥的作用。这应当说是他们历来优良传统的发扬。

国外和台港澳地区的媒体，同样也重视突发公共事件的报道。从策划到采访再到发表，也都有一套应对突发事件的机制。如台湾的《联合报》。该报系的资深记者沈征郎——前面曾引用过他《实用新闻采编写作》中的高论——在书中还写了他们是如何应对突发新闻的：

所谓"突发新闻"，乃是事前毫无迹象可寻，它突如其来，无法预知。可以说，是意外的、刺激的，也是可遇不可求的。而一件突发新闻的发生，往往可以测验出编采部门平时的训练和临事应变的能力，尤其是采访人员。

当面临突发性的重大新闻时，应采取重点新闻的处理方式，更要掌握时机，迅速行动，内勤与外勤周密配合，能在截稿前完成报道写作，始有出色的表现。

沈先生还列举了处理突发新闻应注意的事项：

必须有计划地作业，专人负责指挥，调派记者分头采访，控制版面、字数、时间，以及与有关部门的协调联系；

所派记者应有充沛的体力，有正确的判断力和丰富的学识，还能冷静沉着，能用一切可资运用的关系，从已掌握的有限线索中，发掘出更多资料，当然，还得有较强的写作能力；

记者接到任务后，应利用最快捷的交通工具，立即赶抵现场，访问当事人、目击者，以及现场处理善后人员或治安人员，还要访问当事人的家属及有关单位负责人，尽可能了解真实情况。还要取得现场照片及有关资料；

为争取时间，采访人员可以立即单独行动，但在进入现场前，必须与报社联络，使采访部门得知自己的动向，必要时派出协助人员和交通工具，有时还需在资金上予以支持；

采访重大突发新闻，必须勇往直前，不畏艰险，但对自身的安全不可大意疏忽；

在现场采访，除尽可能了解全盘情况外，写作时应充分运用资料，以烘托主题，充实内容。此时资料部门应主动配合。

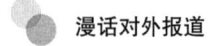

五、对外约稿，交友为先

在对外报道中，约稿或者说组稿，与采访有着相同的作用和意义。有些媒体，记者只负责采访，而约稿是编辑的事。记者采写的稿子要经编辑一道加工才能提交给总编辑审定。另有一些媒体，记者和编辑是不分的，或者分工并不明确，可谓一身二任，既外出采访，也负责约稿。自己采写的稿件，在发稿单上会把自己的名字填写到"责任编辑"栏内。有的刊物，不但约来的稿件这样做，记者自己采写的，也这样做。

拿期刊来说，稿件主要包括自采稿、约稿和投稿三类。自采稿的整个流程，前面已有详细讨论。而约稿，同样首先要完成选题策划，此后的主要工作及有关事项则包括：1. 选择合适的作者；2. 与作者商讨撰稿事宜。其中包括向作者全面介绍选题策划的意图及内容，帮助作者了解稿件的结构、体例，确定作者所要撰写的内容及各部分的篇幅，如需配图还需向作者提出有关图稿的要求，最后是约定交稿时间；3. 作者拟出写作纲目后，要及时审读并与作者商量修改。在撰稿过程中，要与作者保持联系，随时沟通情况。出版、播出，或在新媒体发表后将情况回报作者并表示感谢。如果是期刊约稿，出版后自然应当奉送作者。

（一）依靠社会力量

因为对外报道在原则、要求、内容、形式等各方面都和对内宣传不同，所以通常会在采访中遇到比对内宣传记者更多的困难。所以，做好对外报道，乃至要办好对外刊物，更多需要依靠社会力量。相对于自采稿，约稿更需要依靠社会力量的理解、支持和帮助。新媒体同样如此。沈苏儒先生在他的《对外报道教程》一书中专门增写了一段依靠社会力量的重要性：

> 把依靠社会力量的工作做好了，我们的对外传播、对外报道工作就有了一

个深厚的基础，就可以收事半功倍之效，一方面可以随时获得各种报道线索和所需的帮助，另一方面又可以有充足的稿源。如果我们能常有各方面的专家、知名人士（特别是国际知名人士）为我们供稿或对我们发表谈话，那么将极大地提高传播主体或媒介的声誉和可信度，从而加强传播效果。

对于如何才能更好地依靠社会力量，沈老又有指导意见：

一是要争取从上到下各级领导对对外传播、对外报道工作的重视、理解和支持。在这里，"理解"特别重要，主要是理解对外传播的特殊性和特殊要求。二是要在各行各业、各地区、各部门（也包括对外传播兄弟单位）逐步建立起一个社会关系网，这个"网"能提供报道线索、专家咨询和具体帮助。以这个网为基础，逐步建立起一支为对外传播、对外报道服务的作者队伍（包括外国朋友）。……三是要善于联系各阶层的群众（工人、农民、知识分子、少数民族人士、宗教界人士、华侨、港澳同胞、台胞、侨属、台属等），取得他们的合作。

他进而指出，这个目标只有靠记者、编辑平时广交朋友才能达到。这不是一个单纯的技巧或经验问题，它首先是一个思想感情问题。抱功利主义、实用主义的态度是交不到朋友的。热爱生活、热爱工作，自然就会产生广交朋友的动力，培养起人与人之间的感情和友谊：

一方面可以通过"公"的渠道进行。高度组织化是我们社会主义国家的一个特有条件，建立各种联系都可以通过组织关系来进行。另一方面也要通过"私"的渠道进行。这不是说背着组织去进行，而是说光靠组织关系不够，还需要培养私人关系。不要庸俗化理解"私人关系"。这里是指培养起人与人之

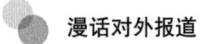

间的感情和友谊，是指培养"同志加朋友""同志加兄弟"的那种关系。

有这样一支社会力量可依靠，可谓受益良多。不光可请人家写文章，而且遇到问题也能向人家请教。有些交情比较深的，还时常主动对我们的工作提出意见和建议。我服务多年的《今日中国》中文版曾经是一个对台宣传阵地，那些年就有这样一支队伍或者称为朋友圈，成员主要是涉台新闻或研究单位有名望的人士。他们不但常应约为我们写稿，还给我们当顾问。我们每年至少都开一次顾问会，集中请他们评刊，发表意见，提出建议。

我的体会是，社会力量，重在交友。那时候，为了扩大社会影响，也为了寻求更多社会力量的帮助和支持，无论老少，特别是几位老编辑率先垂范，努力在社外广交朋友。

顾问会就是从这个很大的朋友圈里挑选出来的。有了顾问会这种形式，就更方便同他们沟通联系，约写稿件，征求意见和建议。1997年我到《台声》杂志工作以后的四年间，也曾这样做过。可以说是我把在《今日中国》工作期间交的朋友，部分带了过去，不但每年开一次顾问会，还先后召开过两次组稿会。这对《台声》杂志来说是件新鲜事，当我提出这一想法时，分管《台声》杂志工作的全国台联副会长曾担心办不起来，对中央台办是否能支持还有疑虑。我当即承诺，不但能争取到他们对这一活动的支持，还能请来台办宣传局领导与会并讲话。结果两次会议都开得很成功，各地台办的宣传处长踊跃参加。这成了《台声》杂志创刊以来从未有过的盛事。至于顾问会，则每年开一次，主要成员基本上是我在《今日中国》中文版工作时结交的那些朋友。我离开《台声》杂志以后，这个好传统仍然保持着。

介绍上面这段往事，主要想说明，无论传统媒体还是新媒体，都离不开社会力量的支持和协助。所以编辑、记者要广交朋友，从自己分工的报道领域出发，重点联系。这对编辑培养社外写作力量至关重要。

曾多年担任《中国与非洲》编辑部主任的曾培耿专门撰文介绍他们是怎样依靠社会力量办刊的。概括起来说，就是他们把自己的刊物与对非有关部门的工作紧紧地联系到一起。或者换个角度说，就是对非有关部门把他们的刊物纳入对非工作当中。客观上讲，是因为《中国与非洲》是专门针对对非工作的需要而创办的。在创办之前，他们就走访了许多涉非部门，征求意见。许多单位的负责人都认为，创办对非刊物，不仅是外文局的事情，也是他们分内的事情，主动提出要为这一杂志做贡献。这就使他们的思路开阔了许多。杂志创办之初，由于编辑们对非洲了解不多，人力也有限，为了能得到社会各界更多的支持，他们聘请一些长期从事非洲工作的领导和学者组成了一个顾问委员会。这些顾问们为杂志出谋划策，撰写文章，提供信息，还向编辑部的人员介绍非洲情况。时间长了，尽管有的顾问有了调动，有的退休了，却始终继续关心《中国与非洲》，每当工作中遇到困难时，他们都全力帮助。曾培耿写道：

设立顾问委员会使我们体会到，我们不是在"孤立"地搞对非宣传，因为整个对非工作需要《中国与非洲》配合；对非宣传也不能关起门来搞，因为要真正做到有地区针对性，必须有各涉非单位的支持和具体指导。这种双向配合，使我们把对外宣传工作完全融合到社会的整体对外工作中去，成为其中一个组成部分，同时也使我们杂志的地区针对性更加突出。

事实上，在曾培耿回忆的那10年当中，《中国与非洲》编辑部确实一直坚持依靠中央和社会各界的涉非部门，并利用他们在舆论宣传上的优势，主动与这些部门合作。有了这种良好的合作关系，中央和社会各涉非单位也从各自的工作出发，帮助他们做好宣传。时任国务院副总理钱其琛、时任外经贸部部长的吴仪都接受过他们的记者有关非洲问题的专访；中联部为他们安排了多次采访活动；外交部、外经贸部、农业部、文化部、卫生部、全国总工会、团中央、全国妇联、中国记协等单位都邀请过他们的记者参加相关活动，还提供过大量稿件。外交部两次安排《中国与非洲》记者随党和国家领导人访问非洲。外经贸部两次组织《中国与非洲》记者赴非洲采访。全国记协四次安排《中国与非洲》记者参加中国新闻代表团到非洲访问。结果自然是双赢。一方面，《中国与非洲》大大丰富了报道内容，而且针对性也更强了；另一方面，社会各涉非部门也通过《中国与非洲》这个宣传窗口，介绍他们同非洲的交流与合作，讲了他们想说的话。这就是现在常说的"互利双赢"。

（二）经验分享

编辑的工作重点是约稿。有了更多相关领域的朋友支持，工作起来就会如鱼得水。

约来的稿件如何进行编辑，还有很多工作要做。朱迪斯·布彻（Judith Butcher）著，刘士聪、温秀颖、夏廷德译，清华大学出版社出版的《编校、著作指南》中文版（2006年12月第1版）一书，将编辑区分为多种身份，对文稿进行编辑加工的人员被称为文稿编辑。对他们的工作，作者曾写下这样一段话：

文稿编辑通常并不是作品内容方面的专家，但他们必须让自己对作品内容感兴趣，努力将自己放在作品的期待读者的位置上。……编辑常常会发现作者在哪些地方重复啰唆，哪些地方暧昧不清，哪些地方省略了步骤，哪些地方未做必要解释……

尽管文稿编辑所关心的问题主要局限于编辑的范围，但他们也需要考虑作品的生产。由于他们对作品的内容了然于心，因而可以将作者的意图清楚地传达给设计和排版部门。与此同时，他们深知排版工作的局限性，因此可以向作者解释为什么他们的愿望无法实现。正是这种多重身份赋予了这项工作无穷的魅力。

这就涉及如何处理与社外作者的关系了。由此也可见，真正要建立起一支与自己的工作相适应的社会作者队伍，并非易事。这是因为我们所依靠的社会力量中，有一部分原来并不太熟悉对外报道。这就需要利用交友的机会让他们更多地了解对外报道的总要求。到了向他们组稿的时候，首先得向他们说明自己的媒体的情况，比如对外报道对象和写作特点，也就是如何在约来的稿件中体现受众意识。

关于约稿，沈苏儒在他的《对外报道业务基础》一书中用的是"组稿"这个词，他是把组稿和采访并列在一起来谈的。对于总的要求，他谈了三条原则。其中一条就是"必须培养与组稿对象的感情，包括产生同情和共鸣、找到共同兴趣和共同语言等"。这一条在谈到以什么样的态度对待采访对象时已提到过。现在又旧话重提，是因为如果是公事公办、客客气气、干巴巴、冷冰冰，你同组稿对象之间毫无思想感情与信息的交流，不是组不来稿子，就是组来不合用的稿子。如果双方一见如故、谈笑风生，相互了解、共同商量，那么成功的可能性就大得多。沈老提出的另一条是"心中不可无数，但亦不可有定见"。请人撰稿，在同他交谈过程中，可能会发现原来的题目不合适，或者他写得不合适，那就需要另请别人写，或者不写；也可能改为由他口述，编辑来整理，或改用访问记的形式；或者不写原来设想的这个重点改写另一个重点；等等。这是一个"认识—实践—再认识"的过程。如果组稿时带着定见，会有限制，容易失败。但若心中无数，就会要么乱抓，要么抓不对头，组稿也不会成功。还有一条原则，是组稿时编辑要处于主导地位，不要让组稿对象牵着鼻子走。他在给我们讲课时说："对我们做对外报道工作的来说，这点特别重要。为什么呢？因为在国内熟悉对外报道的人还不多，也不见得熟悉《中国建设》。因此要让自己居于主导地位，而不是让别人左右你。"这也不难理解，正如沈老所言，组稿对象所熟悉的往往是他本行的一套、对内的一套，如果让

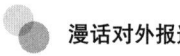

他主导，那么从他那里得到的材料肯定是对内的一套，或者行话连篇。结果可能就是白跑一趟了。

老前辈们的经验之谈，对我们来讲，无论什么时候，都弥足珍贵。

在读《中国外文局五十周年大事记》时，我发现有几件事，足以说明我所在单位有历史上的好传统，值得学习和进一步发扬。

有两件事都发生在1961年。当时，对外书刊宣传都统合在外文出版社名下，此时中国外文局还没有成立。它的上级主管，行政上是对外文委，业务上是国务院外办。那年9月，为加强《人民画报》的编辑工作，取得社会力量的配合，协助提高画报的质量，对外文委报国务院外办《关于建立〈人民画报〉编委会的报告》。报告中说："编委会名单拟报国务院外办批准后，由对外文委发送正式聘请书。""聘请的编委有：夏衍（文化部）、邓拓（北京市委）、辛冠杰（外办）、朱庭光（中宣部）、梅行（计委）、郭小川（作协）、吴作人、叶浅予、刘开渠、华君武、吴劳、郁风（美协）、王朝闻、邵宇（人美）、张仃、张谔、雷圭元（工艺美院）、石少华（新华社）、吴印咸（摄影协会）、杜展潮、范源（外文出版社）。另外，在上海的编委还有：白炎、杨永恒（市委宣传部）、朱子恒、林风眠、贺天健、沈柔坚。"看到这份名单，每一个名字都如雷贯耳。由这样一些人组成的编委会，任务是按照《人民画报》的方针任务制订年度、季度的报道计划，提供选题；研究画报的编排、设计方案；定期检查画报，并向画报的编辑、记者做有关业务方面的专题报告。

1961年发生的另一件事，与《中国文学》杂志有关。它创刊之后，一直被视为向世界宣传高水平的中国文学作品的对外刊物，当时还由外文出版社主管，担任主编的是赫赫有名的大文学家茅盾。当年11月，时任文化部部长的茅盾，以《中国文学》主编的名义，邀请在京著名作家叶圣陶、吴组缃、张光年、严文井、刘白羽、冯至等就刊物的对外选稿尺度及改进问题进行讨论。由此可见，当时的外文出版社所从事的对外书刊宣传，在社会上的影响力是何等之大。

《中国文学》也有一个编委会。1962年10月27日，根据国务院外办的指示，对其进行改组。新的编委会成员是（以姓氏笔画为序）：王朝闻（美术评论家，全国美协书记处书记）、叶君健（作家，《中国文学》副总编辑）、何其芳（古典文学专家，中国社会科学院文学研究所所长）、何路（《中国文学》副总编辑）、余冠英（文学史家，中国社会科学院文学研究所研究员）、茅盾（中国作家协会主席，《中国文学》主编）、唐弢（文学理论家，中国社会科学院文学研究所研究员）、华君武（画家，全国美协书记处书记）、钱锺书（文学史家，中国社会科学院文学研究所研究员）。这份名单中的每一位都是举足轻重的人物，都有极高的威望和强大的号召力。

宋庆龄创办的《中国建设》，创刊初期的社长是金仲华，下设编委会，主任由他兼任，陈翰笙为副主任，聘请社会各界知名人士为成员，其中有钱端升、李德全、刘鸿生、吴贻芳、吴耀宗，个个都是学富五车、名闻天下的人物。20世纪60年代唐明照、陈麟瑞为编委，唐明照为总编辑。

20世纪五六十年代，当时的对外书刊编辑向各界专家、权威和社会名流约稿，是那么容易，还会有那么多名家、大家主动投稿，或提出工作上的改进意见，从一个侧面反映出当时的书刊对外宣传地位之高、影响之大。甚至，1959年元月，中宣部还特向各省、自治区、市委宣传部、人民日报社、新华社发文说明：

我对外文化联络委员会领导的外文出版社编辑出版的各种对外宣传刊物在国外影响很大。但该社各期刊编辑力量有限，记者寥寥，以致国外广大读者经常需要的关于我国各地的通讯报道文章无法满足。因此，请你们转告各省、自治区、市的《人民日报》记者站和新华分社的记者经常为该社各刊物撰写一些对外宣传的稿件和拍摄一些照片,并把这些工作作为自己工作任务的一部分。外文出版社各期刊编辑部将和记者站、分社直接联系。

还有这样一件让人印象更深的事情。那是1962年初,中国建设杂志社为《中国建设》创刊10周年举行了报告会和展览会,宋庆龄副主席、周恩来总理、陈毅副总理出席。出席者还有邓颖超、廖承志等领导人和各界知名人士700多人。周总理对前来参观的各部门负责同志说:"这个展览会很好,大家要给《中国建设》写稿子,每个部门两篇。"堂堂一国总理,竟然用这种方式为本国一本对外刊物约稿,有可能前无古人,后无来者。

1965年,根据国务院外办指示,成立两年的中国外文局编写了《外文出版发行事业局指导各社出版发行的外文书刊介绍》,报各领导部门,并发至有关单位,以便中央有关部门、各地方党委和有关部门进一步了解我外文书刊的编辑方针、内容构成、性格特点,以及编辑、出版、发行的一些情况,并期望在报道思想、报道线索上,在组稿、供稿、审稿上,在改进外文书刊的内容和形式上,在人力、物力上,给这些外文书刊以指导、支持和帮助。此举自然想扩大外文书刊在社会上的影响,取得社会力量更多的帮助和支持。这一报告对各社对外约稿,自然带来很大便利。

我所在的《中国建设》中文版,也曾得到中央台办的支持。中文版是1980年10月创刊的。翌年1月20日,中央对台工作领导小组办公室致函北京、天津、山东、江苏、上海、浙江、福建、广东、广西各省、市、自治区台办:为加强对台宣传,经中宣部批准,《中国建设》自1980年10月起已经增出中文版,请在供稿、审稿、采访、提供情况方面予以支持。正是有了这一文件,当时的中文版才在各对台工作和宣传系统中得到大力支持,给工作带来了诸多便利。

这一好的经验和传统,现在的外文局各单位还在继续和发扬。如《今日中国》副总编张娟就有专文介绍说,多年在海外拓展的结果,他们的组稿队伍已经扩展到了海外，新冠肺炎疫情暴发以来，海外作者队伍的力量正在凸显。她举例说：

在此期间，美国《全球策略信息》杂志社华盛顿分社社长威廉·琼斯、巴西—中国研究中心主任高文清、西班牙中国问题专家苏傲古、法国桥智库周瑞、法国中国问题专家维瓦斯、厦门大学教授潘维廉等数十位外国作者，为《今日中国》撰写评论文章70余篇次。此外还有多个国家20余位政界人士、驻华大使接受了《今日中国》的采访。这些海外人士在重要节点发出客观理性声音，呼吁国际社会加强合作、共同面对危机。

张娟又说，在疫情防控期间，他们还报道了11个国家32个与中国有关联的普通外国人的抗疫故事。既有生活在中国的外国人，如留守在武汉的法国医生克莱茵，为中国抗疫谱写歌曲的哥伦比亚歌手，记录抗疫生活点滴的媒体人。他们以自己的亲身经历见证了中国抗疫的举措和成效，"通过讲述这些普通人守望相助共克时艰的故事，传递共建命运共同体的理念"。她还以西文版为例，说明《今日中国》的抗疫报道在拉美地区的传播效率和影响力大幅提升：

疫情期间，通过撰文等形式，在《今日中国》西文版发出"加强国际合作抗疫"声音的拉美国家政界人士、专家学者达20余人。这些文章被拉丁美洲社会科学理事会官网首页转发，同时被拉美社会科学理事会在美国、加拿大、德国、西班牙、法国、葡萄牙和拉丁美洲各国的680个机构共享。

国内已经形成"大外宣"的格局，不但各媒体、中央各部门都在其中扮演着同样重要的角色。各地也在发挥自己的所长，在各自的业务领域尽其所能。

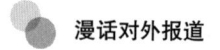

中国外文局作为国家重要的外宣机构，一向与各部门和各地从事对外宣传的人员有着密切联系和良好的合作关系。现在中国外文局建立的外宣资源协调机制，就是中国外文局与各地合作的一个平台，每次召开协调会都吸引各地外宣部门负责人到会，共同探讨如何发挥各自优势，达到互利双赢的效果，每次协调会都达成一批合作项目。所选择的地方题材，可谓丰富多彩，既有图书类，又有介绍各地发展成就、人文资源等的各类报道选题，有些涉及外宣图书，更多的则被中国外文局所属期刊和中国网采用。

六、记好笔记，以备选材

无论采访还是约稿或组稿，都要记好笔记。这也是一门学问。

（一）从爱老的采访笔记说起

"爱老"是我们对著名国际友人爱泼斯坦的尊称。

我由翻译转行当记者和编辑以后，除了补上几门必修课，以掌握更多新闻理论知识，主要还是通过工作实践来学习和提高自己。学习的对象多是那些老领导和老同志，我最想请教的就是爱老了。

1982年10月，我已在中文版工作了两年，终于有了一个近距离向爱老请教和看他怎样采访的机会：社领导派我陪同爱老重访山东省枣庄市的台儿庄。爱老此行，是为了给《中国建设》写一篇文章，以纪念台儿庄战役45周年，也是为了实现他45年后旧地重游的夙愿。

我们是那年10月6日自北京登上南下的火车的。在包厢里，爱老拿出当年采访的笔记本，回忆在炮火当中采访台儿庄战役的情景和经过。这是他从保存的难以计数的采访笔记本中，专门为了这次采访而找出来的。他在《中国建设》1983年第6期发表的文章《重访台儿庄》中关于那场胜利的回忆，所依据的就是这个笔记本上的记载：

先说1938年的事情。……

到那时为止，日本只受到过来自中国北方的唯一一次重大打击——那就是共产党领导的八路军在山西省境内长城的平型关对他们的挫败。通过台儿庄战役，他们的主力先锋——日本精锐的坂垣师团——又被国民党领导的部队削掉，并部分摧毁。……

这一战役发生在国共两党合作相对较好的全国抗日统一战线时期。这种合作受到了经过十年内战的中国人民的极大欢迎。……

我是从武汉到台儿庄的。武汉为当时的临时首都。在战区见到了李宗仁元帅（桂军），在野战部队指挥部我见到了孙连仲将军（西北军）以及三十一军的池锋城将军，池率领部下进行了12天的紧张战斗。……

那天在火车上，爱老一面指着他的笔记，一面向我说明他当年那次采访从什么时间开始到什么时间结束，分别到过哪些地方，还有中国军队从日寇手中收复台儿庄后的见闻。

这让我十分惊异：他经历了那么多的波折，40多年前的笔记本到现在还保留着，而且还能在需要的时候找出来，用得上！

他的本子上记的重点是战斗何时开始，何时结束，某某师干了什么，等等。这就是他在笔记上画线的地方——当年他在这些地方画线，就是想不论多久之后，还能找到那次采访得到的重要材料，想用的时候还能很方便地找得到。此时他再看这些笔记，发现当时的一些页边注释就成了写新闻的重要内容。他说："如果我今天回到台儿庄去，我会认为我过去的描绘是很重要的，因为我要具体写出这个地方的今昔对比。而当时记的关于某某师或某某师长干了些什么，今天不再有什么用途了，而当时只是作为侧面材料的东西，现在倒可能变得重要了。"

在《重访台儿庄》一文中，爱老专门用一节写了台儿庄的今昔。所写台儿

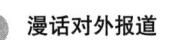

庄以前的面貌，正是他从那本笔记中摘录出来的。爱老写道：

我愿引用我过去和现在的笔记来描述台儿庄的今昔。关于1938年战时台儿庄的乡间景象，我是这样写的：

从中国大炮背后的山上望去，田野就像一个巨大的棕色和绿色棋盘。棕色是闲地，绿色是种有农作物的土地。其中大部分为村庄，被埋没在小树林中，像棋盘中的小卒。棋正下得极认真：村庄隐蔽着兵器，墓穴内藏着弹药手。每家房顶都用高粱秆遮盖着。渡口死一样寂静。

然而1938年战后的景色是这样的：田野与石头房子之间的林荫大道从山区伸向平原，冬小麦呈现出一派绿色。成熟的庄稼一片褐色。熟透的柿子一片金黄。切好的红薯干儿在太阳光下一片雪白。这儿的年轻人喜欢穿红色。男孩儿女孩儿都穿红汗衫。

还是1938年在刚收复的台儿庄，我在笔记中记道：机关枪将发了芽的柳树拦腰斩断。发臭的尸体。士兵修复被打穿的房屋。被打中的日本坦克一动不动。城墙内侧是蜂窝状的防空洞。村里只有两个老乡在整个战斗中没有离开，其中一个年为80岁。如今逃难的人都回来了。"你是住在这儿吗？"我问一个人说。"当然啦！那是我的家嘛！"他指着一堆废墟说。

一个留有胡须的农民趴在地上。他已死去，在他的脚边是一只鸭子，看来他想将它从枪炮中抢救出来，可这只鸭子也被打死了。日兵的尸体在撤退前全被烧毁。地上散落着零乱的报纸和笔记本。这些笔记本中包括日本兵的日记，记着他们被送往国外进行非正义战争的怨诉："我们到这儿来干什么？我们非死在这儿不可吗？"下面是在一个军官身上发现的一首诗：

我们战斗了四个小时夺取了天津，

六个小时之内济南也归了我们；

然而这小小的台儿庄，

为何用这么长时间才攻下？

被烧的房屋一片狼藉，一匹被打伤的马疼痛地一瘸一拐走在街上，全然不知所措。

中国军队拖着大炮行进在跨越大运河的浮桥上，日本军的炮弹轰炸过这座桥。行进在陆地上的胜利者中的许多中国士兵，戴着缴获的日本钢盔，背着日本包和吃着日军配给的罐头食品。

下面是40多年后的1982年，依然是顺着大运河的记事：无数条小船停泊在公路桥下面。这么高的公路桥足可以使大的船舶从它下面通过。卡车在桥面上驶过。无尽头的船队通过一个闸门，这些船是从很远的上海驶来的，船上载来各种物品。也是这些船又将附近煤矿生产的煤载到上海。下游有一个当地乡镇办的小造船厂，它所需大卷大卷的薄钢板是上海制造的。工厂传来铁锤的铿锵声或闪着电焊的火花。船上人们——无论男人或女人——带着在城里买的食物回到船上，甲板上放的是炉灶和盆栽植物——一幅船家景象。

最新的建设，其中主要是1978年以来的建设，包括新的市中心。区管理部门的大楼很漂亮。还有大的电影院。几层高的百货商店大楼正面为白色，配有绿色的厚板。沿着运河有过去几年中盖起的住房。旧城内用大的鹅卵石铺的街道还是老样子，然而有些旧房被新房所代替，还有一些旧房依然显露着45年前的弹痕。

看到爱老当年的这个笔记本，看到这个笔记本对爱老后来的写作起了多大作用，我默默地想，自己以后在工作中也要学习这种本事，不但要把采访当中的所见所闻记下来，而且还得好好保存着，说不定什么时候还会派上用场。后来，我专门抽出时间，将历年来所有采访笔记本归到一起，每一本的封面和第一页上都注明采访时间和主要内容，然后按时间顺序排到一起，以便也像爱老那样，需要时方便查找。现在为写这段经历，我还很容易地找出了记录着40年

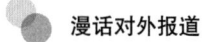

前陪同爱老赴台儿庄采访的笔记本。

说了这么多，也只说了爱老的这一个笔记本。而《人民日报》记者白夜，要比我幸运得多，这位大报记者是实地看到过爱老保存的大量笔记本的记者之一。在对爱老的专访文章中，他这样介绍：

爱泼斯坦有许多笔记，有的是经过装订的活页，也有整本的。活页本上，字迹潦草，稀稀拉拉，歪歪扭扭，有的是在吉普车上记的，还有许多插图；而整本的笔记，则字迹清秀纤细，前面都有目录。……这样的笔记本，爱泼斯坦有好几大箱，它们本身就是可供发表的珍贵历史文献。1955年、1965年和1976年，爱泼斯坦和他夫人邱茉莉（中国籍英国人、《中国建设》专家、记者）曾三次访问西藏，访问人数达800人，记下的笔记，仅爱泼斯坦就达3000页，90万字；加上邱茉莉的笔记，字数更多。最后，他们在这个基础上写成了一本20万字的书——《转变中的西藏》（*The Tibet Transformer*）。

后来我知道，爱老对采访时如何记笔记，如何整理自己的笔记，到了需要的时候如何能随时查到当时的笔记，如何能让自己的笔记更好地发挥作用，是极有经验的，甚至可以说有一套自己的完整理论。

这是我学习了他1979年在社科院新闻研究所的一次讲课记录后的感想。这篇以《记者的笔记本》为题的讲稿，收录进了今日中国出版社1995年编辑出版的《爱泼斯坦新闻作品选》一书中。

爱老在这次讲课的部分内容，谈到了他怎样使用以前的采访笔记，以说明采访时记好笔记是如何的重要。他说：

有的笔记几年后仍然对你有用。例如1937—1945年抗日战争期间，我在解放区写过报道，也在国民党统治区写过报道。为报道抗日战争，我到过许多地方，与许多官员和人民群众谈过话。几十年来，我再去原来我去过的地方，或偶遇一个特殊人物，像李宗仁这样的人物1965年回来了，如果需将这些人和地方做前后对比，你只要翻一下过去的笔记就行了。这是很容易的，不但新鲜，而且生动。所以说你在写一条消息的当天随便记了一些笔记，几年以后可能是有用的材料。

仿佛是为爱老的这段话找寻例证，孙元恺在他的《怎样采访新闻》一书中就提到爱老采访李宗仁的笔记。他写道：

现在我国工作的老新闻工作者爱泼斯坦，至今还保存着他几十年的采访记录。由于分类归档比较科学，使用起来就十分方便。例如，1965年李宗仁从海外回到祖国，当时成为国内外轰动一时的大新闻。中外记者纷纷去采访。爱泼斯坦在访问李宗仁之前，从他分类归档的资料中，伸手便取出了1938年在徐州前线第一次采访李宗仁时记录下的许多情况和谈话内容，成为他这次访问的重要背景资料。这说明，记者重视采访记录的整理和分类归档是多么必要啊！

现在已经有了多种帮助记忆的方法和电子设备，但是靠自己用笔记下来，仍然不失为最可靠而且最简单的方法。经验不足的年轻记者容易出现的问题是，采访时只顾拼命记，努力把想记的东西全都记下来，殊不知，还有一条原则，就是记下的东西在需要的时候能用得上，并且能很快从自己的笔记中找到所需要的东西，这样的笔记才有用。所以爱老强调，这是记笔记的一条重要原则。他说："做笔记的要求是，不论你早做、晚做，它应当是活材料。它不是死的档案，也不是一堆纸，而是一个即时的'老师'。无论什么时候你要问这个老师，他总是能回答你，你能从他那儿找到答案。"

记者出身的著名作家刘白羽则强调："每一个记者随身都有一个笔记本，

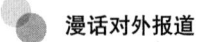

但是如何运用笔记本,却是值得研究的一个问题。"

(二)记笔记的内容

关于采访时要记些什么,爱老在讲课时这样说过:

在新闻工作中,要记的东西是很多的。譬如你出外采访,你要记住情节:别人怎么说的,发生了什么情况。你还要记住与新闻本身有联系的各种情节,可以用作背景或侧面的材料。因此,除了你要报道的事情本身之外,你的所见所闻都得记下来。而且,你当时的想法也可记下来。

举例说,当你访问某一个人时,你主要是对他的谈话感兴趣,但可能你还要对这个人描写一下,你可能简单地记一下:(是否)戴眼镜,高个子或矮个子,胖子或瘦子,运作快或慢,等等。这些对你可能有用,可能没用,但要记下来。同时要记下周围的环境。

按照爱老的说法,还要记下采访对象有特征的形象或动作,这些可以用作背景或侧面描述的材料。如果带了相机,可以帮助记者记录下现场情景,一看照片就能回忆起来。这样可以节省记笔记的时间。有时也可以简单地把所见情景画下来。采访时自己的想法,也需要记下来。可能是一时灵感,也可能是突然想到开头应当怎样写。像这样的一闪之念,如果不马上记下来,过后有可能忘记。

我理解,总体要求应当是,要用最简单的语言记录最有价值的信息,记下采访对象说话时的表情动作和现场情景。还有自己在现场产生的疑问、思考和感悟。

为了更好把握,不妨把采访笔记要记的内容概括为以下几点:

第一是听到的。也就是采访对象富有个性的生动话语或重点内容,包括一些重点材料,如事件的起因、过程和产生的后果;主要情节特别是细节、工作的主要经验和教训,重要的背景材料。此外,还应当包括采访对象的思想见解。采访对象有个性的语言原话,还有比较容易忘记的数字、人名、地名、物名等,一定要记准确。这些都关系新闻事实的真实性和准确性。

第二是看到的。要注意观察并随时记下采访对象的服饰、外貌、神态、动作、说话语气和语言特征;现场气氛、周围环境布置、室内陈设特点、天气状况等。这些对刻画人物个性、表现对外报道的主题往往能起到独特作用。如果不做笔记,便会让与对外报道有关的言论、情节、故事从手中溜掉。

第三是想到的。如本人对采访事件的分析、判断,对采访人物的认识、剖析,以及记者本人的思考、联想、评价。这就必须在采访时同时完成问、观、关、听、记等几个步骤,不能因为记录而耽误其他采访活动的时间。

第四是存疑的。如果采访对象谈到的事实和记者事先所掌握的或别人给介绍的情况有出入时,也要把有疑问之处当场记下来,等他的谈话到一个段落,再请对方补充说明,核实清楚。所有存疑之处,应当马上解决。如果因为疑难问题一晃而过,到事后才发现没有弄清楚,要补充采访就费时费力了。

(三)记笔记的方法

采访时如何做笔记,不单对采访的效果和收获有着直接影响,而且也关系对外报道的选材和写作,甚至还与长期的资料积累也有关系。最简单的办法是自己记下来。

爱老在社科院新闻研究所讲课时,看到台下所有人记笔记的方法各有不同,有的用活页,有的用笔记本,有的用大本,有的用小本。他说:"没有什么理想的方法,每人都应有自己的方法,但我认为还有某些基本的原则。"记笔记的目的是把需要储存的资料记下来,在需要时能用得上,而且很快就能找到所需要的东西。这是爱老讲的记笔记的基本原则。

《怎样当好新闻记者》一书中,有几处专门提到记笔记。一处强调现场采访肯定需要记笔记,特别是初学者。因为很少记者能靠脑子把材料完全记住。

不记笔记，就可能漏掉一些材料，准确性也受影响。这就如中国有句俗语所说："心记不如手记。"但是有些老记者认为记笔记会分散注意力，妨碍谈话的和谐进行。他们发现，如果不连续记笔记，谈话对象会感到更自在一些。这样，记者也能够专心听对方说话，并注意观察对方的举止和衣着。

这本书中特别提到记者要有采访本：

采访本比较耐久一些。使用采访本比过去那种记者在外采访时随便抓几张稿纸的新闻编辑室的旧习惯要好。稿件是不是有错误？会不会有人说你把他的话引错了？采访本可以更好地作证，而且不像零散的稿纸那样容易丢失。

采访本上要注明日期。本子用完后要保留一个时期，直到你确实认为不再需要它的时候为止。在写过一条消息很久以后你还想查对一下笔记，这种情况是可能出现的。

虽然笔记本有它的好处，但也不能一概而论。记笔记的方法可以因人而异，概括起来，不外乎以下几点：

一是方式多样，不能绝对化。一些著名的记者就不赞成记者采访时只顾埋头做笔记，他们采访时甚至可能不带笔记本，当场全凭脑子记，回来再追记。也有人主张只记要点，采访时不要用全部力量做笔记，反对刚同采访对象见面就掏出笔记本，从头记到尾——这就难说是采访了，倒像是一个录音机。像斯诺那样的大记者，既做笔记，又不全靠笔记，而是在交谈中观察对方，分析对方，认识对方，实际上是在用心记。所以，在采访对象看来，他当场并没有记多少，但写出来的内容却不少。这让采访对象印象更深刻。这更说明，采访时如何做笔记，的确有学问。诚然，现在的年轻记者采访，电视新闻上经常看到，各类记者招待会都是人人一台笔记本电脑，个个打字的速度极快，他们可能体会不到老前辈用纸或本子做笔记是一种什么感受。虽然形式不同了，方法改变了，但采访中如何做笔记的"学问"多半还是一样的。

二是因人而异，无法强求一致。经验丰富而记忆力又强的记者，采访时不用多记、不用时时记，就能把材料记住，写作时能凭记忆，顺手拈来，这自然是高手，有大记者的风范，自然不是一日之功。相反，如果自己缺乏采访经验而且记忆力比较差，自然更需依赖现场多记，否则到写作时可能采访内容记不全了，甚至会把所引用的内容弄错。这还会因采访对象的不同而异。比如采访普通群众时，发现有可能在写作时需要引用的原话以及会提到的数字、地名、人名、专用名词术语等，需要及时记下来，以防引用时发生差错。而采访对象谈到某些事情的过程和细节，以及没有什么对外报道新闻价值的题外话则不用有言必录。这便是"又记又不记"的方法。这样做的好处在于，记者可以集中精力边问边听边思索，还能有时间观察对方的举止表情，琢磨对方的心理活动，便于随时掌握采访的节奏，把握时间和分寸，使采访按照原来的计划步步深入。

三是要抓住要点进行记录。首先，采访对象在谈话时一般不会考虑到记者记录的速度问题，他们会按照习惯的语速来叙述。记录时要先记要点。有些采访对象语言表达能力比较强，也很有条理，往往会谈到第一、第二之类的话，一听到这些，记者就应该赶快在本子上记下来。这就抓住了谈话的要点。另外，新闻事件或感人故事发生的时间、地点、人物、过程，以及发生的原因和结局，也同样是需要记下的要点。所有采访对这些相关的细节一定要问清楚，特别是人名、地名，不仅要问音，而且要问字，避免出现音同字不同的差错。《怎样当好新闻记者》一书作者强调的是，要努力集中注意力，记下要点和引语，记下关键性的数字和片语。不要什么都记。采访时最好盯着对方。这样就能听得更好，并且更好地吸收对方谈话中有用的东西。记笔记时，字要写得大一些，行与行之间多留些空白；可以用自己琢磨出来的速记法或省略语。但过后，在还记忆犹新的时候把笔记过目一遍，把日后可能无法辨认的部分誊写清楚；如果在现场不记笔记，在与采访对象分手后，要赶快把记得的东西写下来。

四是用什么做笔记，不必强求一致。根据爱老的经验，采访时带什么做记录，也还是有不同的。他说，这里有一个如何保存笔记的问题。他通常是用活页纸做笔记。如果要将不同情况和内容记在不同的本子上，一次采访需要带好几个笔记本。他会觉得不方便，于是他只带一些活页纸。一是方便，他以前采访，有时要骑马。骑在马上记笔记，自然是活页纸比本子要好用。关键还在于，采访之后分类归档时，活页纸要比本子方便。二是用活页纸可能不太容易引起采访对象的注意甚至反感。好用的还有折叠纸。

五是如何提高速度，可以独创。记录必须是快速而有效的。怎样才能记得快呢？可以用缩写，能提高记录的速度。也可以用符号，这需要自己创造，还得记住自己独创的这些东西代表什么意思。这就需要自己建立一套系统。说起来容易，做起来就难了。但这是工作需要，只要有决心，那就不算难事了。还可用速记。速记是有规范的，要想在采访中使用，就得去学习。学会它，熟记它，使用它，也是一门学问。要掌握它，同样需要决心。记笔记时要用最简单的语言记录最有价值的信息。最好能心记、画记、录音记录和笔记多管齐下。记录时要分清段落，便于查阅和保存。心记，就是记者对采访对象现场访问时，将所见所闻的材料强记于心中。许多同行的经验是，强烈的动机和责任心有助于培养和加强心记的能力，能促进观察细致、注意力集中。注意力越集中，记忆力就越强。要求自己充分理解领会采访对象的意思，也可以增强记忆力。图像记录适于面对容易紧张的采访对象，或者拒绝记录的采访对象。所用图像包括图片、录像以及现场做的图画。比如，人物相貌特征的速写、事物位置的方位图、各种器物的草稿等。记录时要分清段落，便于查阅和保存。

六是不要过于依赖录音、录像设备。随着科学技术的进步和新闻传媒工作条件的改善，记者似乎已经不必单用笔记了。随身携带的各种录音、录像设备都可以取代用笔记录。一些重要事件、人物，特别是人物专访，常有录音记录。但是事实上，记者一旦过于依赖录音笔这样的设备，采访工作有可能会走入误区。实际上，以前的记者没有录音、录像设备，照样写出了许多引起社会强烈反响的优秀作品。这说明录音、录像设备只应该是记者做笔记的辅助工具。这些虽然能帮助记者更为全面地记录采访对象的谈话，但不能替代记者进行采访工作。笔录，这才是真正意义上的记录。笔录为整理采访对象的谈话要点奠定基础。在倾听采访对象谈话的过程中，记者有时候会突然迸发出写作思路的灵感，此时可以马上记录下来，以方便写作时按照此时的想法进行整理，从而使写作更顺畅。很多时候临时产生的想法与采访现场环境的刺激有关，或者一时受到采访对象谈话的启发，如果不及时用笔记下，在采访后有可能被遗忘。这就可以有效弥补录音、录像设备的不足。另外，记者采访强调观察的作用，采访时的观察所得自然需要通过笔录进行存储。这又是录音、录像设备不能替代的。可是，在同采访对象进行沟通时，记者常常无法详细记录对方的谈话内容。记者可以先记下采访对象谈话主题和要点，然后把记录工作交给录音设备，充分发挥录音设备的助手作用。

（四）笔记的后期整理

前面讲的，都是做笔记的第一个阶段。第二阶段是采访以后对笔记进行整理。

在这方面，爱老的做法特别值得学习。采访完成之后，他会将活页纸或折叠纸记的笔记订起来，编上页码，加上一个封面，以防止散落。动笔写作之前，他会把笔记从头到尾看一遍，把要点画出来。在温习笔记的过程中，他脑子里可能就拟就了初稿，有时还会发现可以用作导语的内容。他说，这时也可能发现笔记中有不完整之处。如果已经离开采访现场，而且遗漏的是稿件中非用不可的材料，那就必须另想办法填补空白。在这一阶段，他通过自己的思考，将记下来的东西进行加工，找出重点，画上线，写上眉批，这些内容可能就是稿件的内容了。谈到画线，爱老说："我是画得很具体、很明确的，不是含含糊糊的。我用红笔画得很重。这样，无论什么时候用——一个小时后、六个月后或几年后要用，立刻就能找到要点。"

爱老的笔记整理既科学又实用。他的笔记都按内容归类，加了标题，编成章节，这便成了一本本的"书"，以后查阅起来就更方便了。比如，他把关于教育的放在一起，把有关工业的放在一起，等等。这是为了方便他以后写书。他认为，即使不写书，这样做也有利于储存资料，便于使用。爱老特别介绍他在之前三次赴西藏采访后是如何整理笔记的。1979年他在社科院新闻研究所讲课时说：

自从1955年、1965年和1976年三次访问西藏后，我有了许多本笔记了。因为要很快分辨出哪本是什么内容，我就在书脊上涂上不同的颜色，1955年是红的，1965年是白的，1976年紫色的。我用的标题有：新人物、简况、访问记等等。每个笔记合订本还有目录和索引。做这些工作不会需要很多时间，但能使你在以后节约大量时间。如果不这样做，我也许要花一天或更多的时间去找某个材料，而我现在几分钟就找到了。

记者采访时，不论用什么方式，总会记下或得到大量资料，有些可能就是选出来供写稿时用的。但是，如果这些材料没有经过整理，没有按爱老上面说的那样组织起来，一定是分散和杂乱无章的，从某种意义上说，这样的笔记还是"死"的。

那么怎样才能让分散和杂乱无章的笔记"活"起来呢？一种是前面讲的活页纸，优点就是可以按照一个个题目编排。如果需要，还可一页页分开，重新进行组合编排。这就是使用活页纸的方便之处。如果是一个个笔记本，要这样做的话，就要多花不少工夫。比如，一页页撕下来，或者将里面的内容按不同的题目用一张张纸重新抄写或打字。

孙元恺在《怎样采访新闻》一书中也提到了这个问题。现将他的这段论述照录如下：

采访时对现场无论是详记还是略记，事后都应该及时进行整理和归类或补记，这样不仅便于当时写稿时使用，还可作为资料储存起来，成为将来报道有关的人物、事情或问题的背景材料。现在不少记者往往忽视这一项工作，使采访的记录形成了"狗熊掰玉米，掰一个扔一个"。这里所指的情况是：采访完了，写完了稿子，便把采访记录当成再也没有用处的材料而扔掉了；即使不扔掉采访本，保留下的原始记录，一般也是杂乱无章的，经过若干年月仍然成为一堆废纸，无法再使用了。但是，中外许多经验丰富的记者却不这样轻率地对待自己的采访记录，而是把它看成记者生涯中日积月累的一笔"财富"。关键的问题是，要把日常采访的原始记录变成"财富"，必须肯下功夫及时进行整理，包括做补记、追记等工作。请看英国名记者马克斯维尔整理采访记录的情况。那是1974年8月的一天，马克斯维尔到湖南省七里营公社采访，同时有我国的近20名记者也在那里采访。当时，马克斯维尔冒着酷暑天气访问一个上午，吃完午饭立即整理采访记录。可是我们的记者吃完饭后却去乘凉或睡午觉了。据我方陪同人员说，马克斯维尔当晚回到新乡宾馆，晚饭后第一件事也是整理当天采访的笔记。从马克斯维尔及时整理采访记录这一点可以看出，当记者要勤奋，要刻苦。没有这种精神，即使及时整理采访记录不是什么难办的事，却也不易做到。笔者在30多年的记者生活中，对此感触颇深。

对采访记录及时进行整理，包括追记、补记，这只是完成了积累资料工作的第一步。要把它变成使用方便的一笔"财富"，还必须在整理的基础上进行科学的分类归档。对采访记录分类归档，一般有两种做法：一是把采访本按时间顺序编在一起，从头到尾写上页码，再做上目录表，然后在每本的封面上注明从何年何月何日到何年何月何日，还可把记录的主要内容列出标题写在首页。二是把采访记录按专题分类再合订起来。比如可分为典型人物、典型单位、综合情况等，又可按问题分类。要采取这种分类归档的做法，在采访记录时最好用活页，在整理时才便于分类合订。

像这里提到的那位英国记者一样，采访之后尽快整理笔记，是非常重要的。这是因为人对自己经历过的事情，过后都会有所遗忘。譬如，尽管笔记中都是记者自己写的，但因记得匆忙，加上记忆不深，时间一久，恐怕有些字句连自己也难以辨认。这里说的还是记者已经写下的笔记，采访中尚有许多靠心记的材料，若不及时回忆形成文字，事后整理的难度肯定更大。因此，记者应当自觉地在采访活动告一段落时，迅速将所得材料，其中既包括笔记材料，也包括心记材料，一并编码、归类。因为此时的遗忘现象尚未产生，记者对所记材料容易产生回忆。否则，一过记忆上的这个"黄金"时间，遗忘现象便会产生，继而以较快速度、较大幅度衰变，待到此时，记者即使用几倍的努力去恢复已经遗忘的内容，恐怕也难以奏效，差错也将伴随而至。千万不要自以为绝对不会忘记。一定要趁早动手，越快越好。成功的采访十分宝贵，容不得耽搁；干这一行，快如风，不误功。

怎样整理笔记，并无定法，大致可分为以下几个步骤：

1. 通读笔记。一边回忆整个采访过程，一边纠正、修订难以清晰辨认的笔记内容；随之将没有来得及记下而只是记在心里的内容用文字形式插入笔记材料旁或其他空隙处，将所有文字和数据等统统整理好。

2. 通读初步整理的笔记材料，顺手标上页码，并在可能会用的材料旁画上自己熟悉的标记。

3. 根据确定的对外报道主题的需要，对材料进行分类，最好用不同颜色的笔,标出材料归入某个部分,以便选材和写作时能随时使用。

4.对笔记中有关的人名、地名、数字之类的关键材料专门进行认真核实。一是再找采访对象核实;二是向知情人核实;三是在有关联的文字资料中核实。

可见,整理采访笔记不仅仅是"剪剪贴贴"的问题,而是要下大功夫。如果能再将这门功夫与建立采访档案结合起来,比如,把自己经常采访的行业、部门、单位和人物的主要情况归档,日积月累,年复一年,对丰富自己的知识储备必将更有裨益。

第四章

合理选材是做好对外报道的必要准备

第四章 合理选材是做好对外报道的必要准备

第三章讲的是采访，按照对外报道采写工作顺序，现在要讨论的，应该是通过深入采访，占有了大量材料之后，该如何挑选那些准备用于写作的新闻事实，这就是选材。选材的过程，就是对已占有的新闻素材再认识、再鉴别，从而确定取舍及其使用的过程。主要分为四个方面：一是选材的要求，二是选材的范围，三是选材的标准，四是选材的方法。

一、选材的要求

到了选材这个阶段，会发现原来积累的材料，有的有用，有的没有用，或者有的用处大，有的用处小。筛选依据就是看其是否符合对外报道的要求。原则应当是少而精。大文学家茅盾在《谈如何收集材料》一文中写下过这样的话：

选用材料的时候，要像关卡的税吏似的百般挑剔。整整一卡车的"货"，全要翻过身来，硬的要敲一敲，软的要扪一把，薄而成片的，还得对着阳光照了又照——一句话，用尽心力，总想找个把柄，便扣下来，不让过关。

对外报道的选材，目的同这样的税吏自然不同，但要求应当是一样的，就是一个"严"字。要按照对外报道的总要求，最大限度地体现新闻价值，必须把反映事物本质或人物特征的主要材料抓住，这样才能揭示不同新闻事实的内在特性，有助于准确、鲜明、深刻地表现对外报道的主题，而且重精不重多。在采访时，素材越多越好，以便留有选择余地。准备写作时则相反，取材要少

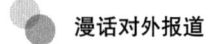

而精，要选用最能说清问题的典型材料。

沈苏儒先生谈到对外报道的选材要为国外受众着想时，则用准备招待外宾的筵席来加以比喻。他说：

了解国外受众的特点就像是摸清外宾的口味，订出报道计划或选题计划就如定下菜单。接下来就是具体制作。不论是组稿、采访还是利用已有材料，在坐下来写作时总须经过两个主要步骤，一是选择和组织材料，相当于选菜配菜；二是遣词造句、走笔行文，相当于烹调。如果这一系列工作都做得很成功，那么这篇对外报道就会受到国外受众的欢迎，就如外宾对一桌合他们口味的筵席赞不绝口。

那么，如何"选菜配菜"，也就是如何选择和组织材料呢？

（一）要符合党和国家的政策

我们都知道，1978年我们党制定了改革开放的新政策，第二年中国新闻界召开了首次全国新闻工作座谈会，对新闻工作的重心转移和思想统一提出了指导性意见。从此，新闻界开始将实事求是的思想和价值观念进一步落实到新闻理论和实践中。

中国特色社会主义进入新时代之后，对外宣传已经成了全民的一件大事，各行各业都参与其中。各对外宣传机构当然要在全民外宣新格局中发挥组织者、协调者和引领者的作用。这自然是一个新的重大课题。

国家的需要，就是我们的使命。我们搞对外宣传，就是要大力宣传国家的方针政策、建设成就，树立中国的正确形象；就是要增进世界各国人民对中国的了解，传递中国人民对世界各国人民的友好感情，为我国的改革开放和发展创造良好国际环境。

选材是写好对外报道的必要准备，甚至是关键一环。所以，我们进行采访和选材的时候，一定要把党对外宣的要求牢牢记在心中，并且努力遵照执行。这是选材各项要求中最重要的一条。

为了说明问题，我想回顾赵启正在担任国务院新闻办主任时是如何根据国家的需要，应对美国一些反华政客破坏中美关系的一出闹剧的。那是1999年5月间，以考克斯为代表的一伙人经过半年的精心策划，炮制了一份冗长的所谓调查报告，把中国自力更生、独立自主发展起来的国防尖端技术和关系到国民经济发展的重大科学技术都污蔑为从美国"窃取"或非法"获得"的。赵启正奋起严肃批驳，为此专门召开了两次记者招待会。他的两次发言都不长，但对如何批驳那些毫无根据的指责，经过了周密思考，没有空洞说辞，除了事实还是事实。比如他说：

《考克斯报告》还把调研公开资料和进行国际学术交流这种正常的学术活动，说成是"窃取"美国技术情报，这是十分可笑的。它所采取的方法是先认定中国有"窃取"行为，然后主观臆造、东拼西凑甚至蓄意捏造。我顺便在这里告诉大家一个事实，《考克斯报告》提到的激光模拟核爆炸，本来依据的是中国科学家王淦昌先生1964年提出的惯性约束核聚变思想，中国从来没有说其他国家使用这一思想是窃取。

寥寥数语，就把考克斯一伙人的阴谋揭了个底朝天。想必在场的记者们听了会很自然地点头称道或者报以会心微笑。当时到会采访的新华社记者黄燕在后来点评他的讲话时说：

他总能巧妙地向记者提供一些我方希望传达的信息，却不至于引起记者的"反感"。这一点听起来有点不可思议，但若跟海外记者接触多了，就会深有感触。跟国内的有所不同，海外记者和读者不愿听说教，更喜欢自己得出结

179

论。说得形象些，跟他们打交道需"疏导"而非"堵截"。从这一点上讲，赵启正可谓对外宣传方面的"大禹"。

说赵启正的讲话表明了国家立场，代表了国家利益，不是因为他口头上直接这样宣示，而是用事实，主要是用中国如何发展科技事业的事实。就如黄燕点评所说："通过简要介绍中国航天事业的发展状况，赵启正再次用事实说话，并借用《报告》的逻辑推理方式，推出《报告》明显站不住脚的结论，以此证明《报告》的荒谬，这样批驳它对中国的无端指责当然令人信服，而且有效得多。"

在赵启正领衔发起的中方强有力的攻势之下，《考克斯报告》最终自取其辱，考克斯本人也因其而蒙羞。当年年底，美国《时代》周刊把《纽约时报》等炒作《考克斯报告》列为全美十大丑闻之一。

像这样的做法和结果，才真正是国家立场的正确表达，才最好地服务了国家利益。

（二）要有针对性

所谓针对，就是对准。外宣讲究针对性，就是要针对国外受众对象的兴趣、爱好、理解和接受能力等。有针对性的材料才有对外报道的新闻价值。如何做到有针对性？一种最好的办法，就是拉近同受众的距离，选材时要为我们的宣传对象着想，一是考虑他们想知道什么，二是考虑他们能不能接受甚至喜欢。比如，涉及国际上共同关心的或对象国人民特别关心的问题，具有中国特色而其价值又能为外国受众所赏识或感兴趣的问题，这样的材料肯定有针对性，会受到外国受众的喜欢。20世纪50年代初，苏联著名记者、作家爱伦堡在上海对新闻界发表演说时，有人问他，怎样才能写好文章？他说，你像给情人写情书一样，千方百计去打动她的心。这个比喻十分形象地说明了针对性在对外报道中是多么重要。

业内公认的对外宣传大专家爱泼斯坦在1981年回答新华社对外部记者提出

的问题时谈到针对性，曾有段十分精辟的论述。他说：

不同政治倾向和不同民族的人，其看问题的立场、观点和方法也各有不同。但一般说来，他们所感兴趣的问题都是同他们自己的问题相关联的。因此，我们每发出一条新闻和评论，一定要与国外的读者社会生活搭上点边。否则不如不发。

这是爱老将自己的实践上升为理论时做出的论述。时隔40多年，爱老的话仍然值得我们认真领会。

赵启正也同样给了我们许多启示。他的《面向21世纪的中国人》一文，特别值得对外报道工作者仔细研读。这是他1999年9月2日在巴黎联合国教科文组织总部的报告。报告的对象中有很多法国人。他是怎样做的呢？请看他报告的头一段：

理解一个人不容易，理解一个民族就更难。颇受中国人尊敬的戴高乐将军曾说过，人与人之间的距离比地球和月亮的距离还大（Going to the moon isn't very far. The greatest distance we have to cover is still between us.），但我希望世界上不同国家、不同民族，能够克服地理上和文化上的距离，走得更近，走得更亲密。

这样一个开头，特别是引用了戴高乐将军的话，一下子就把同听众的距离拉近了。紧接着他又说：

最先使欧洲人了解到中国的真实存在的，是意大利旅行家马可·波罗，他描述富足、强盛、美丽的东方古国的游记，引起了无数欧洲人的向往和好奇。

到了18、19世纪，法国形成了"中国热"。19世纪法国著名作家戈蒂耶有一首诗就叫《中国热》……

这就把距离进一步拉近了。这篇报告的结尾，也很容易让在座的500多人欣赏：

"全球化"无疑会加强世界各地人与人之间的相互依存。我确信人类文化的相互影响是有益的，不同文化的互补是主要的，而它们的冲突是次要的。面对21世纪，中国人愿意在人类的进步中与全世界携手前进。中国人期待着与法国人、欧洲人进一步开展更加卓有成效的合作。

下面我想再通过一个例子，来说明怎样更好地把握我们的对象想知道什么，同时又要努力让他们能理解和接受。

1992年的一件大事是邓小平发表南方谈话。一时间，新华社发表的这则新闻被国内外媒体广泛关注。外文局的对外期刊自然也不例外，但是相较于对内报道，处理上有很大不同。

其不同，首先是在选材方面。同一件大新闻，对外和对内报道区别在哪里？我们从中可以得出什么样的启发呢？

国内各大媒体，不论是电视广播还是报纸杂志，大都原文照发了新华社的稿件：《东方风来满眼春——邓小平同志在深圳纪实》。大家都知道或看过这一报道，写得非常好，当然非常重要。具体内容可以查找资料。我想与大家分享和讨论的是，这样一篇文章为什么没有照搬过来，在中国外文局的对外刊物《北京周报》上发表？

面对新华社那样一篇重要文章，《北京周报》的领导可以一字不改，全文照发。但他们出于对外宣传的责任感和对外报道的原则，没有这样做。他们认为，报道刊发后，国外读者最关心的是，邓小平一路上说了些什么，他说的那些话对中国的改革开放会产生什么样的影响。但在新华社的长文中，邓小平一路上讲的话记下的很少。文中更多的文字，是用来描绘他的行程，讲述途中群众的热烈反应。从对外报道的角度来看，这些东西就太虚了，特别是那些情绪化的描写，外国读者不见得能够接受，能够理解和喜欢。因此，《北京周报》的领导根据中央文件的精神，请编辑另外写了一篇，着重讲的是邓小平说了些什么。

我想用这个例子说明，对外报道和对内宣传在选材的要求上应当有不同。因为对象不同。对象不同，是内外有别的重要依据。

对外报道的对象是外国人、港澳台同胞、海外侨胞和华人。而这实际上是一个非常笼统的概念，因为国家、种族、民族、政治制度、宗教信仰、文化水平等差异，决定了对象也是千差万别的。

这种不同，很大程度上是因为文化的差异。段连城在他的《对外传播学初探》一书中，有过经典论述：

最根本的"内外有别"是文化差别。西方广泛使用的"文化"一词，一般是指一个社会通行的风俗习惯、生活方式、行为规范、审美情趣、价值观念、思想意识等。

风俗习惯、生活方式、行为规范属于浅层文化差别。在有些情况下，在对外传播中需要稍作解释；在有些情况下需要注意回避。这类内外有别不难做到。

价值观念、审美情趣、思想意识等则属于较深层的文化差别，需要对受众的文化背景长期深入了解，才能"知其然也知其所以然"。

曾在《今日中国》先后担任改稿专家和执行编辑的一位美国友人说过：

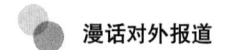

"从我自己的经验来说,我知道我们那种急性子、任性和毫不隐讳的言行常常得罪中国朋友——几乎在同样程度上,中国朋友那种慢条斯理、繁文缛节和捉摸不透的兜圈子,常常弄得我们火冒三丈。"这番话极为形象而生动地说明了两种文化的不同。

其次是基于一般外国人对中国的了解少之又少。曾派驻我国一年的一位英国记者这样评论一般英国人对中国的了解:"对一般的伦敦人提起中国,回答往往同吃有关。伦敦多家餐馆里都有中国菜,这是大多数英国人同这个全世界人口最多国家的唯一接触。"

所以,从事对外报道的新闻工作者在考虑选材的时候,一定要有这样的意识:我们的对象是外国人,他们与我们有着不同的文化背景,对中国的了解很少。英国友人格林先生甚至曾这样建议:"从事对外宣传的每一个作者、翻译和编辑,都应该在他的写字台上放一个标语牌,上面写上:外国人不是中国人。"

有了这样的受众意识,时刻想着我们从事对外报道面对的是外国人,向他们宣传中国,要根据他们的需要,要考虑他们的阅读习惯和接受能力,不能像有的外国读者批评的那样:"你想说的都说了,我想知道的却都没说。"

需要补充说明的是,当今时代是传统媒体和新兴媒体深度融合发展的时代,新媒体传播业务得到优先发展的机会。媒体官方账号、垂直账号、驻外机构账号、个人账号互补联动的海外社交平台网络矩阵就是这样产生的。在这种形势下要打造外宣精品,就要适应移动化、碎片化、图像化、视频化的传播趋势和受众习惯,提升重大主题外宣的针对性。这对传统媒体和新兴媒体都是重大机遇和挑战。

但是,无论什么时候,无论对外宣传的形式有哪些变化和创新,都离不开爱泼斯坦说过的那句话:"做好对外宣传要多为读者着想。"

(三)要服从主题

写文章要主题先行,道理不难理解。新闻构思的核心问题在于对主题的确定和提炼，主题在新闻作品中起主导作用。选材自然要围绕主题，说明主题。当然，反过来又可以说，主题又是在采访中占有了大量材料，再从材料中提炼出来的。不论孰先孰后，只要有了主题，选材就应当为表现主题服务。也就是说，所选材料要看能不能表现主题、突出主题。能表现主题或能烘托主题的材料，要抓住不放，写进文稿当中。而与主题无关，无论看起来多么生动、形象、有趣，也得割爱。有同行说，要从严选用能够说明主题的材料，与主题无关或关系不大的材料则应一概舍弃，也是同样的道理。

发表于《中国建设》1980年第7期的《中国：自行车的王国》这篇文章，是沈苏儒先生带领三位年轻记者联合采访后写成的。沈老曾这样介绍这篇文章的选材写作过程，说明他们是如何按照服从主题思想的原则来选材的：

当时就有这么个概念，究竟报道什么也不很清楚。我们几个人就分工采访，从车间生产到政府管理，轻工业部、天津自行车厂、公安局交通处、西城（公安）分局、西单、岗亭、存车处都去了，还去了几户农村家庭，看看一户究竟有多少自行车。还把自行车杂技表演、骑自行车旅游世界的中国人等材料统统都收集到了。在采访过程中不断思考和商讨，最后把主题思想明确就在一个"多"字上做文章，因为西方骑自行车是体育运动，或少年儿童的把戏，而中国则把自行车作为主要交通工具，有的外国人来到中国看到那么多自行车吓得不敢过马路。所以北京自行车之多是外国人印象最深刻的，也是最能吸引他们兴趣的，就围绕这主题写：究竟多到什么程度，怎样多起来的，车多产生了什么问题，又说明了什么。归结起来就是通过自行车之多宣传我们的经济发展和人民生活提高，采访到的材料根据这个主题思想来筛选、剪裁。

写事件选材要紧扣主题，写人物也不例外。通常情况下，写人物专访，都要用精练的文字勾勒出他的性格和特点。这当然是从采访所得中选择出来的材料，可能是穿着，可能是表情，也可能是言论，或者是肢体语言。不仅是对外报道，对内报道要刻画人物性格，这也是必须的。

爱泼斯坦有一篇长文，题为《宋庆龄是"保盟"的"心脏"和"灵魂"》，1989年8月发表于《中国福利会会史资料》第2期。文中写的是1938年宋庆龄创建保卫中国同盟以后的事，那时他与宋庆龄天天一起工作，所以对她有着全面的观察和了解。他想用他的所见所闻再现宋庆龄的勇敢、有原则、宽宏、热情、民主、勤奋、节俭和正直无比，每一点都用充分的材料说明。来看文中表现宋庆龄的民主，他用了哪些材料：

人们愿意帮助她的原因之一是由于她的非常民主的作风。在社交或工作的接触中，宋庆龄使不同社会地位和不同年龄的人都感到他们都是平等的，在保卫中国同盟的工作中，她从不叫别人做自己不愿做的事，她的信大部分都由她自己书写或打字，她坚持当天答复来信，不管是谁写来的信。当装运物资需要分类和重新包装时，她和来帮助的人一道到仓库工作。收到每一笔捐款，不论数目大小，她都亲自在收据上签字……开会时，她总是让别人先发言，并鼓励每个人讲话，对他们的合理建议她马上采纳，她的意见总是在人们都发言后才说。

毋庸多言，爱老就这么简短的一段话，就令人对宋庆龄的民主作风大为感动并牢记心中。这很能体现对外报道选材的真谛。

大家都知道，爱泼斯坦除了写过大量文章介绍中国的革命和建设之外，还有多部专著。1990年12月13日，他在中国外文局对外报道研修班上，曾以他的第一本书《人民之战》为例，讲过他选材时是怎样想着读者的：

我的第一本书《人民之战》于1939年出版，当时日本侵略中国，世界舆论同情中国，因为中国是日本打击的目标。很多人想：也许中国很快就会被日本占领；也许中国无法反击日本；也许中国人独自不能作战；也许一切全完了。当时，我想使人们建立对中国人民的信心。那时我已经报道战况两年了。我看到很多，也知道八路军和中国共产党所做的一切。我知道有足够的理由证明中国能胜，但需要时间。我有很多话要说。但要用事实而不能用宣言来说。一部分要用历史来说明，另一部分要用当前的事实。这就是第一本书写作时的情况：当时的读者对象同情中国，但对中国能否取得胜利没有信心。

说到他写的《从鸦片战争到解放》一书，他也讲了同样的选材方法。他说：

同样地，要用事实而不是争论。换句话说，我想说明中国革命是正义的，是必然的。我使用了大量的外国资料，也用了不少中国材料。因为从许多这种有些是朋友、有些是敌人的著述中的材料，可以得到很多事实。我谈我写的书，不是说我对当时的历史有什么新发现或新研究，而是因为这些都是对外宣传，都是为外国读者而写中国的书。

说到1983年出版的《西藏的转变》这本书，他又这样说：

我是企图说明西藏从封建农奴制到民主改革的伟大进程，以及社会主义改革的开始。在写作过程中，我读了许多有关西藏的旧书。这是为了从旧文献中证明西藏的历史和过去帝国主义对西藏的态度等等。我的写作来源有：一是大量采访。我采访过数以百计的人，且绝大部分是藏族。写书前，三次去西藏，每次隔十年，采访工作百分之九十是在西藏进行的。其次是中外文资料。我可以从中得到一些事实。对帝国主义分子和敌对分子写的东西，我加以分析批判地利用，但有些是他们自己明写着而不需我另加批判的东西，它起着反面教员的作用，无须我多说些什么。

爱老说道："你写书必需有一种根据事实产生的观点，而且试图用事实说明这种观点。"他说的观点，就是主题思想。

我个人的一个例子，多少也能说明问题。那是一篇人物专访，写的对象是中华台北奥委会主席张丰绪。那是1992年大陆首批记者赴台采访期间的事。张丰绪当年在台湾体育界享有很高的声誉，写他有好多内容可供选择，就看要想表达一种什么主题了。我当然是想通过他的口多说说两岸体育交流的进展情况，包括他对此有什么见解和建树。因为这个选题是我提的，所谈当然很多，但最后行文时我只选了与两岸体育交流有关的材料，其他与主题无关或关系不大的也就舍弃掉了。因为我知道，选材的基本要求之一，是服从表达主题思想的需要。

在这方面，我们还可向古人学习。比如司马迁写的《史记》里，精彩的描写不胜枚举。如《商君列传》开篇，写商鞅在魏国时做魏相公叔座的幕僚，公叔座年老病重，便向国君魏惠王推荐商鞅接自己的班。魏惠王当时没有表态，公叔座就说："鞅有奇才——大王若不想任用他，就该把他杀掉，千万别让别国所用！"过后，公叔座又把自己与魏惠王的谈话内容告诉商鞅，并劝说商鞅赶快离开魏国，以防不测。商鞅听后只是一笑，说："既然大王没有听信您的话来任用我，又怎么可能听信您的话来杀害我呢？"后来的事证明商鞅的话是正确的。——就这一句话，把商鞅的聪明、智慧和胆识写了出来，同时也表现了他的自信和自负。另一个例子是《张仪列传》的开篇，写他学成纵横之术后要去楚国游说，结果被怀疑为小偷而遭到毒打。他的妻子对他说："你要不是因为读书游说，怎么会受到这般侮辱？"张仪问妻子："你看我的舌头还在嘴里吗？"妻子笑了，说："舌头当然还在。"张仪也笑了："只要我还有这条舌头，足矣！足矣！"就这几句话，张仪作为纵横家和亡命徒的那副嘴脸便跃然纸上了。

二、选材的范围

这里讲的选材范围，指的是选择那些适合于对外报道的事实或新闻素材。

新闻要用事实说话，这是新闻的根本大法。我们熟知的埃德加·斯诺曾说：采访就是寻找事实。

但是，新闻用事实说话，并不是有闻必录，也不是他想知道什么就写什么，他喜欢什么就写什么，而是要有所选择。这就是常说的两个原则的统一，一是"以我为主"，二是"有的放矢"。

从事新闻工作，无论对内还是对外，首先要遵从我们的指导思想和党的方针政策，从我们的立场出发，为我们的目的服务，进行深入采访，进行细致的调研，广泛占有材料。

接下来就是进行去伪存真、去粗取精、由表及里、由此及彼的消化和吸收的过程。在这个基础上，才能决定选用哪些材料，写成自己的文章。

经过深入细致的采访或调查研究，占有材料之后，应当选取什么样的材料进行对外报道的写作呢？这就涉及选材的范围了。简而言之，这个范围，就是要有对外报道的针对性，要有对外报道的新闻价值。

新闻价值，是一件事实的作用和意义的总和。

对我们而言，通常的做法，可能是首先看这件事实有无新闻价值，然后再考虑有无对外报道的新闻价值。

（一）关于全国性题材

从广义来说，凡是中国情况，中国的方方面面，对外国读者都有新闻价值，都有针对性。具体来说，可以概括为四大类：

1.说明中国政府的内外政策、国家发展、建设规划及实施情况；

2. 中国人民的实际生活和社会建设；

3. 中国的基本知识，如历史、文化、地理、民俗风情、风景名胜、人文古迹等；

4. 中国的对外政策，包括各种友好往来、双边关系，以及中国对某些国际问题的看法和主张，包括中国智慧、中国方案等。

此外，中国的珍闻趣事、游艺活动、幽默故事等，也可能成为对外报道的辅助性材料。

实际上，外国人对中国感兴趣的东西是十分广泛的，可以说，各行各业、上上下下，遍地都有中国故事。

下面还是举例来说吧。

1976年发生的唐山大地震，引起了全世界的关注，关于震后的恢复和建设就有对外报道的新闻价值。《中国建设》1980年第10期发表过爱泼斯坦的文章——《世界上最强烈地震发生以后》。为便于外国读者理解这次大地震之强烈，爱老开宗明义使用了他们熟悉的材料："世界历史上大城市毁灭性的地震有1755年的里斯本地震，1906年的旧金山地震，以及1923年的东京地震。而当代最强地震要算1976年的唐山地震，这次地震造成的灾难尤为严重。"说到灾难如何之严重，爱老用语不多，只说"这个整整建设了一个世纪的城市在23秒的震荡中变成了一片废墟……唐山被从地面上一下子铲除了。许多外国报纸预言唐山再也不会有了，即使重建至少也需要20年。有些人把唐山比作被火山淹没的意大利古城庞贝或其他已经消失了的城市。"爱老自然不这样看，他的看法是通过亲眼所见的事实告诉读者的。他选的材料，基本上都是用来说明地震发生之后的唐山是什么样子，人们正在做些什么。他在前面提到，震后全市没有了一座完整的住宅，所以他专门写了这样一段文字：

重建唐山初期，根据实际情况和计划，首先强调恢复生产。所以直到现在，很多人依旧住在临时的简易房子里。自1978年冬开始，重点转移到建设住宅方面。新的住宅楼如雨后春笋在新的马路两边出现，如林的起重机转动长臂把预制水泥板一块块吊起安装，起重机和新楼房被蓝天衬托，一派繁荣景象。住宅建设也像恢复工业生产一样得到了各地的援助。当前是唐山所在的河北省的其他城市帮助建设，各地来的工人达10万（三分之一是妇女）。随他们而来的大型机械设备有2000套。他们将在重建工程结束后回去。正在从事建设的唐山人民已有不少搬进了新居，预计到1982年所有人都将搬进新住宅。按当前每天组装140个单元层的进度计算，这个目标是能实现的。

爱老采访和写作都是非常用心的。这也表现在他的选材上。有了上面一段，已经能说明住宅建设的情况了，但爱老在后面又专门写了一段，以说明新住宅的建设不但数量得到保证，质量上也有相应的高要求：

唐山的新建筑要求严格符合防震标准。一般建筑要能承受里氏8级地震，公共建筑要能承受9级。正建设中的居民住宅多数为5层楼房，每套有厨房、厕所、管道煤气、壁橱、阳台等设施。过去的楼房一般为砖墙水泥结构，在地震中墙向外倒，楼房成了折起的手风琴状。新的楼房采用钢骨水泥框架结构。有些设计还吸收了南斯拉夫、日本等经常发生地震国家的经验。

同样是报道唐山震后重建，《中国报道》1981年曾发表过时任编辑部主任卢传标的文章——《唐山震后五年》。那是一组跟踪报道中的一篇。这组报道文章共三篇，分别写于震后一年、五年和十年。作者说：

为什么要搞这一组连续报道呢？还是从读者的反应说起吧。……这场灾难世所罕见，世所瞩目。消息发表后，读者即纷纷来信表示对死难者的同情，希望了解更多的情况。这期间外电外报也不断有关于唐山的种种议论和猜测。……所有这些都告诉我们，世界上不少人，包括我们的读者都关心唐山，但他们不了解实情，渴望看到我们的介绍。对于幸灾乐祸者则需要我们用事实回答他们。正是基于这些分析、研究，我们认为，应该把这个重大历史事件报道充分，让读者都了解它，并通过它了解中国。

以上是确定这个选题的初心，也是写作前选材的出发点。基于帮助读者了解震后唐山的想法，卢传标动笔写震后五年那一篇时，把选材定在这几个方面："建筑工地巡视"——从震后清理废墟、设计资料等准备工作开始，到他五年后看到的成片住宅的建成和各种设施的重现，以及正在进行的施工现场场景；"两家人"——通过一个五口之家和一个六口之家震后生活的变化，着重反映唐山人震后表现出的坚定、沉着、乐观、自信的精神面貌；"瘫痪者之家"——选材主要是政府为地震致残者而做的工作，为他们建起了23所疗养院，所有疗养院都为他们提供全面的生活服务。他们在这里得到很好的照顾，许多在震中失去配偶的人又找到新的伴侣。应当说，作者选取的都是唐山震后恢复当中有代表性的几个方面，而且注意用事实说话，看不到任何粉饰，也没有什么空话；写建设进展时还引用数据说明，还有半数的家庭当时还没有新住房，部分厂矿等环境污染还依然严重，新建区的居民也有些自己生活上的麻烦等。这样选材，说明作者深谙对外报道的要求。

举一个我个人的例子，说明在选题确定以后如何把握选材。算不上多么成功，只是想从另一个方面说明选材的范围广泛，选取材料要用心。

我曾两次参加全国政协会议的采访。一次是在1988年，当时召开的是全国七届政协一次会议。政协是中国人民爱国统一战线的组织，是中国共产党领导的多党合作和政治协商的重要机构，国内群众都已经知道，所以在国内用不着过多介绍。但对外就不同。一般外国人总喜欢用他们的议会制度来看中国的政协，总是弄不明白政治协商会议这个中国特有的政治体制是怎么回事。我的任务就是在这方面为他们解疑释惑。那些天，我到会的时间和次数都比较多，一是听会，二是约谈，三是取材料。然后我确定了一个主题，再考虑是我自己写还是约请有代表性的人物来写。从效果着想，还是用第二种办法为好。于是，我利用大会方便采访的机会，从民主党派和无党派人士中选了几个有特点的人物，加上一名台湾记者，同他们面谈，确定每个人写什么内容，最后搞成了一次笔谈，每个人都从不同角度来说明中国的政协是干什么的，政协怎样在中国政治和社会生活中发挥作用。民盟中央的冯梯云谈的是中国怎样实施多党合作、协商民主；台盟中央的林盛中谈的是他怎样参政议政；香港知名人士徐四民谈的是在会议中怎样敢讲真话，做中国共产党的诤友；无党派人士李铁铮谈的是中国政治协商中取得的进步、存在的问题和对未来的希望；台湾记者周幼非谈的是自己怎样认识了政协这个"很有价值的机构"。我为这次笔谈设计的总标题是《他们眼中的政协》。

又一次采访"两会"则是1991年召开的七届政协四次会议。关于多党合作、协商民主，在国内有许多文章从不同的角度来加以阐述，但对外，如果政治性、说理性太强、太深奥的大块文章，显然不太符合外国人的认识和接受能力。除非是外国人中占极少数的"中国通"。我想，像政协这样的问题，如果需要对外国人进行介绍，可能需要通过具体的人和事来说明多党合作是怎么回事，这种政治制度是怎样形成的，又是怎样运作的。所以，这次我利用听取大会发言和新闻发布会获得的材料，加上个别采访后获得的材料进行选材，写成了一篇通讯，题目是《政协工作更加活跃了》。在会议期间，我得到了一条很有价值的信息，就是著名书法家启功先生关于参政的几句话："孔夫子说，把自己的见解告诉当政者，供当政人用，等于参政。但他的见解一点儿也没被采纳。我们现在比孔夫子强多了。我们直接参政，而且从各种渠道提出自己的建议和意见，合理的被采纳。这是很值得高兴和欣慰的。"我选用启功先生这段话为开头是因为外国读者能理解，能喜欢，能吸引他们看下去。我在文章中选用的材料，无论人和事，都印证了启功先生的话。文章所选用的材料，很多是在对内报道中没有关注到的。"政协工作更加活跃了"这个标题，也是文章的主题思想的浓缩。这是从大量材料中提炼出来的。全文分为"积极参加民主协商""为经济工作服务""有职有权，尽职尽责"三个部分，每个部分都使用了能说明问题的材料。拙作发表后获得了当年的"全国政协好新闻奖"。

通常说，对外和对台宣传，所遵循的原则是相同的。我所在单位承担着对外宣传的任务，同时也被认为是一个对台宣传阵地。在几年当中，《中国建设》杂志中文版，是全国各地对台宣传干部特别关注的一本刊物。按照内部分工，我侧重于对台报道。

1981年有件大事，就是台湾飞行员黄植诚驾机归来。他到全国多地参观时，我是少数几个陪同采访的记者之一。当时，大陆许多媒体对他做了充分报道。他到各地参观，在对内报道中，主要是介绍他对祖国大陆的建设和发展成就的赞扬或感想。我则从对台宣传的需要出发，选了一些不大为其他记者注意的材料，如回广西老家和亲人团聚，上坟祭祖，还有对一些问题的批评和建议等。我的想法是，台湾同胞肯定会更重视有人情味的故事。不但有文字报道，还有图片，效果不错。请看记录他回到家乡的那部分内容：

黄植诚在各地参观了许多农村。他有一个总的印象，这些农村都比较富裕，近几年变化很大，完全不像在台湾听到的那样。现在，他要回到广西壮族自治区横县的盆象村，即他的故乡参观访问了。陪同人员说："和那些地方比起来，横县可差多了，那里还很穷。"他说："穷并不可怕。穷困是可以改变的！"

汽车开进了他的家乡。他看到自己的亲人，高兴极了。他和四伯母、八姑丈、五姑母亲切交谈，从早谈到深夜，好像还有说不完的话。当时正值深秋，晚稻还没有收割，甘蔗还长在地里。第二天，黄植诚在田埂上走着，这美丽的田园风光他总也看不够。如果不是水太凉,他真想脱掉鞋子,挽起裤脚,跳进水田抓田螺。他说小时候经常和二哥一起下水摸鱼捉蟹,其乐无穷。

当然,他确实看到,他的家乡现在还比较穷,乡亲们的生活还不富裕。不用说电视机,就是电灯,也才用上不太长时间。他对专门来陪他的县长说:"家乡的自然条件非常好,有山、有水,真是山清水秀。现在全国农村都在发生变化,我相信横县也会变,由穷变富。"

黄植诚在家乡与亲人团聚了三天,仍恋恋不舍。他对亲人们说:"我要走了,但横县永远留在我的心里。希望你们经常给我写信,把家乡的情况告诉我。"

(二)关于地方性题材

著名的老新闻工作者朱穆之担任中央对外宣传领导小组组长时,曾专门去全国对外开放的前沿地带福建省的厦门、泉州、福州等地了解对外宣传工作情况,就当地的外宣工作提出了很多指导性意见。他强调,我们要把门打得更开一点,把开放的步伐迈得更大一些,路子更宽一些。无论在考察三资企业,还是在听取各地市汇报,他都仔细询问,了解海外人士、投资者的反映,他们关心什么,担心什么,有什么疑虑,有什么意见。他要求加强这方面的调查研究,针对海外人士的疑虑,做好对外宣传工作。关于宣传什么,他在厦门这样说:

这里有好多东西是值得宣传的。海外不是老讲我们的办事效率低,法制不健全,手续烦琐吗?当然,我们有这方面的问题,要不断地改善,但是厦门不也是在被认为这也不行、那也不行的情况下发展起来的吗?而且发展得不慢。这是事实,是最有说服力的。厦门的"三德兴",来的时候实际资产才十几万美元,这几年发展到800多万美元。这说明在这里投资是赚钱的。"厦华"开发了这么多新产品,有竞争力,不简单。"三德兴"是独资企业,用的是我们的人，中层以下的都是我们的青年人，这说明这里的人才条件不错。要用事实说话，要注意宣传我们的优势。厦门特区已经办了10年，积累了不少经验，要很好地回顾一下，加以总结。海沧台商投资区是个很有发展前途的地方，今后要办那么多、那么大的工厂，要来那么多的人，现在是刚刚起步，要吸取特区对外宣传的经验和教训，少走弯路。要总结一下，哪些东西海外人士感兴趣，容易接受；哪些东西海外人士不感兴趣，或不容易接受。哪些稿件宣传的效果好，哪些差。

要研究如何做好华侨、华人二三代人的工作。要研究一下，用什么方法，宣传些什么东西最能吸引他们？一是要讲我们改革开放的现实，让他们了解我们的进步与发展；二是要讲中华民族的历史和地理。我们国家的历史是很值得骄傲的，要让他们了解自己的祖先是伟大的，使他们产生光荣感。还要讲地理，讲家乡的环境、风貌，讲先辈们居住的地方，使他们产生亲切感，这样就会使他们萌发一种民族的认同感和凝聚力。

朱穆之的这些话是30多年前讲的。现在重温这位老领导的话，仍有现实意义。他的这番话很能启发我们以更加开阔的眼界来选择适于对外宣传的地方性题材。

对外报道，确实需要很多着眼于全国性的题材。但地方题材也不能缺少，地方上的许多素材也都有对外报道的新闻价值。地方的对外报道，是全国对外宣传的一个有机组成部分。好的地方题材同样有利于树立中国的良好形象。事实上，包括"国字头"的各大对外媒体都采用大量的地方题材。

在我们的眼里，可以有全国性题材和地方性题材的区别，但是到了外国人眼里，来自中国任何一个地区的新闻，都被视为中国新闻，都是中国形象的组成部分。

对此，赵启正曾指出：

第四章　合理选材是做好对外报道的必要准备

外国人总是通过与中国一些地方、一些部门的交往，通过与一些中国人士的交往或者阅读中国的一些外文报纸杂志来认识中国的。中国各地执行的都是统一的中央政策，都是在建设有中国特色的社会主义，所以不论通过中国哪个地方，认识的都是同一个中国。

那么，什么样的地方题材更适合对外报道呢？我还在《中国建设》当记者的时候，与地方联系非常广泛。常有外地的同志问起，你们的杂志需要什么样题材的稿件？想从我的回答中得到某些信息和启示，然后策划选题和采写，为我们供稿。我说，从某种意义上讲，没有不可以写的东西，题材广泛得很，就看你怎么选材，怎么写稿了。

原则上说，中央和地方对外报道的内容，都涉及政治、经济、文化、社会等各个方面。比如经济类，可以举出好多地方性题材，都可以用以表现我国的发展和变化，宣传地方形象。在这方面可以做的文章太多了。问题在于，选取什么样的材料，才有利于国家利益，才有对外或对台的针对性，才能让受众感兴趣，进而能够让他们理解和接受。比如，写某地正在建设的一项大工程，对外报道可以介绍它的规模、效益，也可以写施工的组织领导和经验，还有建设中出现的英雄模范等。但这些都适合对外吗？如果侧重写人，写建设者的生活和精神面貌，穿插讲一些生动感人的故事，或许我们的宣传对象读起来更觉得有兴味。

我曾于1991年参加过在江苏省苏州市举行的对外经济报道研讨会，在会上以《浅论地方题材在对外对台经济报道中的新闻价值》为题做了发言。核心内容是说，许多事实发生在地方，即所谓地方性题材，但具有全国性意义，对树立社会主义中国的良好形象，对介绍中国的政策，对宣传社会主义制度的优越性，也能起到某种作用，于是有了对外报道的全国性新闻价值。因此，地方题材在对外经济报道中不是可有可无的，而是必不可少的部分。况且，如果选材得当、结构精妙、写作生动，这类地方题材经济报道很可能比那些冠以《中国的……》标题的大块文章，来得更充实、更活泼、更具体、更感人、所以说，选用地方题材，同样可以写出好文章。问题在于，作者能不能发掘选用具有全国性新闻价值的地方题材。地方性题材是丰富多彩的，在对外经济报道中发掘地方性题材的领域是非常广阔的。在各地从事对外宣传的同志，在对外经济报道方面是可以大有作为的，完全用不着为题材的地方局限性而担心。

那么怎样做才好呢？笼统地说，这里有一个认识的过程，需要对所占有的材料认真分析和取舍。具体说，还是一些老生常谈的话，如着眼于针对性。

选取地方题材，要放到全国的大背景之下来权衡，不能就地方而地方。否则，就站得不够高，文章的立意也会受到限制。我的老领导张彦曾于《中国建设》1986年第10期发表《"蜀道难"新解》。这里的大背景，一是历史上的，唐代大诗人李白的名句"蜀道之难，难于上青天"道出古时中国内陆腹地四川省的交通落后状况。另一大背景是新中国成立后四川省交通建设的发展情况——这反映了全国性的一大进步，同时四川省又同全国一样，交通不畅仍然是一大问题——发展中的问题。作者写道：

改革开放以后，四川省的交通却又成了问题：火车超载、公路拥挤、船票难买。这都是改革开放以来由于经济搞活、市场繁荣、生活改善而出现的新问题。在四川的交通已经发生翻天覆地的变化之后，这里仍然感到行路难，于是很自然地提出了改善交通这样一个尖锐问题。

由于作者把今日的"蜀道难"放到全国改革开放这样一个大背景之下来写，四川一个省的交通问题这个地方题材便有了突出的全国性新闻价值。作者最后写道：

第四章　合理选材是做好对外报道的必要准备

在四川旅行常有一种矛盾心情：到处见到繁荣兴旺，确实喜人，但一想到行路之难，却又恼人。这时候，我对政府反复强调要增加对交通建设的投资，似乎才真正有所领悟。

中国外文局主管的刊物《对外传播》经常刊登文章，交流地方题材对外报道的做法和经验。2020年第11期就有多篇这类文章，其中之一是青岛市人民政府新闻办写的《打造高端节会外宣平台，讲好城市发展故事》。文章说，2019年以来，在青岛举办的各类重要会议、论坛、展览、节会共有150余场次。高端节会期间，全球各界人士聚集青岛，围绕各行业各领域展示行业成就，研讨发展合作。趁此之机，他们主动作为、贴心周到做好媒体服务，周密部署、精心筹划对外宣传专题，拓展渠道、努力扩大对外宣传影响力，取得了很好的成效。他们认为："地方城市发展故事，是中国故事的具体案例和呈现载体。"文中写道：

为抓住高端节会契机做好城市外宣工作，青岛市全力整合外宣资源，讲述山东故事，积极传播青岛声音，宣传节奏紧凑密集，宣传声势高潮迭起，有力服务了国家总体战略，有效传播了中国故事，广泛提升了青岛市在国际社会的知名度和美誉度，为中国故事、青岛声音在海外传播营造了浓厚热烈的舆论氛围。

关于怎样发挥地方题材在我国对外宣传中的作用，老领导段连城特别强调的是要突出特色。他说，对外宣传中国，需要突出中国特色的社会主义建设，突出中国特有的文化遗产等，否则没有吸引力。一个开放地区要吸引外商和外国游客，也必须突出"人无我在，人有我优"的特点。他还举例说，徽州同志的思想是突出以黄山为代表的天然（而非人工雕琢）景观和当地保存相当完好的大批明清建筑，以吸引外国旅游者。青岛同志突出以轻纺为主的工业城市、通向全球的外贸港口、避暑疗养胜地、海洋科研基地。烟台条件极好，不仅风光秀丽，而且物阜民丰。论气候，凉而不潮。论旅游，有"蓬莱仙境"那样堪称一流的名胜古迹。他举这些例子是启发各地同志既要突出特点又要抓住重点。以山东为例，有人建议，重点应抓"青烟孔泰"，即青岛、烟台、曲阜和泰山。是重点就要着重建设，着重宣传，应高标准、严要求。重点在先，就会带动其他。

我是山东人，很自然地时常关注家乡的对外宣传，特别是家乡怎样开发对外报道资源。在一篇小文中我曾写过这样一段话："把旅游事业与发展经济紧密结合起来，是中国实行改革开放政策之后的事。而发展旅游的手段如此之多，更是前所未有。单就山东而言，就有潍坊市的风筝节、烟台市的葡萄酒节、济宁市的荷花节、济南市的艺术节、淄博市的元宵灯会；其他如峄县的石榴、曹州的牡丹、青岛的啤酒等，也成了各地吸引游客的资源优势。这正好应了中国的一句俗话：靠山吃山，靠水吃水。"所有这些旅游资源都可以转化为外宣资源。比如泰山。

泰山是中国第一名山，同时也属于世界，是我国最早被联合国教科文组织列为世界遗产（自然）目录的景点。泰安市紧靠泰山，1988年我去采访泰安市举办的第二届全国暨国际登山活动时，市长对我说："泰安市虽有其他特点，但都属一般，别人也有。唯有泰山，是我们独有的，他人所不能比拟的。我们举办这一活动，主要目的是发展经济。我们的口号是：发展登山活动，繁荣泰安经济。"就是受这段话的启发，我拟就我那篇短文的标题——《泰山为媒》，意思是以举办登山活动为平台，吸引外面的财力、物力和人才。我采访中了解到的情况是，在登山活动期间，有吸引游客的大型民间艺术表演和仿宋代帝王封禅仪式表演，有泰山书画、盆景、根雕艺术展览，还有地方戏剧山东梆子大奖赛等。这就是一些人常说的"文化搭台"。与此同时，还有"经贸唱戏",又推出泰安市的名、优、特产品展销,还有全国应用技术及人才交流交易会、劳务输出和家庭佣工业务洽谈、金融市场和引进外资业务洽谈。我选取这样一些材料,说明以泰山为媒,泰安市加强了对外部世界的了解和友谊,更增进了外部世界对泰安市的了解和友谊,促进了改革和开放,所以对外经济发展出现了新的局面。但是,正如时任市长所言:"不能急功近利,急于求成。有个培养感情和增进了解的过程。泰山是我们与各国人民及台港澳同胞联系的纽带,友谊的桥梁。"

我国有五大文化名山,这就是五岳。东岳泰山为五岳之首。已经全球闻名的少林寺所在的嵩山为中岳。少林文化在我国的对外宣传中发挥了非常好的作用,可以说是对外传播中华文化的典范。《对外传播》杂志2020年第8期发表的高金萍、康恭濡、关绍峰合著的《从中国功夫到禅宗文化:少林文化对外传播现象研究》一文,对此做了翔实的回顾和独到的剖析。他们是将少林文化放在五千年中国文化与世界其他文明交融汇聚这样一个大背景之下来看少林文化的:"少林文化是指以禅宗文化为内核,以中华武术为形象符号,中华武术与中国化佛教文明交融的少林寺文化。近40年来,少林寺从一个寂寂无名的地方庙宇成为名动天下的寺院,它以少林文化为品牌,带动形成了武术教育培训与旅游商演等一体化产业,极大拉动了所在地的旅游经济,增进了当地民众的生活福祉。"但是,少林文化发挥的作用远非惠及当地。因为"由少林寺到少林文化,从中国功夫到禅宗文化,是少林寺的国际传播凸显了少林文化的中国特色,反过来又彰显了中华文化的独特魅力。"少林文化走出国门,传播健康的生活理念并开展各类文化交流。作者说:"通常少林寺会针对当地文化的特点,遴选出共同认可、易于接受、便于交流的活动形式,在传播慈悲济世、和合共生、包容互鉴、和谐成帮的思想理念的同时,也教授功夫(少林易筋经、八段锦)、书法、绘画、中医疗法、针灸按摩等。这些富有中国传统文化元素的内容,在欧洲各国得到广泛接受和好评。"迄今为止,少林寺已在全球26个

漫话对外报道

国家和城市建立了200多个少林文化中心，将把中华传统优秀文化和东方智慧带给更多的海外民众，让他们从中获益。作者还认为，少林文化的发展与传播既有适逢盛世的历史机遇，也得益于少林寺僧众住持善用各种传播手段的有识之举，更重要的是抓住了文化传播的核心要素——突出人类共同价值、追求文化认同。

少林文化的对外传播经验，对各地挖掘对外文化传播资源会有很大启发，无论在选材范围上还是在对外报道的做法上，都值得借鉴。

如同少林文化一样，我们国家还有许多这样的文化资源在对外报道方面具有全国意义。如甘肃的敦煌文化、安徽的徽州文化，许多地方的茶文化、酒文化、书院文化，还有改革开放之后出现的浙江义乌小商品文化，等等，在国际上都有重要影响。但同时也有大量的地方文化还在沉睡，等待我们去发掘和传播。这些自然都在对外报道的选材范围之内，有待中央和地方从事对外报道的工作人员去努力。

段连城也谈到过地方文化资源的利用问题。地方文化都是中华文化的组成部分。现在特别强调在对外报道中努力传播中华文化。有一次，他应邀去江西讲课，培训班就开在三清山下。那是一座堪与黄山和庐山媲美的地方。讲课之余，他与学员们一起欣赏了一场茶艺表演。八名仪表端庄、娉婷玉立的姑娘，按照从婺源发掘出来的方式烹茶敬茶，再现"以茶立德、以茶陶情、以茶会友、以茶敬客"的古风。又配以古朴的背景和典雅的音乐，使人得到一次中华文化美的享受。他说："这是对外宣传的一个有益的尝试。"我想，只要我们从国家需要和外国读者需求出发，用脑用心，努力发掘，很多地方都可以广开思路，扩大选材范围，为国家的对外宣传做出自己贡献。

当然，在选材和行文的过程中，要牢记对外报道选材的要求和原则。写一个地区的文化建设，对内往往注重的是精神文明、开展健康的群众性文娱活动等。对外报道，不能只见物不见人，不能缺少生活情趣，也不能没有知识性和人情味，否则就不太符合外国读者的口味了。为此，选材也要考虑到针对性的问题了。

我从老前辈们那里学习到，对外报道处理地方题材，要注意三个方面：

一是目的要明确：要为宣传中国而宣传地方，尽量为地方题材赋予全国意义。

二是特点要突出：要选那些独具特色，最好是别的地方没有的材料。段连城指出，抓住了地方特色，就抓住了地方外宣的纲。这是地方外宣的关键所在。不是还有人说，有民族性才有世界性吗？我想套用这句话说：越是有地方特色，就越有全国意义。

三是领域要开阔：尽量发掘出具有对外报道新闻价值的地方题材。

有了这样的观念，看一件事是否具有对外报道的新闻价值，就要从全国的背景上来加以考察和权衡。那些既具有鲜明的地方特色，又在全国范围内某一方面具有一定的典型性和代表性的事实，肯定具有对外报道的新闻价值。

《对外传播》杂志2020年第7期介绍的"熊猫之声"成都（国际）童声音乐合唱周的举办和对外报道，又是一个成功案例：

近年来，成都加快推进世界文化名城建设、打造"音乐之都"国际城市品牌。2017年，"熊猫之声"成都（国际）童声合唱周应运而生。三年来，先后邀请法国、俄罗斯、日本等10余个国家的知名童声合唱团体的指挥及团员560人次，来到成都奉献高水平演出近20场次。该活动依托"熊猫故乡"成都独特文化，汇聚中外小使者，通过音乐这一世界通用语言，用童真牵手，以音乐对话，传递天府城市之美，实现心灵相通，呈现丰厚积淀的中华文化。该活动已成为成都国际传播和城市形象建设的新生力量。

像这样的活动，自然成为当地对外报道的好题材。

好的地方题材不仅可以对外宣传当地形象，有时候还可用来回应外部质疑、引导国际舆论。《对外传播》2020年第6期就以中国易地搬迁脱贫攻坚的对外报道，说明地方题材的作用。

完成这一对外报道的，是新华社对外部记者吕秋平。他用英文写的文章题为《易地搬迁村民将贫困留在"悬崖村"》。文章写的是一个村84户贫困户易地扶贫搬迁的故事，此举解决了他们的安置问题，说这是四川省易地搬迁的一个好样本。本来是好事一桩，却引来外媒的一些质疑，如搬迁是否出于自愿、是否加重了经济负担等，还担心中国脱贫目标能否如期实现。作者采写本文以前就了解了国外这种舆论动向，因而更好地选择适当的材料，巧妙予以回应：

当地政府花费100万元（约14.1万美元）建造了一条2.8公里长的钢梯，用6000多根钢条打造。随后，无人机开始被用来投递邮件，5G网络也覆盖了整个村庄。基础设施的改善吸引了游客的到访。2019年该村接待了10万名旅客。村民们靠经营小卖部，为游客提供食宿、出售蜂蜜和橘子等农产品，收入近100万元。在最近开展的脱贫验收预估中，84户贫困户的人均收入超过6000元，远高于脱贫标准。这意味着，他们将告别"贫困户"的称谓。

尽管收入大幅提高，交通问题依旧是个"死穴"。村民们发现，搬家才是解决交通问题的唯一办法。在政府的资助下，某色达体仅花了1万元就搬进一套三居室公寓。政府还提供了大部分家具。他的女儿也有了自己的卧室。……

昭觉县城边的集中安置点，超市、小广场、学校、篮球场等设施一应俱全。当地还发展农产品加工等产业，解决安置居民的就业问题。

中国最高经济规划机构国家发展和改革委员会今年3月表示，过去4年，中国已将930万贫困农村人口迁移到更适宜居住的地区，其中920万人搬迁后实现脱贫。西南财经大学副教授伍骏骞说，易地搬迁政策有助于欠发达地区缩小与富裕地区的差距，使村民们充分地享受经济发展带来的好处。

地方是西方认识中国道路、中国经验、中国理念，增进对中国的理解和认同的一扇窗口。江苏是我国的经济大省和文化大省，在高质量发展中走在全国的前列。在向西方社会讲好江苏故事方面，这个省也有许多好经验。2021年第2期《对外传播》发表江苏省外事办公室孔铮的文章，以江苏省为例，谈"媒体融合时代如何讲好地方故事"，一些深入思考颇能予人以启发。特将其中一段"故事讲什么？"摘录如下：

地方国际形象的树立根植于国际交往中的民心相通。民心相通的心理基础不在高大上的意识形态宣传，而在人与人生活的沟通、联通、融通。因此，应该讲述的是以人的生活为叙事主轴的日常生活文化，通过传达民众的喜怒哀乐、心理波澜，不着痕迹传递文化价值理念和城市精神。李子柒自制中华传统美食的短视频，用具体、细节、生动、鲜活的生活语言传递生活之美，被全球网民追捧。日本纪录片导演竹内亮拍摄的《南京战疫现场》和《好久不见，武汉》两部短片，以普通人的视角展现了疫情下的城市实景，在中日两国引发热议。这些成功的案例启发我们在江苏故事的素材搜集上应关注受众的需求，挖掘人类共同文化价值追求，关注共同情感因素。同时也要围绕与海外民众生活相关的基础性民生问题，使用具有形象性、亲和力、个性化、接地气的流行话语，力求在朴实无华中体现人性的真善美，从而拉近与海外民众的心理距离，增进相互理解和友好情谊，最终让江苏的国际形象走进海外民众的心里。

同样的例子不用再举太多，就可以说明地方题材在中国对外报道中的作用。像这样的题材，各地都可以大力发掘，都能写出更多、更好的对外报道。

如果再具体梳理一下，适于对外报道的地方题材，可有以下几类：

1. 在全国有重大影响的事件。 在地方上举行的重要国际会议或重大对外

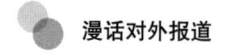

交流活动，像广西的民运会、内蒙古的那达慕、山东的潍坊国际风筝会、杭州的国际茶文化展示会、河南少林寺的武术节等，虽然都是由地方举办的，或者在地方举行的，但其意义影响都是全国性的。还有，在某地的全国重点工程建设、大型国有企业，或者本地区重大经济建设成就、科学技术的突破性进展等，都有全国背景，具有全国影响，自然都具有对外报道的新闻价值。

2. **在全国有典型意义的人和事**。像各个特区的开办和发展、各地重大外资引进项目、对当地出身科学家的重奖等，都是有全国意义的大事。

3. **唯我独有的事物**。比如，北京的老四合院、少数民族地区的竹楼、西双版纳的泼水节、四川的大熊猫、陕西的兵马俑、成都的都江堰，还有少数民族地区的体育项目等，都属于这一类事物，都具有对外报道的新闻价值。

4. **具有知识性和趣味性的题材**。如一些地方的考古发现，东北虎、中华鲟等各种珍稀动物的保护和人工繁殖，能反映我国社会风貌或者能给人以启迪的知识或趣闻逸事都属于这一类。

5. **与中国人民生活相关的社会新闻**。如恋爱、婚姻、家庭、民俗风情等。实行改革开放以后大批农民进城务工，进而引出的一些社会现象，也可能是外国读者所关心的。还有，随着社会风气的变化，青年的择偶标准也在改变；随着经济发展，居民收入水平的提高，以前连想也不敢想的轿车进入寻常百姓家，这些也都是可以发掘的题材。

6. **与国外有密切联系的人和事**。如各地越来越多的对外交流、不断引进的外来投资、与某国某城建立友好城市关系等。

三、选材的标准

无论全国性题材还是地方题材，可选择的范围是十分广泛的。但在选材时还需要遵循一定的标准。主要讲两条。

（一）读者欢迎列第一

我认为，最核心的一点就是要为读者着想，看是否受读者欢迎和喜爱。

比如，国内发生的许多大事、要事，都有对外报道的新闻价值，都可能成为对外报道的重大题材，写出来发表之后就能成为重大新闻。我这里说"可能……"，是因为题材虽然十分重要，是一条大新闻，但如果对外的针对性不强，则不一定受到国外读者的欢迎和接受。

比如，有一天，去段连城家里，他拿出《上海一日》大型画册，倍加赞赏，并且特别指出其中有在美国领事馆前排队等候赴美签证的一张照片说："显然，这样的照片比起某位领导人到上海视察，在国外读者眼中更有新闻价值。当然，我并不是一概否认一些重大政治事件的对外新闻价值，只是主张当报道中国政治事件的时候，选材不要照搬对内的做法，不要空而大的文件、长串的名单，不要通篇充满政治术语。"

选择能让外国读者感兴趣或者能接受的材料，这是标准之一。其二要看是不是我们党和国家需要让外国人还有台港澳同胞了解的事情。如有关国家发展的重大决议、政策，国家建设的重大成就，重点工程的建设情况，科技战线的重大成果，等等。这类新闻十分重要，各大媒体都将其作为重点向外推出。当然，因为是对外或者对台，与国内的新闻报道在选材上有差别，所以也要把握针对性的问题。

（二）以小见大是高手

一些国内读者可能不注意的"小材料"，如国人的衣食住行等各类凡人小事，我们司空见惯，可能不以为意，看不到其中有多大新闻价值，可是外国人或台港澳同胞则不同，他们恰恰很喜欢这一类的报道。

爱泼斯坦在给我们讲课时谈到如何了解外国读者：

许多同志往往说我们没去过外国又不懂这个或那个国家的文字，不知道外

漫话对外报道

国读者是谁。这也对，因此你应该了解某些外国情况。一般说来，你应该知道如何去接近他们。从另一方面说，如果你在国外，或是你在别人的眼里，你自己也是外国人。你对外国要了解些什么？你对外国要了解的往往是一些比较具体的问题。

这段话的意思很清楚。对外报道，并非都是什么大事，也有凡人小事，也就是我们的日常生活。这方面，《人民中国》的"北京一角"的做法堪称典范。沈兴大的《谈谈〈人民中国〉基本表现手法》这篇长文，其中一点就是"从生活入手，以小见大"。有些小题目，说的全是日常生活琐事，其实每篇着力表现的却是整个国家的新生活、新风尚，同样具有全国意义。文中举例说明的《街道储蓄所》所选的材料，便是从生活入手，具体的人、具体的事，确为高手之作。文章开头是这样写的："从老舍的小说《骆驼祥子》中提到的北京西直门，穿过无轨电车来来往往的宽阔马路向东步行十来分钟，就可以在路右边看见一座窗户特别大的平房。房子门口挂着一块招牌，上面写着是中国人民银行北京市西城区新街口西大街储蓄所几个大字。"作者笔锋一转，说在解放前一般市民与银行无缘，当时与他们缘分最深的恐怕算是当铺了。但是现在，街道储蓄所已经遍设全市。接下来的几段分别是："同一般商店的门户装置""大多数家庭都在存款""可以放心地让孩子去办理储蓄手续""脚踏实地为别人管理钱包"。在文章结尾，作者这样写道："储蓄所作为人民的'钱包'、国家建设的金库，将会日复一日地不断地工作下去，出入储蓄所大门的心情舒畅的市民将会逐渐增加。我走出西大街储蓄所，觉得夕阳西下的西直门显得异常美丽。"

《人民中国》从1964年元月号至1966年6月号，"北京一角"每期一篇，共刊载了30篇文章。只要看看他们精心设计的标题就知道，这些文章写的多是凡人小事。如《门框胡同小吃店》《自行车存放处》《修理铺》《洗染店》

《小酒店》《油盐店》《文具店》《拾物招领处》《儿童用品商店》《换房服务店》等,说的都是与北京人日常生活相关的服务业,但每篇着力表现的还是我们的新社会、新生活、新风尚,更是普通中国人的新风尚。后来,他们又陆续刊出了《一个居民大院的悲与欢》《北京城墙下一条胡同里的故事》等,表面上看,写的都是一些普通人的生活和命运,实际反映的却是中国新时期、新政策带给人们的新生活。这些报道都深受日本读者的欢迎,因为从中看到的是中国人民生活水平的日益提高。但是,这不是作者写出来的,而是读者从中感受到的。这正是对外报道应当追求的目标。

多从写人、写生活的角度出发,选择一些材料,写出我们的读者对象喜欢看的报道,其实也是加强针对性的题中应有之义。对外报道更重视写人、写生活,正是与对内报道相区别的特点之一。这是因为一般国外读者、听众或观众对人比对事更关心,对生活比对事业更感兴趣。不但对普通人,对我们国家的领导人的生活,他们更感兴趣。

我们敬爱的周总理对《中国建设》格外关心,多次指示、题词。为创刊五周年的题词是这样说的:"以社会主义建设为范围,以生活为内容。"这是《中国建设》一直遵循的编辑方针,也是对外报道工作中一条十分重要的指导原则。这里特别讲一下"以生活为内容"。

这一刊物历年中非常重视这一点,不但组织采写和约写过大量关于各方面人物生活情况的稿件,还特地刊登过以普通北京人一天生活为内容的系列报道。当年这组报道的参与者和责任编辑之一张景明后来回忆道,这是为了更好地反映中国普通人的日常生活,向读者展现一幅真实、生动的生活画面,是由社领导和总编室人员集体策划的,从1986年第一期起,连续发表了四组文章。

第一组是"北京人一天的开始",反映凌晨4点到7点多上班前一些普通人的生活情景。其中有早班的电台编辑,有挤车去单位的女工,有早早起床做风味早点的餐馆师傅,有急着把新鲜蔬菜运进城的农民,还有早早在街头值勤的交警和一位老人在公园里健身。他们都以平凡的事例,以亲切、朴实的语言讲述自己工作和生活中的欢乐和忧愁,综合在一起便是一组生动感人的"北京晨曲"。这组文章刊发后,很快便收到许多表示称赞的读者来信。这些来信有的来自欧美国家,也有的来自第三世界的读者。这说明,普通人的生活内容具有普遍的吸引力,是各国读者兴趣的共同点。

第二组文章的总题目是"普通人的一天"。这一组文章说的是他们白天的工作情况。写邮递员的是《车轮连着千家万户》,在通信还不发达的年代,他把人们正在盼着的一封封书信送到人们家里。写售货员的是《柜台内外》,从早到晚,面对的是应接不暇的顾客。还有一篇,写的是一个居委会怎样为了辖区内各家的孩子们着想而做的实事。每篇都是极普通但又感人的故事。

第三组的总题目是"下班以后",反映下班后各家晚上的业余生活。其中一篇写的是一位家长怎样把在托儿所的孩子接回家。大家知道,许多当了爸爸或妈妈的职工,下班后的第一件事就是接孩子回家。另一篇写一个职工下班后怎样准备晚餐。还有一篇说的是一个小学教员的周末生活。

第四组的大标题是"北京的午夜",是几位记者采写的普通人午夜发生的故事。一篇反映的是午夜接生员的辛苦和产妇的喜悦;一篇说的是公交司机如何忙着把下夜班的职工送回家;再下一篇写的是交警队长为维护交通秩序而出没于夜色之中的情况。

这四组报道从不同角度表现了普通人的精神风貌和生活中的甘与苦,让外面的读者看到的是这些普通的北京人是怎样工作和生活的,深受他们欢迎,因为这正是他们想知道的。那些活生生的情景,他们能理解,就像发生在他们身边一样。张景明还清楚地记得,这组文章的最后一篇是《退休以后》,由副总编辑沈苏儒执笔。他说:"一是沈老有着半个多世纪丰富的人生阅历;二是他善良、诚恳、勤奋,有着中国长者的风范;三是以沈老的声望,由他为这组文章收笔最为圆满。"果然,沈老的文章饱含深情,生动感人,为整组文章画上了一个圆满的句号。

《中国建设》在这方面取得的成功告诉我们，在对外报道中，要特别重视写人、写生活，要从人的角度、生活的角度来选材。这样做就能让我们的报道贴近国外受众的心，引起他们的阅读兴趣，并产生共鸣。这当然有利于达成我们对外报道的目的：增进与各国人民的了解和友谊。在刊出那四组文章两年以后，《中国建设》又推出了一个充满生活气息的专栏"人生之旅"系列，分10个专题，讲述了24个普通人的故事，反映了他们从出生、童年到上学、青年、中年直到老年的不同人生经历。说的都是凡人小事，却都饱含着人生的欢乐与艰辛，从中折射出中国的改革开放给普通人的家庭生活、思想情感、人际关系带来的变化。

时任《今日中国》总编室主任的邓树林，在《对外大传播》（现《对外传播》）1996年第4期发表文章，专谈这本刊物的对外宣传针对性。文中也谈到了上面这些成功之举。他写道：

这个系列报道通篇没有谈什么政治，而是反映中国普通人的生活，但这样做已经具有政治的内容，其对外宣传的针对性是相当鲜明的。这个系列刊出后，收到大量读者的来信。根据读者的要求，我们还汇编出版了单行本。

社领导张彦在题为《中国的魅力与杂志的性格》的文章中，是这样评价这一成功经验的：

（改革开放后）近几年来，杂志经常出现反映普通中国人生活的生动报道，读者普遍表示赞赏。从这个成功的经验，我们可以悟出众多读者的一般心态。对他们最能起作用的，是看得见、摸得着的具体事实，是常常能引起共鸣的人与人之间的无价情义，是反映老百姓的真实生活。这样一种富有感染力的

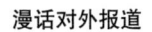

文章，在我们这样一本刊物上，绝非可有可无，而应该占有重要地位，尽可能每期都有，主题和写法还应该不断翻新。

四、选材的方法

前面讲标准、范围和要求，着墨较多。实际上，这当中已经提到了方法，或者从所举的例子中已经可以看出选材应当使用什么方法。所以，如果再详细去讲，难免会出现重复，既浪费笔墨，也浪费读者的时间。所以我想下面还是简单讲为好。

怎样讲呢？就是按照前面讲过的对外报道选材的标准、范围和要求去做，方法自然就在里面了。那就是16字箴言：去粗取精、去伪存真、由多而少、由少而精。其实，无论对内还是对外报道，选材的方法都不外乎这16个字，只不过对外报道更需要这样做。如果能在前面提到的标准、范围和要求指导下去做，这16个字的方法便有了对外报道选材方法的特殊之处了。

（一）多中选精

关于选材的方法，沈苏儒老先生曾讲过一个观点："采访所得的材料有'一桶水'，实际写出来的是'一碗水'。一切成功的采访报道大概都是如此。"这就一语道出了对外报道选材方法的精髓：多中选精。

为了帮助大家理解这种方法，还是用事实说话，看一些成功的例子。

担任过国务院新闻办主任的赵启正并非从事对外报道的专业人员，但他对我国对外宣传的贡献又非我等专业人员所能比拟。我想首先引用他2003年10月12日在美国空军博物馆"历史的记忆"展览开幕式上的致辞，来说明对外报道选材应当用什么方法才能取得理想的成效。那次展览，记载了60年前中美两国人民共同抗击侵略者的事迹。举办这样一次展览，是为了怀念在反法西斯战争中为援华而牺牲的美国飞行员和舍生忘死营救美国飞行员的中国老百姓。致辞不长，但内容丰富，可谓言简意赅，而且非常有针对性，找准了在座美国人的兴奋点，因而大受他们欢迎。他说：

在中国人民的抗日战争处于最艰难的时刻，成千的美国青年，响应罗斯福总统的号召，告别故乡，离开慈祥的父母和热恋的情人，自愿来到中国，参加战斗。

在这场战争中，陈纳德将军指挥的飞虎队先后击落日本飞机2000多架，击毙60000多名侵华日军。为运送武器和物资，美国空军开辟跨越世界屋脊喜马拉雅山的"驼峰航线"，由于山高路远，气候恶劣，当时中美共有600多架飞机失事，1500多名飞行员献出了宝贵的生命。

在这些展出的图片中，也有中国普通百姓冒死保护美国飞行员和美国飞行员为了避免伤害中国平民，放弃跳伞时机而选择自己牺牲的动人事迹。还有像陈纳德、约翰·帕布杰克与中国姑娘陈香梅、施正芳一见钟情，热烈相爱的故事。……

近几年，在中国西藏、云南、广西等地的皑皑雪山、莽莽密林中陆续发现了美国飞机的残骸，中国的老百姓在发现残骸的地方，自发地立了纪念碑。他们用中国的传统方式，像纪念自己的亲人一样，纪念这些为和平牺牲的年轻人。

像这样简单的介绍和描述，文字很短，但所引用的都是从大量历史资料和事实中选出的精华。

再看另一位公认的大专家是怎样选材的。

大家都知道，爱泼斯坦是宋庆龄生前指定的她的传记的唯一撰写人。他写的《宋庆龄——二十世纪的伟大女性》被认为是最权威的宋庆龄传记，1994年获得首届国家图书奖。这本书总计50万字，是从不计其数的各种资料中选出来、写进去的。由中国福利会编、中国出版集团东方出版中心出版的《爱泼斯坦与宋庆龄传记》一书，专门写了一节"资料的来源"，现将主要内容节录如下：

为写这本传记，他阅读的书有138种，其中外文书就有88种。还有大量中外报刊和数以千计的宋庆龄的亲笔信。仅翻阅他自己珍藏的信件就有200多封。他访问了许多相关人士，包括宋庆龄的亲属。

传记采纳的材料来源除国内包括港澳台以外，还有德国、日本、美国、俄罗斯、英国、印度等等。

在写了日本方面、美国方面提供的资料以后，书中又说：

在上海，宋庆龄亲自创办和领导的中国福利会，存有大量珍贵的历史档案。同时，一批1940年代就跟随宋庆龄工作的老同志依然在那里从事研究室的工作。当他们知道艾培（人们对爱泼斯坦的爱称）正在撰写宋庆龄传记后非常高兴，积极协助，帮着收集各种史料。在接受艾培采访时，他们也倾其所有，提供所需资料。

相较于沈老的比喻，那么可以说，爱老为写宋庆龄的传记而掌握的材料就是"一湾水"，写进书里的则只有"一桶水"。

（二）舍得割爱

关于选材方法，沈苏儒还有一种概括，就是必要时要忍痛割爱。他曾用这样的观点指导他人选材。一个例子是前面提到的那篇文章——《中国：自行车的王国》。他写道：

最有意思的是我们曾到天津自行车厂去跑了一整天，结果到最后只在文章中写了一句话。因为如果把生产放进去，文章就变成"大肚子"了，所以忍痛割爱。

再举我个人的一个例子。1987年6月，我同《中国建设》的两个同事一起赴澳门采访。

采访前，我很想先对这个地方有多一些的了解，但是，不但在中国外文局的图书馆里，就是在北京图书馆（后改名为国家图书馆）里，也没有找到一本介绍澳门的书。这让我大失所望，同时也激起我自己动手写一本，以填补这一空白的想法。于是，我到了澳门马不停蹄，充分利用时间，每天安排多次采访，又加上移居澳门的一位老同事带我们参观了不少地方，对澳门可以说有了比较全面的了解，也就是占有了相当广泛的材料。除了记在本上的，一周采访结束返京时背回了20多斤重的资料。我从中选了又选，主要写成了两篇专访，一篇写的是著名爱国人士马万祺，一篇写的是对澳门影响极大的中华总商会。此外我还写了澳门一个特殊阶层——"土生"，即出生在澳门的葡萄牙人后裔。他们也满怀信心地准备迎接1999年后的新生活。其他的材料都忍痛割爱了。但是也没有白白扔掉，而是整理成了一本书——《澳门面面观》。这本书有十几万字，而那三篇文章加起来也只有一万多字，那是其中的精华。

（三）选材"六忌"

本章前面讲的，都是对外报道应该选什么样的材料和怎样选材。相反，不应该怎样选材也有其法。参照《外宣参考》1991年第12期《外宣品制作"七忌"》讲到的各个方面，我概括和改写为"六忌"：

一忌"泛泛无特色"。不能像有些对外报道那样，从文字到画面，面面俱到，像一份综合性经验介绍材料，什么都不突出，让人看不出有什么特色。

二忌"浮夸不实在"。不要动辄"驰名中外""国际一流，誉满全球""流连忘返"，满篇豪言壮语，无实质性内容，广告味颇浓。

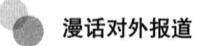

三忌"大而不精"。不要搞大杂烩,杂乱无章,主次不分,重点不明,条理不清。

四忌"宣传味浓"。不要居高临下夸夸其谈,进行灌输。更不要对国外受众进行说教,或强加于人。

五忌"针对性不强"。不要忘记外国人不是中国人,不要把他们对中国的了解估计过高,但也不要把他们估计过低。不能不看对象、不顾效果。

六忌"滥用惯用语和政治术语"。如果必须用,就要多做解释和说明。

第五章

构思结构是做好对外报道的重要环节

结构是文章的骨架，是为表现主题思想服务的布局。对外报道最好的结构，应达到的标准不外乎这四点：清晰——眉目清楚，条理分明；完整——首尾贯通，前后呼应；严谨——精细而周密，达到无懈可击；自然——顺理成章，行止自如。

一、构思结构的要求

1983年新华出版社曾出版过一本书，是美国内华达大学新闻学教授威廉·梅茨写的《新闻写作：从导语到结尾》。书中集中讲述的是新闻采访与写作的基本技巧，适用于从事报纸、杂志、广播、电视等各种新闻写作的人员。作者本人的意思是只讲采访和写作的技巧，但他又说：

新闻学是艺术与技巧的统一。艺术是对语言的感受，对世界上正在发生的事情的敏感，对事件意义大小的辨别能力，以及对事件具有一种能够抓住成千上万个陌生人的注意力的叙述能力。这些如果不是不可能，也是很难教授的；它们来自内在的冲动和才能，而不是由外界强加的。但是，新闻写作的技巧——如同任何其他技艺一样——却是可以由经验丰富的人传授给新参加新闻工作的人员。

这段话其实不难理解。为什么学新闻的人要学政治，就是因为政治能激发我们内在的一些东西，简单说就是对问题的认识和分析能力，让我们在采访和写作时能正确地从纷繁的材料中提炼出主题，能理顺问题的主次，能抓住问题的核心，还能有一个清晰的思路，帮助我们完成写作。这就不只是技巧，用上面这位专家的话来说，就是"艺术"了。

关于这种"艺术"，张惠仁在《新闻写作学》（中国人民大学出版社1995年2月第11次印刷）一书中做了这样的概括：

就其实质而言，新闻写作是炼史家之重任、政治家之胆识、新闻工作者之敏感、逻辑家之思维、语言文字家的笔功于一炉。

可见，被称作"艺术"的东西，内容是很广泛的，不少在前面的前言和一、二两章中多少都提到过了。本章要讲的，侧重于"技巧"，是对外报道谋篇布局的技巧，是结构的方方面面。

构思结构，就是在完成采访和选材之后、真正动手写作之前必不可少的一个准备阶段，是写好对外报道的一个重要环节。

新闻有多种体裁——消息（实际是指狭义的新闻，或称为电讯）、通讯、特写、游记、述评、专访等，每种体裁都有自己对结构的特殊要求。就对外报道而言，最主要的还是消息和通讯。不论哪种体裁，结构都是它的组织形式和内部构造。构思结构就是用恰当的组织形式和内部结构，把选定的材料有机地串联到一起，以正确地表现主题思想。只有找到了恰当而完美的结构形式，才能把已经掌握和选择的材料编织起来，成为一篇文章。这好比做衣服，有了针线、布料，想好做什么样的衣服，还需要按要求进行剪裁、缝纫，最后才能成为一件衣服。又如造房子，备齐了砖瓦、木料、钢筋、水泥等建筑材料，然后就得有设计图纸，接着才能按图纸要求立柱上梁、开门置窗，最后才能成为房子。

我们的古人很聪明，像刘勰，在《文心雕龙》中只用这样一句话，就简洁概括了构思结构和写作的关系："若筑室之须基构，裁衣之待缝辑矣。"

我们写对外报道，尤其采用通讯之类较长而且较完整的文体，更需要结构的"设计"，要对文内想要表达的思想内容和表现形式先有一个成熟的构思，需要对文章的结构布局进行周密的筹划：用什么标题？怎样开头？分几个部分来写？各部分用不用小标题？前后顺序如何安排？需要用哪些"枝叶"来衬托和铺垫？最后的结尾怎么写？要不要与标题相呼应？

新闻报道需结构构思，就是动笔前先把这些问题都想好，然后写起来一定顺畅得多。

当然，可能有人会说，要想把这件事做好，需要的就不单是"技巧"了。的确如此。一篇文章结构的好与不好，其实与作者对事物的认识水平、理解能力、逻辑思维不无关系。因为一件事情发生了，总有它的来龙去脉、前因后果，还有它与其他事物的联系，等等。构思结构，正是通过我们头脑的思索加工，在文章中正确反映事物的内在规律和外在联系。从这个意义上来说，结构是否合理，与作者的思想水平、分析能力等肯定有关。有的稿件条理不清、逻辑混乱，原因自然是分析和综合能力欠缺。如果平时办事没有条理，语言表达含混不清，写起文章来，也必定没有合理的结构。所以说，"艺术"和"技巧"二者难以截然分开，因为在构思结构的方方面面"技巧"中，也都体现着被称作"艺术"的某些内容。

本章重点不是讨论如何提高思想和认识水平的问题，而是讨论有关对外报道的结构方面需要掌握哪些技巧。

这些技巧体现在消息和通讯这两种对外报道中使用最多的文体结构的构思中，既有个性，也有共性。所谓个性，就是两种文体结构各具什么特征，而所谓共性就是其结构中都具有的特征。

二、消息稿的结构

消息是对外报道新闻事件写作最基本的体裁，尤其是报纸、电台、电视等

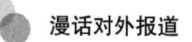

新闻事件报道的主角。新闻性强的对外期刊，如中国外文局的《北京周报》，每期也刊出大量消息稿，《中国日报》就更不待言了。

（一）消息稿的组成要素

消息稿也称为新闻报道，要求是把最近发生的某一件有意义的事，精练、准确地进行介绍。一条清晰、完整的消息，应具备何时、何地、何人、何事、何故五个因素，即通常讲的五个W。消息的内容虽包罗万象，但结构形式却有共同特征，一般都由标题、导语、主体、背景、结尾五个部分组成。**标题**要能说明何人做何事，必须简洁、准确。**导语**是指一篇消息的第一自然段或第一句话，是用简明生动的文字，写出消息中最主要、最新鲜的事实，鲜明地揭示消息的主题思想。一类是直接性导语——直接写出事实的核心，另一类是延缓性导语——多用于"软"消息，即所报道的不是正在发展中的、变化中的或突发性的事件，它通常用来设置一种现场或创造某种气氛，多是解释性、说明性的。**主体**是在导语的基础上引入的与主题相关的事实，使之更加翔实、具体。这是消息稿的主干部分，紧接导语之后，对导语做具体全面的阐述，从而写出导语所概括的内容，表现出全篇的主题思想，一般都会按"时间顺序"或"逻辑顺序"来写。**背景**指事件的历史背景、周围环境及与其他方面的联系等。写新闻要交代背景，目的在于帮助读者深刻理解新闻的内容和价值，起到衬托、深化主题的作用，也就是回答五个"为什么"。**结尾**的讲究，下面会谈到。在对外报道中要忌讳小结式、启发式、号召式、分析式、展望式等这些我们习以为常的形式。

上面讲的是消息稿结构的五个要素。要注意的是，不能仅仅从形式上来理解和安排这五个要素。决定一篇消息稿谋篇布局的好坏和写作上的成功与否，更为关键的，或者说是应该把握的要点，是在对结构进行周全考虑的基础上，打算把最重要、最精彩、最能吸引人的东西放到哪里。是置于文章的开头、中间还是末尾？是一下子就抛出去，还是头一次少讲一点，以引起读者注意，然后再继续补充？接着要考虑的是背景材料插到哪里，主体部分怎么安排，还得把结尾写得漂亮——如果一定要有个结尾的话。

（二）消息稿的结构形式

消息稿的结构形式，可以说是多种多样的，而且还在不断创新和变化当中，发展趋势是更加丰富多彩，更加适合现代社会发展的需要，更加吸引人。

就目前来说，最常见的对外消息类报道，主要还是"倒金字塔结构"和"非倒金字塔结构"两大类。

"倒金字塔结构"是对外报道的消息稿最常用的结构形式。这种结构的特征，一是按材料的重要性安排结构顺序，先写最重要的，然后写其次的，最不重要的放到最后；二是以具有直叙型的"倒金字塔结构导语"为标志，即在第一自然段中开门见山地写出最重要的或最新鲜的事实，或者首先回答人们最关心的问题。所以，消息稿的第一自然段往往有相对独立性，可以独立成章，甚至可以视为"简明新闻"或者"一句话新闻"。

以前我在讲课时，用过1992年1月30日台湾《联合报》发表的一篇短文为例，说明消息稿的这种结构。它的开头是这样写的：

1992年樱花皇后亲善大使复选活动，昨天在彰化八卦山举行，吸引民众前往观赏，同时票选最佳造型和最上镜头的佳丽。票选结果，11号何绮和16号黄南茜分别当选最佳造型和最上镜头小姐。

这是一个基本符合标准的导语，说明了事件发生的时间、地点，说明是什么人在做什么事。"倒金字塔结构"型消息稿的导语，一般都是第一自然段，可以相对独立，写出的是新闻中最重要的事实。如果读者只看这一小段，就能知道下面的内容。或者因版面关系只保留下这一小段，就是一条较完整的简明新闻。本文的导语就是第一个自然段，且具备相对的独立性，即可被视为"一

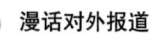

句话新闻"。

这条新闻中还有背景材料穿插其中，是导语之后的第二自然段：

选美受到假日高速公路塞车影响，佳丽们被困在路上，致使活动延时将近一个钟头才开始。主持人张月丽先介绍承办活动的彰化县妇女会会长吴绮美和地方士绅，歌手曾淑勤演唱歌曲暖场。一曲终了，佳丽们才在众人翘首期盼下抵达会场。

导语之后就使用背景材料，几乎可以说是"倒金字塔结构"这类消息稿的固定模式。

接下来便是主体了。主体即消息稿的主干，位于中部。其作用是用充足的事实来表现主题，对导语的内容进行进一步的扩展与阐释。主体应尽量详细，写清楚事情的来龙去脉，是集中叙述事件、阐发问题和表明观点的中心部分，是全篇新闻的关键所在。但是本文很短，事实比较简单，所以它的主干部分所用文字并不多，是按材料的重要性来安排写作顺序的：

第一场评分项目是韵律服表演，佳丽配合音乐，踩着轻快步伐出场。台下等候已久，纷纷拿起相机摄取最佳镜头。观众也围选心目中最上镜头和最佳造型小姐。第二场比赛下午一点三十分展开，佳丽们穿着游泳装，身上装点花艺设计师的花艺作品，人比花娇，益显青春活泼气息。泳装赛进行到一半，天色转暗，下起阵雨，观众纷纷到凉棚下避雨，台上小姐仍冒雨展露迷人风采。观众一面避雨一面遥望美女，不禁大叹天公不作美。

除了选美活动，复兴剧校学生应大会邀请表演美猴王。矫健动作赢得全场喝彩。

最后一小节就是结尾：

昨天复赛选出20人，将参加4月3日在彰化县政府举办的决赛，当天晚上不需购票入场。欢迎观众参观。

下面再看一个国外的例子：

这是美联社的一篇消息稿，转引自程天敏编著的《新闻写作学》（广东教育出版社出版）。标题是《世界最大的石油钻塔开始移动》。导语是这样写的：

[美联社苏格兰消息 1978年5月5日电]世界最大的石油钻塔——也许是世界最大的能移动的东西——今天开始从苏格兰西岸到尼尼安油田的430英里的行程。

它的导语本身就是一条有吸引力的消息，是这一事件的看点。接下来的一段则对这一事件进行说明，使之更加清晰——这便是西方新闻学所称的次导语：

这个3亿英镑（3.4亿美元）、重60吨的钻塔正在由8个牵引车运到它的新址。该地在让得沙群岛西北105英里，这一行程需要14天。

下面写的便是背景材料了：

随着这个钻塔启运，英国的钻机建造工业发现自己再度陷入危机。在苏格兰和英格兰北部的8个建造厂有一半现在关闭了。只一个厂今年年底以后才有工作。

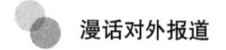

提供这样的背景材料，是为了说明这一庞然大物的建成对钻机制造业的影响。有了这一背景说明，所述新闻事件的重要性便更加突出了。

接下来的四个小节所写的事实，一节比一节重要性递减。这也是"倒金字塔结构"的一个写作特征：

这个钻塔高达500英尺，它的混凝土钻台伸入水面以下275英尺。

建造这个巨型钻塔的霍华德·多丽丝公司的肖基恩湖建造厂目前也成了寻求订货的工厂了。

预计今后北海石油开发工程的投资为5亿英镑（9亿美元），其中不到五分之一用以建造混凝土钻台。

据认为，混凝土钻台性能较好，因为它抗腐蚀。

我们对外报道是供外国人看的，在写作消息稿时，自然也应该更多采用这种他们习惯了的结构形式。

另外一类是"非倒金字塔结构"。比如"时间顺序结构"。1986年中国国际广播电台播出的下面这条消息，用的就是这样一种结构。该文转引自《全国对外报道优秀作品选》（新华出版社出版）：

美国航天飞机"挑战者"号失事

"挑战者"号发射时似乎正常，大约两分钟后突然爆炸，成为一团黄色的火球。显然，机上的7名成员，包括一名首次以私人公民身份搭乘航天飞机的女教师克里斯塔·麦考科夫已全部遇难。

全美各地观看电视现场直播航天飞机发射的美国人民对此惨剧表示震惊和悲伤。他们默默地观看电视中对该事件的后续报道。惨剧发生时，我正在华盛顿的外国记者中心。一位美国朋友走过来一遍又一遍地对我说:"唉,这真是最悲惨的一天!"每一个人的脸上都凝聚着悲痛和焦虑。

由于航天飞机失事,里根总统推迟了原定星期二晚上要发表国情咨文的计划。

里根总统赞扬"挑战者"号爆炸中牺牲的7名美国人。这是美国人第25次上天。这次爆炸是美国航天计划史上最严重的一次事故。19年前美国阿波罗登月舱在发射架上失火时,有3名航天员被烧死。

很明显,这种结构是按照事件本来的发生过程即时间的先后顺序来组织结构的,看上去层次清楚,叙述连贯,合乎逻辑。

与此类似的还有"编年史结构"。如常见的伟人逝世消息,多半都是用这种结构写成的。此外还有"对比性结构",即两组材料对比使用,通过对比来揭示两者的差异性,在差异对比中完成新闻的主题表达。

如果介绍一个地方改革开放后取得的成就,可以用数字标出段落的顺序,这种结构就是"提要式"的了。

还有"问答式结构",即常见的报道一次记者招待会或者新闻发布会消息的新闻稿,一问一答,简单明了。

所有这些,都可以归入"非倒金字塔结构"。

不过,对消息稿的结构,还有不同的分类法。如有人将其分为三种:一是时序结构,就是按照事件发生、发展的先后顺序安排层次。这种结构可以使读者对事件的发生、发展的全过程有一个鲜明、完整的印象。二是逻辑结构,就是根据事物之间的内在联系或逻辑关系,如因果关系、并列关系、主次关系等来组织安排层次。三是时序与逻辑二者兼有的结构。

另外,业界还有一种观点认为,背景不是单独的组成部分,也无固定位置,所以不能把背景看成消息稿结构的一个单独部分。背景材料可以一次性交代，也可以分散穿插在导语、主体、结尾几个部位，但一般多出现在导语和主体中。不论怎么安排，背景材料都是消息的从属部分，因此不宜过多，否则就会喧宾夺主了。

前面说到结尾，曾留下这样一句："如果说一定要有个结尾的话"。既然这样说，那便意味着对外报道的消息稿也可以看上去没有结尾。比如，1992年3月18日《人民日报（海外版）》的《湖北形成改革开放新格局》：

本报武汉3月17日电 记者龚达发报道：素有"九省通衢""鱼米之乡"之称的荆楚大地，传来改革开放新信息。近日，湖北省提出全方位、同谋推进改革开放的思路，一个以武汉为"龙头"，以长江经济带为主线，加速"三江"（长江、汉江、清江）、"两线"（京广、汉渝）开放开发，并带动全省通开、城乡通开的新格局正在形成。

这是导语。从优点来说，这个导语与标题相呼应，已经给读者提供了全篇报道的主要事实。在说明主要事实的文字中，作者考虑到读者可能对一些地理名词（主要是"三江"和"两线"）没有清楚的概念，所以用加括号的方式做了解释，说明"三江"是哪三条江，"两线"是哪两条线。但在解释的过程中又出现了读者可能不明白之处——"京广"和"汉渝"，从对外的角度来说，同样需要加括号加以说明，否则，一是这里所谓的"线"，可能不知道指的是铁路，二是京广铁路名气大，但"汉渝"的名气则要相对小一些，可能不知道这是一条从武昌到重庆的铁路。在所提到的三条江之中，如果长江不用介绍的话，提到汉江，则应当介绍这是长江最长的支流，提到清江就更需要简单介绍了，因为对这条江，甚至连国内读者也不一定了解。

接下来作者提供了背景材料：

为进一步深化改革、扩大开放，湖北将全方位推进与重点突破相结合。在对外开放方面，以长江经济带的开放开发为突破口，同时抓好汉江、清江和京广、汉渝铁路沿线的开放开发；择优与扶贫相结合，放手让条件好的地区先富，并搞好老少边穷和库区开发。

交代背景，本来应当是为了帮助读者了解下面要写的新闻主体内容，但这里却又出现了需要向读者解释的提法。如"老少边穷"和"库区"，就算海外华人、华侨也不一定知道指的是什么地方。其实，看了开头，读者更想了解的可能是湖北省在中国的什么位置，湖北省的改革开放在全国有多大影响，特别是对周边各省会起到什么作用。接下来再讲湖北采取了哪些措施，便水到渠成了。

作者写这些措施时，用了一是……二是……三是……四是……这样的方法。

值得欣赏的是，在讲了"四是……"之后就结束了。这就是前面提到的，有时候没有结尾的结尾，反倒是最好的结尾。因为该介绍的导语和背景部分都已经说清楚了，这里就不必再画蛇添足写一个结尾了。

三、通讯稿的结构

（一）通讯稿与消息稿的区别

通讯这种新闻体裁，要求在描绘与叙述相结合的基础上，综合运用多种表现手法，生动地再现新闻事实的现场与人物，较充分地表现事实的发生、发展、变化、结果、影响，较形象地表现其内在规律，并取得使人如临其境、如经其事、如见其人、如闻其声的特殊新闻效果。可以说，通讯是充分展开了的、形象的新闻。

有时候，通讯和消息这两类稿件不大容易截然分开。有的消息稿也采用一些通讯稿的写法，加进几笔形象生动的描写，或者引用被采访对象的语言，甚至还有简单的现场描写等，使之看上去极像是一篇通讯稿。但是如果细细揣摩，这两类文稿还是有很大区别的。

区别之一是消息稿的概括性更强，一般都篇幅短小，简洁明了。消息稿所报道的事实比较有概貌性、轮廓性，而且大多是一事一报，甚至只报事件的某一个片段。而通讯稿则常常报道事情的全过程，或者报道事件的各个方面及其发展经过，或者对事件的某个具有特殊意义的部分做集中突出的描述。所以，通讯比消息稿更具体、更详细、更完整。从这个意义上也可以说，通讯是更详细的消息。

区别之二是虽然二者都报道事实，但侧重点不同。消息稿主要报道事情和事件，而通讯稿则侧重写人，或者从写人入手。尤其是对外报道，更是特别重视写人、写生活，反对见事不见人的写法。因为只有表现活生生的、有血有肉的人，表现他们的情感世界，才会产生更强的感染力，更容易为外国读者所理解和接受。

（二）通讯稿的分类

人物通讯。我们的对内报道，人物通讯以报道社会主义制度下的先进人物为主，不但要写他们的先进事迹，还要写出他们的成长过程，以教育人为目的。而对外报道，人物通讯则要求通过人物来体现党和国家的某项政策，让外国读者看到我们的社会发展情况和人们的生活状况。哪怕是写先进人物，用以对外宣传，也要侧重写他们的生活经历和情感世界。

事件通讯。这便是反映对外有新闻价值、有典型意义的新闻事件的报道。

概貌性通讯。这类通讯着重写现实生活的变化及社会风尚、建设成就、风土人情等。一般都要求反映一个地区、一条战线、一个部门、一个单位的面貌，也可以从片段入手，常见的"巡礼""散记""纪行""侧记"等便是。

访问记或者专访。这是对新闻人物或某单位、某部门而进行的专题采访后写成的报道，是一种特殊的通讯。

（三）通讯稿的结构

顺序结构：这种结构以时间的推移为顺序来安排材料，又叫纵式结构。这是通讯写作中最为常见的一种结构形式，大多用来叙述人物经历或事件发生、发展的过程。其特点是便于让读者了解事物的来龙去脉，写起来有条不紊，读起来一目了然。但是，如果这种形式运用得不好，容易让人产生平铺直叙或者松散拖沓的感觉。

横式结构：以空间的变换为标志来安排文章的结构，或按事件的不同性质来梳理材料。写建设成就、地区变化之类的通讯，往往更多采用这种结构形式。

纵横式结构：以时间为"经"，以空间为"纬"，采用纵横交叉的方式来安排写作的层次。既有时间的连贯性，又有空间的平列性。写得好的话，自然穿插，跌宕起伏，次序井然又变化有序，会让人觉得很有看头。

悬念式结构：开头即设计一个疑团，布下悬念，然后根据事物的实际发展，一步步解开疑团和悬念。这种写法容易起到引人入胜的效果，对读者产生更强的吸引力。

"蒙太奇"式结构：即戏剧性地一幕幕展开，只求突出事物或人物的主要特征，而省略过程的叙述。

通讯的结构形式大体上可以说出这么多，自己的文章需要使用哪一种结构形式，就需要自己去思考了。不过也可以提供一些可供参考的选择依据：

一要能正确反映客观事物的发展规律和内在联系；二要看是否有利于表现主题思想；三要让人看起来新颖、完整、严谨、匀称、自然。

实际也不限于此，大可发挥自己的创造性，可施展才华的天地是广阔的。如写人物，可用传记式、印象式、片段式（"二三事"之类）；可以用倒叙、

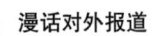

顺叙，或者二者相糅合。如写事件，或者纵式或者横式，又可二者结合，纵横交错，还可将若干片断连缀。写一个地区某个方面的综合性报道（即概貌通讯），则可有分有合，纵横驰骋，有对比，有跳跃，生动活泼。

这一切都离不开自己的揣摩、想象和创新。学海无涯，艺无止境。

四、从头到尾的构思

（一）标题的设立

标题是新闻结构重要的组成部分。俗话说：看书看皮，看报看题。可见标题的作用是很大的。它的作用是揭示主题、表明观点、吸引读者。有单行的单式标题和双行、三行的复式标题。复式标题除正题外，还有用以引出正题的引题和对正题进行补充和说明的副题。标题的拟定要求精练、准确、鲜明、生动，能起画龙点睛的作用。

就消息稿而言，前面已经讲过，好的标题本身就可以单独成为一条新闻。现在有不少报纸每天都在头版发一组标题新闻，每条都简洁明了，言简意赅，很能适应现代社会生活节奏加快和人们对信息量要求越来越多的趋势。

一个人长得好不好看，精神不精神，从眼睛一下子就能看得出来。一篇通讯稿的标题好不好，是不是吸引人，也至关重要。经常听人说，到书店里或书摊上翻阅浏览，往往一看期刊中某篇文章的标题就产生购买的欲望。于是有些作者或报刊社的编辑便极尽所能迎合读者所好，尽量把标题设计好。甚至有作者片面理解读者要求，过多地在用词上下功夫，但效果却不一定好。

我在编辑地方来稿时就常见这样的标题。如某地两篇来稿，一篇写的是带头帮农民致富的一位基层干部，用的标题却是《征天第一人》。谁能一看这样一个标题，就知道文章里写的是什么，并且引起进一步阅读的兴趣？另一篇写的是绍剧和越剧，标题却是《稽山鉴水的瑰丽回响》，不但外国读者，就是国内读者，有多少人知道这里面的山和水是什么地方？这就难让标题起到画龙点睛的作用了。再如另一地方来稿，一篇是写当地的金狮自行车集团，标题为《"金狮"昂首访四海》，国外读者能由这样一个标题联想到自行车的生产吗？一篇介绍某工厂生产的"驼铃"牌丝绸，用的标题是《"驼铃"叮当响四方》，也难起到吸引和引导读者的作用。

通常这类稿件的标题，都违背了内外有别的原则，简单地把对内报道中惯用的标题拿来对外。用中国的古语和行话组成的标题，或者是口号式和带有指导性的标题，都属于这一类。这样的做法，在对外报道中肯定是不行的。

（二）导语或开头部分的要求

首先看对外报道中的消息稿的导语。导语指的是倒金字塔这种结构形式的开头。

我们可能习惯了，常常把通讯的开头部分也叫作导语，但更确切地说，导语基本上是针对前面讲的消息稿而言的。在消息稿中，特别是在倒金字塔结构的消息稿中，有一个好的导语显得特别重要，它是概括全篇消息稿的精华，能起到揭示主题、唤起关注的作用。在文字上，好的导语要求精练再精练。写好导语是消息稿写作的第一要务。

美国威尔逊大学教授海德·格兰特·米尔纳给出的说法是："导语是一种揭示、摘要、高潮，一种包在小包裹里的要点或者是新闻预告的总和。"他还解释说，新闻导语是整条新闻中最有趣的内容的报道和摘要——也就是新闻的要点——用一小段，更经常的是用一个整句来简单明了地表达。导语完整和明确地回答读者思想中迅速引起的问题——即五个"W"。这段话的意思很清楚，就是要在导语中把新闻的五个要素都包括进去。此外，还有人主张，除了五个"W"，还有一个"H"，即"HOW"（怎样）。

在讲到什么是导语的时候，专家和前辈们常常引用毛泽东1951年2月在一个文件上加写的一段话。这段话收录在《毛泽东新闻工作文选》中《纠正文字缺点》一文中：

漫话对外报道

一切较长的文电，均应开门见山，首先提出要点，即于开端处，先用极简要文句说明全文的目的和结论（现在新闻学上称的"导语"，亦即中国古人所谓"立片言以居要，乃一篇之警策"），唤起阅者注意，使阅者脑子里先得一个总概念，不得不继续看下去。

按照这一段话的要求，导语的中心只强调一件事的结果，而非把五个"W"一一写出。

导语是随着倒金字塔结构这种写作形式的确立而出现的。而倒金字塔结构的写法，据说是19世纪五六十年代自美国起源的，上世纪传入中国。但实际上，中国的古人早就有了写好导语的妙论，只是还没这种叫法罢了。例如晋代文学家陆机就说过："立片言而居要，乃一篇之警策。"清代文人李焕也说："开卷之初，当以奇句夺目，使之一见而惊，不敢弃之。"

无论怎么说，好的导语，一要引人入胜，一开头就别开生面，出奇制胜，抓住读者或听众的心理，使之不能不继续读下去、听下去。二要能揭示主题。三要定下全文基调。

下面再看通讯的开头部分。

这里说的开头部分，概念上要比消息稿的导语长一些。如果说通讯也有导语，通讯的导语则包括在开头部分当中。当然，如果硬要明确指出开头两三个小节中哪一小节是导语，未免过于机械。所以，这里把开头部分当作一个整体来讨论。

举几个好例子，看通讯稿的开头部分应当是怎样的。

首先是爱泼斯坦原载《中国建设》1956年第1期的《沿着康藏公路去拉萨》的开头部分。

文章的第一小节，可能就算是开头部分中被称为导语的文字：

第五章 构思结构是做好对外报道的重要环节

我简直无法用语言来描述那长达1400英里的康藏公路（即川藏公路——译者注）。它是中国人民用刚刚觉醒的力量建成的，它的建成是勇气和历史进步的标志。

接下来，作者写了两段更长的文字，于是有了一个完整的开头部分：

沿途的自然风景无疑是世界上最令人瞩目的。这条公路起自富饶、人口众多的四川平原，沿着巨大的山脉，伸延到被称作"世界屋脊"的高原，绝大部分处于海拔10000英尺以上，有的地段高达或超过17000英尺，有几天的路程是在雪峰和雄伟的喜马拉雅冰川之间穿过的，沿途还有弯弯的山间河流，色彩斑斓的山隘和深谷，也有树木不生却有鲜花点缀的高原牧场。公路沿着河流延伸，把河谷地带耕耘良好的农田像绿宝石一样串连在了一起。在波蜜地区，公路穿越了大约130英里生满地衣的原始森林：有巨大的松树、冷杉、云杉、柏树、落叶松和杜鹃花树等。

这条公路的两旁汇集了世界各大洲最美的高原风景，有的如亚利桑那州长满仙人掌的彩色沙漠，有的像落基山脉的美景，有的像内华达州的山脊。同行的其他外国记者则认为它们像苏联的乌拉尔、法国的孚日山脉，或者像波兰—捷克边境的高塔特拉斯山脉、阿尔卑斯山的冰川湖和隐蔽的村落。但所有的人都认为这里的景色是独一无二的。高原的空气清澈透明，阳光下每一种颜色、每一根线条都清晰无比。

看了这样的开头，读者一定想跟着作者的笔，去看这条公路本身还有什么故事，到了拉萨以后作者又会介绍一些什么奇观。

费孝通的《43年后重访大瑶山》，开头部分着墨不多，但也能起到这样的

235

作用：

不久前我又来到了我国西南边疆广西的大瑶山。这是我的旧地重游，离开我作为一个学了人类学的大学生初访瑶山学习进行民族调查，为时已经43年了。今昔对比，感慨万千。所见变化之大，我只能用四个字加以概括：换了人间。

这是一个概述式的开头，点明了主题，也制造了悬念：他为什么43年之后又重访这里？为什么说前后对比的结果是"换了人间"？

《中国建设》中文版发表过从台湾来的作家陈天岚一篇文章，题为《福厦道上的联想》，用了一个描写式的开头：

闽南风情有意象，是很美的境界。充足的阳光，亮丽翠绿的丘陵，涛声隐隐的海岸，几间小石屋依偎在防风林的凉荫下。这一些风景水彩画般的景致，分明是我所熟悉的。但是，以前从来不曾身历福州至厦门的道上，这眼前的山水人家，又怎么会似曾相识？

不用说别的，单就这样优美的文笔，也足以使人非看下去不可。

《今日中国》刊出的文章《中国大陆歧视职业妇女吗？》，作者谭曼尼写的开头部分有三个小节。第一小节只有一句话，就是提出问题："今天中国大陆，是否还存在着某些歧视职业妇女的现象？"第二小节说明这个问题的由来："如果在50年代的城市里，人们会断然回答：没有的事。但是今天，情况就复杂多了。去年，发行30万份的《中国妇女报》连续刊载了批评一些地方在招工、招生、提拔干部等方面的男女不平等现象的文章。"第三小节说明这个问题的由来：

1984年，吉林省安图县明月镇的政府机关要招聘45名职工，而只招9名女的。其中一位成绩很好却未被录用的女青年向全国妇联主席写信道："《宪法》明文规定男女平等。这样对待我们女孩子太不合情，也不合法。"她在信中说，1983年以来，妇联在保证妇女合法权益上做了许多工作，国家制定了法令，惩处了侵犯妇女权益的罪犯。但是，她问道："在就业问题上，这样对妇女权益的忽视，甚至侵犯，为什么得不到制止和纠正呢？"事实上，这种个别的轻视和歧视妇女的现象，已经引起政府和社会的关注。1985年11月，在全国人大常委会上，100多位委员一致同意：全社会都要同这些落后的、可恶的现象作斗争。

前面说，通讯的开头部分可能由多个小节组成。谭曼尼的这个开头，也如爱老上面那个开头一样，都是很好的例子。

（三）背景材料的安排

任何新闻事实都有其发生的特定环境、历史条件和原因。这些环境、历史条件和原因，就是新闻背景。背景材料有广义和狭义之分。广义背景指的是：对导致新闻事件发生发展的广阔的时代背景的说明；与新闻人物和新闻事件发生发展过程直接有关背景的介绍；向记者提供消息、介绍情况的人的背景情况。狭义背景单指与新闻人物和事件形成有机联系的一定的环境和历史条件。介绍背景，有利于帮助受众了解新闻发生发展的来龙去脉，加深对新闻的认识和理解，深化新闻的主题，并有丰富内容、增加知识性和趣味性的作用。

张惠仁在所著《新闻写作学》一书中，曾引用我国新闻界老前辈陈克寒在《新闻要有背景》一文中的这句话："任何新闻都是在一定的历史条件下产生的，因此，新闻报道要正确地反映事物，就常常需要介绍它的背景。"这是指整个新闻报道而言。

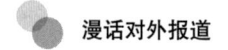

为什么在对外报道中更需要交代新闻背景，提供解释材料呢？这自然是因为国外受众对中国不了解或者了解甚少，对中国特有的事物理解水平不高。背景的作用是使读者更好、更准确地理解新闻内容，使新闻更充实饱满，生动活泼，主题更加深化。

段连城曾以美国人对中国的了解如何之少，来说明对外报道需要提供背景材料的必要性。他在《对外传播学初探》这本书里专门写了"提供背景知识"这一节。他在列举一些事实后的结论是："很显然，对外国人介绍本国情况，需要补充背景知识。"他指出一般需要解释的情况，这便是历史事件和地理名称，人名，中国特有机构名称、风俗、流行语和典故等。

沈苏儒在他的《对外报道教程》中也指出过需要交代背景材料的方方面面，包括中国的历史朝代、重大历史事件、重要文物古迹，中国的人物，中国的政治、经济、社会、文化等各个领域中所特有的事物。

前面提到，新闻五要素中有"WHY"，即"为什么"，说明新闻发生的社会环境与自然环境，说明事物的历史状况或存在的条件，是消息或通讯的从属部分。这便是背景材料。

常用的背景材料有三种。一种是对比性材料，对人物或事物的正反、今昔进行对比，在比较中突出其重要意义。一种是说明性材料，即对所报道的事实中有关的历史背景、地理环境、物质基础、社会环境做出介绍与描述。还有一种是注释性材料，即对新闻报道中涉及的概念、原理及名词、术语进行解释，以帮助读者理解新闻中的有关内容。

在对外报道中，不论是消息稿还是通讯都需要使用背景材料，自然是为了让读者或听众知道所报道的人物是什么情况，事件是在什么情况下发生和发展的。

前面曾提到新华社文章《易地扶贫搬迁村民将贫困留在"悬崖村"》，《对外传播》杂志将其作为案例刊出。在本文中，作者采用常见的做法，将背景材料放在了开头与主体部分之间。采用的背景材料,有一大一小两小节。说"大",不是篇幅大,而是涉及的是政府的宏观政策;而说"小",是指那个悬崖村的情况介绍:

中国政府计划于2020年消除绝对贫困。作为脱贫攻坚的举措之一,中国计划于2016年至2020年将近1000万贫困人口从偏远、贫瘠、灾害频发地区迁移到更适宜居住的地方。

51岁的某色达体来自中国西南部四川省凉山彝族自治州昭觉县悬崖上的阿土列尔村。他们家是该村84户建档登记的贫困户之一。……位于悬崖顶端的阿土列尔村,海拔1700米。这里土地肥沃,阳光充足。用藤条和木头做的梯子成为通往外界的唯一途径。村民们的祖先早在元朝(1271—1368年)就来这里定居,因为他们发现这里既能躲避战乱,还是理想的农耕之地。然而,随着时间的推移,农民们发现曾经保护他们免受战争之苦的"世外桃源"已经开始阻碍他们的发展。"下山买一包盐,来回要走一上午。"某色说。他不得不降价卖掉自己的玉米,因为他辛苦背下来的玉米不可能再背回去。……

(四)主体部分的布局

顾名思义,主体部分自然是指文章的主要部分。但是,如果只说消息稿的主体就是它的主要部分,似乎并不完全准确。只有在非倒金字塔结构的消息稿中,主体才是它的主干,是集中叙述事件、阐发问题和表明观点的中心部分,是全篇新闻的关键所在。而在倒金字塔结构的消息稿中,全文的梗概、关键、精华,几乎已经全部被写进了导语当中,对这类消息稿来说,导语之后的部分也可以称为主体,是具体和完整地进一步展开的事实过程及其原因和影响。不论哪种结构的消息稿,主体部分都是用充足的事实来表现主题,对导语的内容进行进一步的扩展与阐释。

至于通讯稿的主体部分，可以讲就是指开头部分和结尾之间的文字，是全文的主干。

讲好中国故事，主体部分便是故事的主要内容，需要重点进行构思。先要把打算写进故事的材料重新梳理一遍，把起因、发展和结束的过程熟记于心。接着要设定段落，决定每一大段要不要加小标题——在对外报道中，为了让读者更有层次感，小标题经常是要加的。然后还要设想一下，每个大的段落要分成几个小节，前后如何衔接；从这一大段落过渡到下一大段落，怎样起承，如何转合。这都是在有了从标题、开头到结尾的整体构思之后，需要进行的主干部分的细分构思，包括已经在选材环节决定使用的细节安排在哪里、要插入的小故事在什么地方讲又如何开头和结尾，等等。总之是构思越缜密，动笔写起来越快捷。正所谓"磨刀不误砍柴工"。

细看爱泼斯坦的文章，我们首先是被他写的内容所吸引，其次是为他的写作技巧而赞叹。前面曾将他的《沿着康藏公路去拉萨》一文的开头部分抄录下来供研究和欣赏，下面再看他这篇文章的结构是如何谋划的。

作者通过深入采访，掌握了所需要的素材，在写作前，写什么、不写什么已心中有数；从标题到结尾如何安排，也已成竹在胸。他事先已将全篇分成了五个段落，每一段落都设定了一个小标题，还预想好怎样把各个段落紧密联系到一起。他在开头部分写了"世界上最令人瞩目的"那条公路沿途风景，然后很自然地过渡到写**"公路的建设者"**。写完之后，一个"然而"，将读者的注意力又带到了这条公路已为西藏带来历史性的变化，小标题是**"跨越几个世纪"**。写完这一段落，作者笔锋一转，说"由于历史的原因，各地的观念和传统都不一样"，进而提出了一个新的问题，那就是**"统一中的多样化"**。写完之后，笔锋再一转，写下了**"拉萨并不神秘"**这一段。其首句是这样写的："拉萨历来是世人神往的地方，当我们到达时，发现它确实名不虚传。"下面还有一小节，提到"拉萨这座城市，好比10世纪欧洲封建时期的首都或教堂集中的城市，华丽的外表与极端的贫穷和无知共存。"最后一段是**"新的前景"**，这也正是读者读完前面几段之后最想了解的。

爱老此文的成功，说明事先对通讯主体部分的谋划，不但将要写的事实梳理清楚，将前后顺序安排妥当，并且设定各段落的小标题，打好各段落如何转承和衔接的腹稿，都是十分必要的。

我以前在《今日中国》的同事唐书彪，前不久把他由世界知识出版社出版的著作《一个外宣人见证中国崛起三十年》送给我，里面收入了题为《大别山人初尝温饱》的一篇通讯。它的主体部分有三大段，各有一个小标题。我发现作者对各段的起承转合非常讲究。头一大段是"五年脱贫，功在科技"。接下来是"最终还得靠自己"。前面一大段写的是从外面来的科技人员发挥的作用，为了与之相衔接，后面一段开头他先写了这样一句话："科学技术成功地改善了大别山地区农民的生活，但是，毕竟外来的科技人员不可能长期留在大别山区，要彻底根治贫困，最终还得靠山里人的科技意识和乡土人才。"这一大段的最后一句是，"数千户农民在他们（指一批乡土人才——引者注）带领下摆脱了贫困。"第三个大段用的小标题是"追求另一种生活"，开头与前一大段最后那一句相呼应，作者这样写："尽管大别山区目前还有几十万贫困人口，但大多数初步解决了温饱问题的大别山人渴望了解山外的世界，乐于接受新事物。"

唐书彪写作前认真构思主体部分结构的成功经验，值得学习和借鉴。

（五）结尾的处理

一般说来，无论是对内还是对外报道，都应该有始有终，有好的开头也有好的结尾。而且都讲究首尾照应，起始相合。这是我国新闻写作历来就有的传统。元代散曲家、杂剧家乔吉就说过："作乐府亦有法，曰'凤头、猪肚、豹尾'六字是也。"今天我们看了这样的说法，自然不会只是认为写乐府才有这样的要求。各类文章都应遵从这样的原则，开头要漂亮、隽秀，主体要写得饱满、充裕,结尾则要写得结实有力。这样的文章才好看,古今皆然。明代文学家谢榛对此也说得很形象:"起句当如爆竹,骤响易彻;结句当如撞钟,清音有余。"

不过话说回来,对外报道的结尾,一般并不像对开头那样重视,需要那么字斟句酌。沈苏儒说过,"相对于开头来讲,怎样结尾就不那么重要了"。他还形象地解释说,如果要花10个小时来写一篇报道,花3个小时或更多时间来琢磨和写好开头部分(特别是消息稿的导语)是值得的,甚至可以说是必要的。因为开头和导语写好了,全篇的主心骨就有了。这就是开始做得好就成事一半的道理。

这是为什么呢?

首先从消息稿的写作要求来说。消息稿在对外新闻报道中占有相当的比重,而消息稿大多采用倒金字塔结构形式。如同前面讲到的,按这种结构来组织材料,总是先说最重要的,然后是次要的,最后写出来的往往是最不重要的。对于这种结构的消息稿来说,事实讲完了,说清楚了,稿子也就写完了。这时千万不要非得再想出一个结尾,强行安上一个尾巴。从这种意义上来说,没有结尾的结尾才是最好的结尾——这是老前辈们教我的道理。大家经常看外报外刊,或者我们国家的对外新闻,这种没有结尾的消息稿是很多的。

写到这里,我想起了爱泼斯坦的《延安通讯》,这是他1944年突破国民党的封锁到延安采访后写的,其中有一篇题为《新民主主义的人民自治》,开头就点出了全篇的内容重点——共产党领导下的陕甘宁边区政府这一地区性抗日统一战线的样板是怎样动作的。在提供了背景材料之后的主体部分中则用生动具体、让外国记者容易接受的方式,对此做了详细介绍。这部分的最后一段是这样写的:

陕北从19世纪60年代以来经历了几乎长达一世纪的压迫和战争,损失了大量人口、牲畜和耕地。在1941年，陕北人民因为得不到外界的供应而陷入深重的危机。他们的领袖毛泽东向他们提出：现在只有三条路：饿死、缴械投降、用自己的双手来发展生产。陕北人民选择了最后这条路。政治和军事领导人同技术人员一起想办法。他们缺乏劳动力。他们用一种称为"变工"的农业合作方式来解决这个困难，在农忙时节把人力和畜力集中使用，这是个体生产无法做到的好办法之一。

写完一段，作者就把笔搁下了，没有结尾。

这就是前面说的，事情说完，文章也就写完了。事情的来龙去脉都已经交代得清清楚楚，到此结束便恰到好处，完全用不着再绞尽脑汁去写几句结论或展望性的话。爱老的做法，给我们提供了一个典范。

这个典范向我们说明的，就是写好对外报道，要时刻谨记对外宣传的特点和要求，并将其付诸实施。最重要的一条，就是像爱老这篇通讯一样，把事实说清楚、表达完整就行了。至于从中应得出什么样的结论，则要留给读者自己去做。如果在事实说完之后硬要琢磨几句结论性的话，反而有画蛇添足之嫌，甚至成了败笔。内外有别，此其一也。

研究对外报道的结尾，其实是有它特有规律的。

具体说来，如果是用倒金字塔结构写成的消息稿，常常用的是叙述法，按事件进展的顺序，先发生的事情在前，后发生的在后，结果放在最后面写。这结果，自然就是结尾了。在对外发表的消息稿中，极少看到用感情色彩浓厚的句子结束全篇的。

至于通讯，除了上面讲的看似没有结尾的结尾，或者不像结尾的结尾以外，通常还可见描写型的结尾、说明或补充型结尾、提问式结尾、与标题或开头相照应的结尾等多种形式。对内宣传常用的激励式结尾、总结式结尾、展示型结尾、抒情式结尾，等等，在对外报道中通常不宜采用。这是对外报道的特

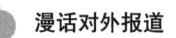

点所决定的。

最后我想把2020年11月23日《人民日报（海外版）》发表的文章《恩格尔系数持续下降的背后》一文抄录于后，以供读者朋友边读边揣摩，看人家是怎么设计标题的，开头部分是怎么写的，主体部分又是怎么完成的，最后的结尾是什么，各有什么优点值得学习：

今年是赖坤元记账的第十六个年头。近日，他与女友约会，晚饭花了238元，买衣服花了几百元，林林总总大小开支，他都一笔一笔记了账。五年前，赖坤元还是北京大学一名大二学生。他记得，那时学校超市陆续开始支持手机支付，校园里穿梭着共享单车，宿舍楼下的外卖小哥逐渐变多。"那时父母给我每月2000元的生活费，吃饭就要花七八百元左右；现在收入高多了，生活也越来越丰富，买东西、看电影、与朋友聚餐、节假日出游，吃得更好，但吃的消费占比并不多。"

日常饮食消费早已不是多数中国人消费中的"大头"。居民家庭中食物支出占消费总支出的比重被称作恩格尔系数，不同于其他多数经济学指标"越高越好"，恩格尔系数是"低些更好"。在国际上，这一指标常常用来衡量一个国家和地区人民生活水平的状况：一个国家生活越贫困，恩格尔系数就越大；生活越富裕，恩格尔系数就越小。比较通行的国际标准认为，当一个国家平均家庭恩格尔系数大于60%为贫穷，50%—60%为温饱，40%—50%为小康，30%—40%为富足，20%以下为极其富裕。

"十三五"期间，我国恩格尔系数持续下降，从2016年的30.1%降至2019年的29.2%。五年间，居民收入不断增加，直接推动恩格尔系数的降低。"我的月薪比五年前涨了5000元！日常消费不用心里算来算去，喜欢的就买。"姜女士是北京市一七一中学的教师，这两年来，她的月薪连连"看涨"，月入过万不说,各种补贴、奖金让她每次发工资都笑开了颜。

按照"十三五"规划纲要确定的目标,以2015年的价格计算,2020年我国居民人均可支配收入要增加到3万元。事实上,这一目标已在2019年达成。国家统计局局长宁吉喆介绍,2019年全国居民人均可支配收入突破3万元,中国人民生活质量进一步提高,居民收入水平上升,中等收入群体规模进一步扩大。今年尽管有疫情影响,但前三季度全国居民人均可支配收入达23781元,仍比上年同期名义增长3.9%。

五年间,消费结构不断优化。吃穿之外,游览娱乐等消费选项更多走进普通人生活。北京姑娘宋晓霜的账单里,餐饮不及购物支出高,其余的旅游、交通、礼品、文化等消费五花八门,种类繁多。"即使在餐饮中,也有一大部分是外出聚餐或者喝奶茶这种不仅仅是满足温饱的消费。"宋晓霜说,"在买东西时,我也会更注重商品品质,出去吃饭也会选择环境更好的餐厅。"

随着经济社会的发展与居民收入水平的不断提高,今天中国人对消费已不满足于维持生活,正向享受生活升级。

在我打算为这一章画上句号的时候,在网上看到了一位网友的写作体会,抄录如下,以飨读者:

我刚开始写作时,习惯不太好。写一篇文章,起点往往是某个灵感、某个句子或某个细节。然后句子扩写为段落,段落扩写为模块,模块扩写成文章。这种方式有严重的问题,就是只见树木,不见森林。注意力都在局部细节上打转了,没有宏观视野,没有全局格局。咬文嚼字,寻章摘句,写了半天,发现跑偏了,然后又得推翻重写。既浪费时间,又伤害士气。就像盖楼,本该先搭架子,后砌砖,再粉刷……我上来就是砌砖,很专心,很努力,然后一看,楼修歪了。得,推倒重来吧。

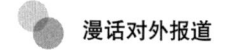

后来我醒悟了，得先把文章的结构做出来。有了轮廓骨架，再沿着脉络，将其中的血肉填充丰满。

一个好结构包括：

各模块的中心思想；

各模块的开头、结尾；

这个段落要表达什么意思；

那个段落群要分配多少空间；

什么地方做衔接过渡；

什么地方放个金句。……

全部做出来，寥寥数笔，但一目了然、清楚分明。看上下逻辑，看素材的组织，看亮点主旨……这些才是决定文章质量的关键所在。当准备提笔的时候，自己应该知道这篇文章大概写成什么样子，质量如何。一切尽在掌握，多么爽的体验！

于是，眼光更明亮，思路更清晰，写起来节奏把控更娴熟，效率大幅提升。

后来他再写文章，大部分精力都花在了"做结构"上。因为，结构做好了，写起来会很顺很快，流畅自如，少有阻滞，事半功倍。

第六章

精心写作是对外报道成功的关键

第六章　精心写作是对外报道成功的关键

要想保证对外报道的成功，首先要把前面谈及的那些基本要求落到实处，然后还要注意选择好的角度，使用平实的语言，最后还得展示自己的真本事，把对外报道从开头到结尾的各个部分写好，尽可能做到精益求精。具体说来，应该如何才能保证对外报道写作的成功呢？

一、按照基本要求

关于对外报道的基本要求，在前面有关章节中已反复强调过，那是为了指导更好地策划选题、安排采访、选择材料、构思结构。在这几个环节的工作做好以后，应当说写作之前的准备已经做得比较充分了，剩下来的事情就是按照各项基本要求，把文章写好了。为了让大家在写作时还能时时想起并按照这些要求去做，有必要再强调一下，并举一些可能有借鉴意义的例子。

（一）为读者着想

之所以再次提起这个话题，是因为这一点特别重要，也因为部分对外报道工作者会在不同程度上受到对内宣传一些习惯做法的影响，这一点比较容易被忽略。

朱穆之曾这样说过：

随着全党工作重点的转移和改革开放步伐的加快以及爱国统一战线的发展，我国的国际交往增加了，世界各国人民把目光转向中国，许多国家出现了"中国热"。台湾同胞、港澳同胞、海外侨胞渴望了解大陆，探索祖国未来的愿望更强烈了。客观形势要求我们必须加强对外对台报道工作,通过我们让外国朋友了解中国,让台湾同胞了解大陆,让港澳同胞、海外侨胞了解祖地乡情。这对于促进我们的现代化建设,对于增进海峡两岸相互了解,促进和平统一,促进对外经济科技合作和文化体育交流,都具有重要意义。

对外对台报道的特定对象,决定了对外对台报道必须具有自己的特点。在实践上,它有自己专门的领域。在理论上,它有自己专门的学科,需要我们认真地加以研究总结,不断地加以提高。不同的读者和听众,有不同的环境条件、信息需求、接受水平,有不同的阅读习惯。怎样根据这些情况,使我们的报道更具有针对性、可信性,更能吸引人,做到入心入脑,这里面就有很深的学问。我们从事这一工作的同志,要立志学习和掌握这门学问。

爱泼斯坦是怎样掌握和运用这门学问的呢?

当我们写文章时,首先要记住我们的读者是各种不同类型的外国人。我们所熟悉的事情,他们不一定熟悉。因此,我们必须替读者设想,多做些解释性说明。大家都知道,两个人当面交谈时,假如对方对你的谈话很感兴趣,你一定显得兴致勃勃;如果不感兴趣,你就会显出无精打采和不耐烦。对于读者,我们无法看到他们的表情,所以就需要我们在多方面开动脑筋,尽量为他们着想。

2008年5月12日,四川省的汶川发生了8.0级大地震。震后三年,中国外文局领导亲自带队,前往汶川,采访灾区新貌。一行中的《人民画报》俄文专家写了《汶川新形象》一文,开头就像是按爱老的要求来写的:

大地震动、道路翻滚、山峰咆哮、石如雨下……2008年5月12日一场毁灭性的地震横扫四川。受灾面积相当于西班牙国土,3万多次余震,超过6.9万人丧生，近1.8万人失踪，近800万所房屋倒塌，近2500万处建筑物损毁。

五洲传播出版社出版的《对外宣传工作论文集》收录了南开大学社会哲学研究所杨桂华所作的《研究受众心理　提高宣传效果》，该文专门阐述了关注受众这门学问。他的一些高论对如何写好对外报道很有帮助。他认为：

所谓宣传，是宣传者向受众（听众、读者和观众）发送特定信息的过程，受众能否认同这些信息，不仅取决于宣传者发送的信息内容，而且还取决于发送的方式是否符合受众的心理特点。因此，研究受众心理，遵循受众的心理规律，确立宣传中的心理原则，是提高对外宣传效果的重要途径和方法。

这就是说，对外报道写得好与不好，与所报道的内容和写作方法都直接相关。最好的方法就是含而不露，既不袒露自己的目的，又能让受众接受，方为最好的对外报道。作者强调，这就需要我们很好地过滤、筛选、组织信息内容，通过暗示让受众得出我们想让他们得出的结论。关于材料的过滤和筛选，我们在前文"选材"中已有过详细讨论，这里讲的是写作方法，自然重点要考虑的是所发送内容的组织。高水平的组织材料，应当是设法隐藏我们的动机，既能达到我们的宣传目的，又不违背受众自尊的心理需求。也就是说，受众接受了我们想让他接受的东西，但又不觉得是受了我们传播的内容所支配，而是依自己的意志去判断，心甘情愿去接受。能达到这种效果的写作就是学问了。

怎样才能在对外报道中运用好这样的学问呢？杨桂华在文章中说：

一般说来，同样的内容，仅仅由于其内容的编排和组织方式不同，其效果就会有很大的差别。因此，我们在确定了宣传内容之后，还要在内容组织上下

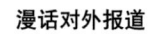

功夫，用最符合受众心理的方式，让他们记住我们的观点，认同我们的意见，按我们的主张去判断和行事。

这里说的"在内容组织上下功夫"，正好是本章所要着重讲的内容。那么，这种功夫如何才能体现得更好呢？

我在《今日中国》时的老同事、人称"大谭"的谭曼尼，可谓全能记者，工业、社会、政治生活、文化艺术报道，她都写过。后来，领导又请她负责城市和旅游报道。有了后面这项工作以后，她首先弄清了一个问题，就是《今日中国》与国内的旅游报刊不一样，我们的旅游报道是为了吸引更多的海外人士对中国产生兴趣，为对外旅游和对外经贸服务。对我们的杂志来说，旅游报道是招徕读者的传统"看家"版面。她回忆道：

为了达到招徕的目的，我们必须考虑针对性——读者对报道内容的要求。国内的旅游文章，往往是介绍风景名胜、历史掌故为多。而西方读者，除看风光古迹外，还有借阅读开阔视野，增进对中国了解的目的，包括对中国的文化、历史、地理、民族风情、道德观念和今日中国的政治、经济、文化、社会变化的了解。对外旅游报道，实际上是通过旅游报道来宣传中国的过去和现在。……

对外旅游报道，不能仅介绍旅游资源，应该介绍旅游产品，即旅游资源、旅游线路和旅游服务，包括构成旅游的六大要素——食、住、行、游、购、娱。

内外有别，外外有别。人们常常认为旅游报道比较容易，国内可抄的材料很多，殊不知中国人熟悉的、感兴趣的，西方人往往不以为然。有一次我陪一个美国旅游团游桂林的芦笛岩。当导游绘声绘色介绍钟乳石像人像兽时，华人皆频频点头，西方人则嗤之为"幼稚"！国内作者爱用古代诗句来描绘景物，写杭州必引用苏东坡的"欲把西湖比西子，淡妆浓抹总相宜"。试问有几个西方人熟知苏东坡和西施？倒不如引用马可·波罗的话"杭州是世界最华贵之城"，更具权威性和说服力。中文版报道三国之旅，肯定会起招徕作用。但对欧美读者，你写上一大篇三国胜迹，也未必能说清楚谁是刘备、诸葛亮。

有了这种观念，她的旅游报道不仅选题丰富，文章对国外读者的吸引力也更强。她说："最令我感动的是《九寨沟的神奇魅力》与《九寨沟导游》（《中国建设》1988年第5期）取得了立竿见影的效果。一位八十高龄的比中友协会员，读了文章后，带上他的两个侄子，按文中指南从比利时专程去了九寨沟。回国后在报刊上发表很长的报道文章。比中友协旅游部人员多次见到我，都以此作为佳话。"

再看一个例子。《人民中国》1982年第1期刊出记者钟炜的文章《访著名乌龙茶乡安溪》，获得不少日本读者的好评。其中一位在来信中写道："读了贵刊介绍乌龙茶的文章，受益匪浅。我常饮中国的乌龙茶，过去只知道它好喝，能提神、减肥、有益健康，没想到它还有这么多有趣的故事和知识。"写出这些有益的故事和知识，正是作者采写过程中反复揣摩日本读者心理的结果。

钟炜采写这篇文章的起因，是他看到讲究茶道的日本在那前后出现了一股"乌龙茶热"。他决定去乌龙茶主要产地福建省安溪去采访。行前查看了许多有关的材料，掌握了不少第一手资料，包括日本方面对乌龙茶的宣介情况。他在介绍本文写作经验时说：

鉴于日本人的传播媒介对乌龙茶已做过充分报道，怎样写才能有别于他们并吸引读者爱读呢？多年对日报道的经验告诉我，不了解日本情况，不懂得读者心理，就写不出适时对路的好文章，收不到好的宣传效果。

于是他浏览了在北京所能看到的日本报刊有关乌龙茶的报道，发现尽管他们的宣传很多，但大多是广告和"豆腐块"式的短文。有关乌龙茶的许多知识，诸如它的特点、历史、产地情况、采制方法、品饮艺术、趣闻故事等却很少涉及。而这些，日本人无疑是感兴趣的，想了解的。在构思文章时，他又考虑到日本人比较喜欢笔调轻松的游记，所以决定采用"访问记"这种体裁。为吸引读者，主标题和小标题都开门见山，不绕弯子。行文时则多用有新意、读者感兴趣的材料。为使文章读来易懂，他力求写得生动具体，语言通俗平实。这都是因为他写作时总为读者着想。

正是为读者着想，在内容上，他重点写的都是日本读者最关心的方面。比如专门写了一节"铁观音"，不但因为这是乌龙茶中最名贵、最有代表性的一个品种，还因为日本人最熟悉、最迷信铁观音。为了增强知识性和趣味性，他在文中还穿插了两个传说故事。他说："巧妙使用故事能为主题增色，是对外报道的一种行之有效的表现手法，比起枯燥叙述历史，效果要好得多。"

除此之外，还有赵启正于2002年6月13日在香港"世界报业发展论坛"发表的一篇演讲。清华大学新闻国际传播中心主任李希光专门为他的演讲作点评时说："如果按照'常规'，应该写上万言，方显水平不凡。而赵启正就这样一个命题，仅发表了1600字的演讲。文章虽短，但却是一篇演讲佳作。"他进而从多个视角来分析这篇演讲"佳"在何处：

赵启正作为一个部长，在发表公共演讲时，他的立场毫无疑问是政府的，但是他的思维方式和使用的语言却是新闻记者的。……

被日本媒体称为"中国屈指可数论客"的赵启正在海外公开演讲时，心中总是装着记者的需求，总是设法帮助记者做好报道工作。比如利用一场公开演讲把某条新闻在第一时间发布出去，在演讲中不让繁杂的信息淹没了有新闻价值的信息，而是让演讲内容成为可被记者加工成新闻报道的信息。……

赵启正出身核物理专业，没有受过传统的新闻传播路数的约束。反而使他懂得如何把复杂的问题简单化，而不是延续某些迂腐的写作和讲话套路，把简单的问题复杂化。他在演讲中很少使用行话、套话等远离听众的语言。在传递信息的同时也传递给对方"兴趣",引起对方的关注。

一篇演讲之所以成为佳作,还取决于演讲者的态度。由于赵启正的看起来甚至是过于平白的文风,他在演讲中留给听众的是朴实和诚实的态度,从而使听众产生信任感。建立"信任"是演讲者与听众交往中的第一步。

试想,如果我们在写文章时,也能像赵启正这样心里时刻想着读者或听众,能以他们认可的态度,使用他们喜欢的语言和表达方式,让他们产生兴趣和信任感,这样的文章肯定也会成为佳作。

(二)用事实说话

正如穆青老前辈在题为《新闻要抓新和实》的文章(被收入新华出版社出版的《新闻采写经验谈》一书)中所强调的:"用事实说话,这是新闻报道的原则。"

请看爱泼斯坦在写作中是怎样体现这一原则的。1979年他在社科院新闻研究所讲课时,曾介绍他写关于西藏变革的文章的做法。为了使他的文章对西方读者更有说服力,他查阅了有关西藏的书籍、字典,后来又找到了一段引语,是13世纪的一位罗马教皇写的:"农奴在干活,威胁使他惊吓,强迫劳役使他疲乏,鞭挞摧残他的身体,他的财物也被剥夺;如果他一无所有,他就被迫去赚钱;如果他有了一点财物,他又被别人剥夺;领主的过错在于对农奴的惩罚,农奴的过错在于宽恕领主吞噬他的财物。啊,这是极度的奴役。宇宙创造了自由人,但是命运使他成了奴隶。奴隶必须受苦,但不允许人们同情他,他感到痛苦,但不允许别人分担他的痛苦。他不属于他自己,也没有人属于他。"爱老提到这一引文时解释说:

这些事发生在欧洲10世纪和13世纪,与西藏农民的状况正好吻合。材料准备

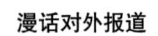

好以后，我就可以告诉外国读者，西藏的过去正是你们的历史，为什么你们认为可怕的东西，到西藏就变得如此美妙呢？你们这些"民主主义者"今天还为封建主义辩护，你们还不如一个老教皇，因为他都不隐瞒封建主义的暴虐。

这些材料比高声说教和谴责更容易说服读者。他们了解了无可辩驳的事实所包含的意义之后，还可以去说服那些迷惑不解的读者。

爱老这番话告诉我们一个对外报道最基本的道理：事实最有说服力。用事实说话，是对外报道最基本的要求之一。

1990年12月，爱老在中国外文局对外报道研修班上讲课时，回想起他早年赴延安采访看到了很多事，也知道了八路军和中国共产党所做的一切。他知道有足够的理由证明中国能胜，但需要时间。他的经验之谈是：

我有很多话要说，但要用事实而不能用宣言来说。一部分要用历史来说，另一部分要用当前的事实。……

总之，我的意思是，你写书必须有一种根据事实产生的观点，而且试图用事实说明这种观点。

为了更好地理解爱老此说，不妨再看他的一篇文章是怎样用事实说话的。文章题目是《沿康藏公路去西藏》，在写了这条公路的建设者以后，笔锋一转，将读者带进了西藏跨越几个世纪的历史。写这一部分时，同样是用事实说话，但他特别使用能让外国读者更能理解的相类似的事实：

最引人注目的是这条公路正在带来历史性的变化。把这条公路与美国建于19世纪60年代的横跨北美的铁路相比较，两者有相同之处，但更重要的是不同之处。与那条大陆铁路一样，这条公路把大片大片的国土连接起来，变成一体，一个快速工业化的社会正在把它的影响带到一个还处于早期社会发展阶段的地区。除此之外，其他方面都大相径庭，因为在美国，当时的新生力量是正在成长的资本主义，而这里新生力量是正在建设的社会主义。

爱老还提到美国西部的开拓者把遇到的牛群和印第安人杀掉，而中国建设者带给当地居民的不是贫困和驱逐，而是自我发展和更好的生活。一个实际例子是，当地的藏族同胞得到了很多实惠，包括过去从未有过的低价工业品。而当年美国的印第安人却遭到了商业剥削。

爱老就是这样，用美国受众所熟悉的历史事实来与他所看到的西藏相比较，证明了自己想要告诉他们的观点。这就是爱老的对外报道艺术核心之所在。

"文革"以前长期主持党和国家宣传工作的陆定一，为新闻工作下了一个这样的定义：新闻就是新近发生的事实报道。事实是新闻的本源，没有事实就没有新闻。

对外报道最大的特征和最基本的要求，正是用事实说话。

下面我想用《北京周报》法文专家霍安在2008年汶川地震发生三年后亲赴当地采访写成的文章《灾区见闻》，来看看这位法国朋友是怎样用事实说话的。他的文章不长，分了三个部分，每个部分都加了一个小标题。在"灾后重生"这一部分，他用这样的事实来说明中国政府在组织灾区重建工作上所展现出来的效率：

在绵阳市北川县，也是中国唯一一个羌族自治县，当年的地震造成了约2万人遇难。3年前，这里只剩下瓦砾、尘土和凄凉。考虑到地质条件，政府决定在几公里外的安昌河边重建北川。为此，北川得到山东省的大力支持。实际上，中央政府为了能够更加有效地开展四川灾区的重建工作，专门安排了各省的对口援助项目。山东省为北川支援了121亿元资金和3.5万人。

当我们参观这座新城市时，大部分工程已经完工。在北川的重建中，政府把这次重建当作一次从零开始的机会。新城就是一个现代化规划的样板。在市博物馆里的城市规划模型上可以看到整个北川分成不同的区域，有安置原北川居民的居住区，还有商品房以满足外来人口；文化区里建有图书馆、艺术博物馆和文化中心；开发区用来接纳来北川投资的企业；此外还有体育馆、体育场、医院，以及按照羌族传统文化设计的市中心旅游点。

新的北川中学得到了联合国教科文组织的帮助。那里的教师来自全国各地，而那里的各种教育设施丝毫不亚于中国大城市里的学校。教室里、黑板的背面都配有高清视听屏幕。操场、宿舍、教室所有的建筑设施都是依照最先进的抗震要求来建造的。

在此，我也以对台宣传为例，说明用事实说话的重要性。由于生活环境的不同，所受教育的不同，价值观的不同，台湾同胞也和西方国家的受众一样，不愿接受被认为是"宣传"的东西。

原《中国建设》编委会成员、上海市原副市长金仲华就说过："最好的宣传，使人通常看不出是宣传；看得出是宣传的，是最不好的宣传。"那么，最好的宣传是什么呢？我认为就是用事实说话，就是客观报道。对我们的宣传对象而言，只有客观报道，真实反映客观事实，才是可信的。当然，再客观的报道，也不会没有作者的主观立场，更不是有言必录、有闻必录。

我退休后曾多年担任一家对台刊物的编审和顾问。在我经手的对台报道稿件中，最常看到的一个不好现象是，大话、空话、套话太多，还时常有大量的会议消息及成串的名单。比如有这样一篇稿子，写的是抗旱："干群一条心，力量胜过天"；"大家都表示决心：我们是创造历史的英雄好汉，塘干了揽湖水，湖水干了揽江水，定保秧苗不受旱，誓夺农业大丰收。"这里面就看不到什么鲜活的事实，基本上都是口号和空话、大话。显然，作者在写这篇稿件时，完全没有想到要落实对台报道要用事实说话的基本要求。我们平常会讲一些政治术语，本身就不宜直接用在对台报道中，非得使用时，必须得加以解释，让读者或听众能明白。再如历史事件、地理名词、古今人物、政治体制、选举制度，还有民情风俗、历史典故等。解释和说明时，所引用的各种资料、史实、年代、引语、数字等，都要查核清楚。

我以前的同事李超尘在一篇文章中还提到过这样一个例子：

《大陆见闻》，全文近千字，前400多字是主人公的"小传"，余约500字谈主人公对大陆物价、治安和人情的看法。如果作者能把这三个方面写得具体些、实在些，那么这篇报道就会有一定的可读性。可惜，作者"蜻蜓点水"，一带而过，便草草收场。这不单纯是写作技巧的问题，还有采访不深入、掌握的素材不多的因素。

我们报道的文风要平实，在国内报道中常会见到言之无物的华丽文辞，讲到成绩必定要写"非常辉煌"，写到胜利一定会说是"非常伟大"，诸如此类的宣传腔，在对外和对台报道中都是不适当的。

事件通讯，是以具有典型意义的事件为报道对象的通讯，更需要用事实说话。它围绕中心事件选材以后，需要通过典型事实表现一群人或一个集体。所以它通过较为详尽地展示事件的完整过程，把事件发生的前因后果交代清楚。要生动感人，使读者有身临其境的感觉。可以通过利用描写手法使叙事生动起来，但要注意详略得当。另外，虽然写的是事件通讯，但一般都特别讲究写好事件中的人物。事情都是人做出来的，写事必然要写到人。离开了人，离开了生活，是写不好事件通讯的。

至于人物通讯，写人要从生活入手，以生活为重点，方能写出人物的特点，自然也需要用事实说话。

我们的报道强调让读者自己下结论，但行文中有时也可能讲完事实后，有一些合乎逻辑的议论。这时就要审慎处理，想说的一定得是事物的本来面目，结论应该是事物发展的必然结果。对事件或人物的评价也是一样，要把握好分寸和尺度，留有余地，防止片面性和主观性。这就是爱泼斯坦反复强调的一个道理："无论如何，你最好尊重事实。"

这里面可能还有思想观念或工作态度的问题。比如工作作风不严谨，大大咧咧，粗枝大叶，采访不求深入，喜欢道听途说，或者浅尝辄止，沉不下去；或者因为拥有的材料不够充分，可供选择的东西不多，于是采取一种不负责任的做法，牵强附会，以想象代替事实。那样的话，写出来的肯定是败笔。

要解决好这样的问题，就要坚持新闻报道必须尊重客观事实这一唯物主义观点。只能用事实说话，一切都要从事实出发，不能先有条条框框，然后带着一种主观臆想去寻找所谓的事实来诠释我们的主观意图。

（三）实事求是

对外报道不但要用事实说话，事实还得真实、准确。实事求是是一条重要原则，写作时须臾不可忘记。

先讲一个故事。1987年台湾当局政策转变以后，台湾的艺人纷纷来大陆演出。刚开始的时候，大陆的观众或听众对他们有一种新鲜感，他们的演出总能取得很好的效果，知名度大大提高。于是形成了一种思维定式，似乎只要来大陆演出，一定能引起轰动，大获成功。歌手李亚明是1989年5月来北京演出的。为了造势，主办单位事前先办了一场记者招待会，说他是"台湾摇滚歌王"。这就给了记者对他的第一印象。紧接着，我参加了他的演唱会，发现他的演唱水平不过如此，没有带来预想的轰动效应。第二天上午，我到北京国际饭店去采访他，都下午3点了，他刚刚起床，午饭都没有吃。他的助手们对我说，昨天晚上演出回来，大家研究了一个通宵，商量如何办好第二场演出。第二场演出我也去看了，结果好一些，但是场内的气氛又被他自己破坏了。他本来是想说几句讨好观众的话，可是一开头就把观众惹着了："这是我头一次来国内演出……"接下来想夸奖北京观众的话还没有说完，台下就起哄了。结果，第二场演出还是没有取得预期的效果。说实话，我对他的演出事先是很看好的，但却成了这样。写报道的时候，我也只能实事求是了。不但如实反映了场上的情景，还指出，在两岸交流增加的情况下，不可能每位从台湾来的艺人都能在大陆取得成功，引起轰动，这是正常的——这是一个从事实中自然引出的结论。

在已经开放、两岸已经增加了相互了解的情况下，空洞的道理、内容空泛的文章，对台胞来说，比以前更没有吸引力。现在更加需要用事实说话，而且要实事求是，任何对成绩的夸大、美化，对缺点和困难的掩饰、回避，都会产生相反效果，会使我们自己陷于被动。

再举一个例子。1987年3月间，有一篇题为《人大代表政协委员登天安门》的文章。其中写道："如今天安门城楼整修得一片簇新，重檐飞翘，画栋雕梁，雄伟壮丽，金碧辉煌，不论是初登临的人大代表、新增补的政协委员，还是以前来过的人大代表、老政协委员，每个人登上城楼以后，都要情不自禁地手扶栏杆极目远眺，静思默想，浮想联翩。"问题来了：真的是每个人都那样做吗？既然是"静思默想"，记者怎么会知道他们"浮想联翩"呢？显而易见，这位记者当时不可能，事后也不会去问每个人在城楼上的心情和想法。所以这样的事实就不可信，因为不符合事物的规律，更经不起推敲，自然也就不会令人信服。我们在写稿时，常常会写到被访人的心理、想法，有时是想当然，把猜想、揣测当成事实来写，说人家当时心里想什么，心情是怎样的，然而这些猜测是否真实，一定要多加酌量。

数字也是一种事实，也必须真实和准确。写经济建设、地方变化、企业发展之类的报道，总离不开数字的使用。恰当地使用数字，再加以前后对比，的确能给人留下深刻印象，使报道增加可信度。但是，对外报道中，数字不宜用得太多，更不能滥用，否则会起到副作用。爱泼斯坦就说过："如果一篇文章中只用一个数字，我会记得住，如果有10个数字，我一个也记不住。"这就道出了数字使用的辩证法。另外，必要时还需说明数字的来源，以增加其权威性和可信度。最好不要用"据说""据了解"等这样一些含糊的说法。

要对外介绍中国取得的成绩，特别是写事件通讯，会与相关多人交谈，以便了解事件的方方面面。在整理和选择材料时，一定要对每个人所谈是否真实加以判断，下笔写作时更不能人云亦云，或者有言必录。曾先后任《北京周报》《今日中国》总编辑的黎海波就曾这样强调数字的准确："和工商界人士谈话，少不了用数字。然而值得讨论的并不在于是否用数字，而在于用得是否恰当、准确、说明问题。"

我在编辑来稿时，经常会看到数字用得不准确或者含混不清的情况。比如，没有出处，就降低了可信度，会让人对其权威性产生怀疑。作者倒不一定是成心虚报，而是采访时没有搞清楚，或写作时把出处漏掉了。千万别有"差不多就行了"的想法，特别是引用数字，一定要有一说一，有二说二。

还有一种情况，看起来像被采访对象所误导。年轻、经验不足的记者采访，容易被人牵着鼻子走。有一类采访对象只知道埋头苦干，不计名利，出了名也不愿接受记者采访，即便接受采访，也是把自己的事迹轻描淡写，最多也是有一说一，不夸大其词。对这类人的信息收集不仅要听本人提供的数据，还需要从其他方面获取一些材料，才能把人物写得丰满，有血有肉。而另一种人则不然，他们喜欢张扬，甚至会想方设法利用记者的采访。对这类人所提供的数据要慎重，谨防话里有不实之词，数字有假。

之所以这样反复强调无论事实还是数字都要真实，是因为真实意味着反映事物的本来面貌。无论是一个人物还是一件事情，一般说来总有两面性。我们的对外报道，当然要遵循正面报道为主的要求，但是如果只有正面报道，效果反而会不好，因为会让人觉得不真实。

第六章 精心写作是对外报道成功的关键

"文革"期间，我们的对外报道往往把国内的形势说得总是一片大好，对我们的事业总是一片赞扬声，使许多外国朋友产生了一种错觉，以为中国什么都好，什么问题都解决了。待到"文革"结束，大量的问题被揭露出来，好像"文革"那些年到处都一片黑暗，之前的报道也不能让人信服。这让我们的对外宣传信誉下降，在国外失去了一大批读者。改革开放以后，我们国家的言论尺度放宽了，对外交往大幅增加，大量的外国人、华侨华人和台港澳同胞都来了，还有不少外国记者和台港澳记者常驻，天天采访大陆新闻，向全世界公开报道。在这种情况下，如果我们只报喜而不报忧，客观存在的缺点、困难和问题想掩盖也难。

爱泼斯坦1978年在外文出版社做报告时，曾分析过那段时间的教训。他说的正是在我们的外国朋友当中怎样"引起思想混乱"的：

过去，无论资产阶级（或修正主义者）咒骂我们还是说我们好话，我们的朋友总是毫无疑虑地接受我们所说的（他们也许对我们宣传的方式不欢迎，但他们从来也不怀疑其实质）。现在，他们就不是这样了，因为几年来，他们听到中国官方宣传中有非常不同的和自相矛盾的事情。他们本来是愿意信赖我们的话，接受我们对他们所提问题的回答，坚信我们所说的不仅事实可靠而且提供了正确的马克思主义解释的——但是现在，他们对我们出版物中发表的东西已经不再是一律接受了，他们要先通过自己的头脑考虑一下。这就是我们应该帮助他们的事情，如果我们做得好，这就能在我们的朋友中间建立比过去更加牢固的了解，同时也将改进我们自己在宣传和说服工作中的能力。

由此可见，我们的缺点、困难、失误和问题，无须回避。实事求是地报道，把问题讲清楚，反而会产生好的效果。当然，在报道负面消息的时候，需要掌握好尺度，最好同时也说明问题已引起重视，正在采取措施加以解决。

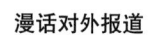

关于坚持新闻真实性的要求，在开始选材的时候就要予以重视，到了动笔行文的时候更不能轻忽。

陈毅曾为《中国建设》题词，讲的就是这个问题："事实胜于雄辩，唯真理可以说服人。《中国建设》向世界各国朋友介绍真实情况，这是对世界和平的贡献，谨祝继续努力，获得更新更大的成就。"

段连城则强调："真实最有说明力。"我理解，他说的"真实"就是要实事求是，既报道我们的成就和辉煌，也不避讳我们的困难和不足。当然，这方面要做得好，不光有方法和技巧问题，还有立场和分寸的把握。

说到立场，大家都容易理解，自然是站在党和国家的立场，站在人民的立场说话。写到困难和缺点，不能为暴露而暴露，更不能像敌对势力那样利用我们的困难和缺点，抹黑我们的党和国家。

分寸又需要如何把握呢？

从正确的立场和目的出发，我们在对外报道工作中必然会注意到：原则上还是以正面宣传为主；在报道消极面时，不是为暴露而暴露，而是就海外受众已经知道并关注的问题去解疑释惑；历史地看问题，说明我们面临的许多问题都事出有因，既有主观指导上的原因，也有许多其他复杂因素；还要引导受众辩证地看问题，相信我们的主流总是好的，困难正在克服，问题将会解决。最好还说明采取的是哪些措施。同时，报道消极面不宜过细，还要有些分析。

对此，爱泼斯坦给我们讲课时是这样说的：

说话应斟酌、有分寸。当然不是"一方面这样，另一方面那样"一类吞吞吐吐、模棱两可的方式。我认为极端的做法应该避免。例如改革开放某个阶段，谈到国营企业和私营企业时，就没有分寸。谈到私营企业活跃国民经济时，就说国营企业如何一团糟，而这一家私营企业经营得如何如何！有的时候，甚至美化当铺。我曾与我们杂志的某个人争论过这个问题。有时当铺出现被当作社会主义改革的伟大成就之一。我们一个时期宣传香港、澳门的生活方式没有变化时,也有过错误。例如有一张图片反映澳门一条街,确切的文字我不记得,大意是:"这是繁荣的澳门赌场"。接着说:"另外有一条街有许多当铺",好像说,你输了钱不用担心,可以到当铺去当衬衣。我们无法阻止人们去赌博,但不应该将赌场、当铺当成一种成就来宣传。我们宣传应平衡。我们应该有见识,我们也应该有原则。这并非说我们应该教条,或者极左。我们应该保持正确立场,而不应该从一个极端走向另一个极端。

接着再看另一位老前辈段连城是怎么做的。

1986年上半年,《北京周报》和《人民中国》先后发表了段连城写的一篇游记,题目是《阳光·阴影·希望——南游百日记》。全文长达1.5万字,写了"工业之国""初庆温饱""消费早熟""古迹新生""漫谈改革""不堪回首""尊重历史""希望所在"等八段,实事求是地报道了他所看到的一个地区的现实情况,既写了成绩,也写了缺点,既有高兴,也有担忧,既有表扬,也有批评,总之是既有阳光,也有阴影,更充满了希望。

这篇文章发表后得到了很多好评。日本一位读者来信说:"任何通讯报道一旦隐瞒了真实性,就成了宣传(在外国人口中,这两个字有深深的贬义),使人像吃了沙子一样的牙碜。既有阳光,又有阴影,这是从历史得出的现实,我们能够理解,因而就有亲切感。相反,那种失去信用的报道,只能使人们敬而远之。"

老领导的这篇文章之所以受读者欢迎,我们更把它当作教科书来学习,就是因为没有空洞的说教,没有宣传味,通篇都是用事实说话,既讲好的一面,也不回避我们的困难和缺点,真实可信。这就是他自己在《"对外传播学九条"述要》中所讲的:"在坚持'正面报道为主'的前提下,反映问题与困难、缺点与失误,不但可以容许,而且应作为对外宣传的一个重大课题来探索，解放思想，大胆实践，总结经验。"对此，他的老朋友沈苏儒这样说：他的文章之所以那么受外国读者的喜爱，说明了"实事求是、讲真心话、人情味、幽默感、对读者对象有一定了解等因素在对外传播中的重要性"，"掌握了这些要素，再加上敏锐的观察和高度的写作技巧，不难成为成功的对外传播工作者"。

一些对外报道工作者已经开始这样做了。

前面提到过的戴德忠的文章《北京的交通战争》，在这方面做得是很成功的。他这样总结道：

北京的交通的确存在不少问题——类似50年代末日本的"交通战争"时期，列举了不少车辆和车祸死亡的对比数字。接下来分析了造成这些问题的原因，即所谓的慢变化赶不上快变化。慢变化指的是道路，快变化指的是机动车辆、自行车和城市人口的猛增问题，这些都是客观实际，谈起来真实可信。文章在谈问题的同时，也运用大量篇幅介绍了近些年北京交通设施和道路建设方面所做出的种种努力。总之，文章既讲了成绩，也讲了存在的问题；谈了好的一面，也谈了不足的方面，比较客观现实。

相类似的情况是，"文革"结束之后不久，《人民中国》曾正面地报道过有关青少年犯罪现象。选定这个题目是需要一点勇气的。这家刊物报道了这一严重的社会问题，让国外读者知道我们国家也有这样的"阴暗面"。曾在一段时间里侧重采写和编发这类文章的时任副总编辑李耀武写下了这样的见解：

从后来大批的读者来信和国内外青少年犯罪问题专家来看，我们的"宣传效果"是好的。读者认为，通过报道不仅了解了中国青少年犯罪方面的情况，而且从杂志敢于客观报道"阴暗面"这个事实本身，增加了对杂志乃至中国的信任。

李耀武采写和编发的这类稿件中有一篇，标题是《教育、感化、挽救——劳动教养所的方针》，这正是中国政府定下的对犯罪青少年进行劳动教养的工作方针。他这样写下了一家劳教所的所长执行这一方针的经验之谈：

我总结了这样几句话：查根源、晓以理；找症结、帮具体；观后效、管到底。所谓"查根源、晓以理"，是指具体到某个学员，首先要查明导致他犯错误、走邪路的根源在哪里？然后指出，为什么是错的。比如一个小偷，所以要偷，有的是因为没有生计，有的是因为要吃喝玩乐，有的是因为结婚讲排场，有的是因为母亲病危无钱医治，有的是在情人面前装阔气……你要针对这不同情况，分别指出何以为错，以理服人。

但是，光讲道理还不够，还得指出每个人犯错误的症结所在。比如，他会对你说，我知道，无论如何偷是不对的，但我无法生活，不解决就业问题，我还得偷。这是最难办的。但是，还得千方百计，同社会各方面联系，协力为他创造一个生活出路。这就是"找症结、帮具体"。最后是"观后效、管到底"。好理解，就是看他的实际表现，检查我们工作做得是否对头。如果他实际上进步不大，或没有进步，那就改变方式，或者多谈几次，多帮一些。总之，要对他负责到底。

我相信，国外受众看了这样的报道，只会钦佩中国政府对处理青少年犯罪问题有这样一个方针，了解到还有像这位所长一样的许多工作人员在帮助和挽救失足者。这就是实事求是进行客观报道所以能获得正面效果的原因。

李耀武在写这样的文章时，并没有写上"你看我们国家在这方面做得多么好啊！"之类的话，而是让读者从他所报道的事实中自己去思考，并得出自己的结论。代替读者下结论，正好是有些在对外报道中经验不足的同志常犯的毛病。

对此，朱穆之在担任中央外宣办主任时这样讲过："宣传品要使人感到不是宣传，不是广告。我们现在最容易犯的就是这两个毛病，使人一看就知道你是在宣传，在做广告。外国人看是宣传味重就会反感。""我们的宣传，是要让人家真正了解我们的情况、政策，不害怕，而且愿意和我们发展友好关系。主要是从这个角度去考虑，不是硬要人家接受我们的政治主张。当然，把我们的情况介绍好了，也就宣传了社会主义。"他还指出，一些电视片的解说词也很有问题。一个是自满得很，给自己做了许多很好的评价，这个不好，人家会反感。"好不好让事实说话嘛，不用你去下结论。另外一个是不相信观众，总是告诉人家，你看我这里多么多么美啊！你看这件事多么多么有意义啊！这些道理观众会懂，用不着你去教他，你一教他，他反而不看了。这些都是宣传味太浓的表现。"

外宣小组另一位领导周觉也讲，宣传好今天社会主义中国的现实情况，也就是宣传了社会主义制度的优越性。不要空话连篇，不着边际，贴标签也要不得。

香港大名鼎鼎的查良镛先生讲过："讲老实话，恐怕还是新闻改革的一个方向。当然，取舍的时候，要根据国家的需要，根据社会稳定的需要，根据党的政策的需要。"实际上，他讲的也是如何在对外报道中说到另一面时怎样把握好分寸。

赵启正2001年10月有篇讲话，题目就是《把中国真实的情况告诉外国人》。文中他提到，外宣图书首先要有好选题，接着强调的是选好作者。他说：

一定要选有真才实学的作者，一是有学问，懂得他所要写的领域，第二他要了解外国人的心理，否则，用中国人的心理，像写给中国人一样，就会出问题。……难的是作者要随时记住是给外国读者写书，要克服给中国读者写书的惯性。斯诺的伟大就在于他不仅把中国革命写出来，而且让外国人能理解。我们能不能发现几位"斯诺式"朋友，对待这样的"斯诺"绝不能希望他不写中国的缺点，他是外国人，有外国人的观点，他可能认为中国改革开放还不够、中国还有缺点，可能要评论。我们欢迎这样的批评，完全不写缺点的文章也是不容易取信于人的。

我引用这么多话，就是想让大家理解，在对外报道中，讲我们在工作中、在国家发展的过程中还有哪些困难和不足，是因为我们有信心，但是要把握好分寸，这是我们与怀有敌意的记者的根本区别。

二、确定恰当角度

"角度"这个词本来是对摄影而言的，意思是拍摄时可以正面或者侧面，可以用仰角或俯角等不同的角度，拍出各具特色的照片。我在《中国建设》工作期间，曾与摄影记者一起外出采访，无一例外的是无论哪位摄影记者到了采访现场，都要先寻找拍摄角度。因为他们都知道，在找角度上要多下功夫，有了好角度，才能拍出好照片。

"横看成岭侧成峰，远近高低各不同。"这句诗说的就是事物本身都是多侧面的，它好似一个五光十色的多面体，既可以从这个角度去观察，也可以从那个角度去体验，不同的角度得到的是不同的认识价值。写文章同样也有选取哪个角度才能更好地表现主题思想的问题。

（一）好角度，必新奇

对新闻报道而言，角度是指采写者在发现、挖掘和表现新闻事实时的着眼点和侧重点。构成事物的各个因素和各个侧面都是新闻报道可以选择的角度。角度选择的不同，产生的宣传效果就不一样。如果选择的角度不新奇，写出来的新闻就平淡无奇；反之，如果角度新颖独特，写出来的稿子就富有新意和感染力。从这个意义上来说，角度可以理解为作者写人、写事的重心或侧重点，是透视新闻事实的一个立足点，或者是从事实的一个侧面来揭示主题的一个突破口。选取什么角度，要服从于怎样才能更好地反映事物或人物的本质特征的需要。这要对已掌握的材料进行分析。虽然选材时就应当对角度有所考虑了，但动笔写作时对角度的选择更为关键。角度选择得好与不好，在很大程度上决定文章质量的高低。

如果是写人物，不大可能面面俱到，没有重点。从小写到大，从大写到老，学习、工作、生活都想写，篇幅拉得很长，像是一个人的履历，那便没有什么角度可言了。要想成功，就得考虑从哪个侧面来写。是写他丰富的人生阅历，让读者对这个人物有一个全面的了解？还是写他某方面的工作成绩，让读者看到他经过努力后如何实现自己的人生价值？还是从他的国际影响看他对促进中外交流而做的贡献？这些不同的侧面都是不同的写作人物的角度。

角度的选择有个过程。采访之前如果已经通过各种渠道对采访对象有了比较多的了解，掌握了比较多的材料，很可能对角度的选择已有了初步设想。通过采访，又把其他需要的材料挖掘出来，在选材时角度已经呼之欲出，应当已经知道从哪个角度入手来写才好，等到动笔时，这个人物的特点就基本出来了。

同样的道理也适用于写事件通讯。

1983年，我到山东蓬莱采访。对这次采访，我是做了一点准备的，主要是通过兄弟媒体已发表过的报道，还查看了蓬莱的相关资料，对报道的重点大体上是心中有数的，那就是介绍它的新面貌。但是，要表现一个地方的新面貌，也可以有多个不同的角度，到底选哪一个，思想脉络并非很清楚。于是只能把应在采访前做好的准备工作，放到了采访当中。头几天，我接连采访了县长和县直各部门，倒是也掌握了蓬莱的历史变迁和解放后各方面的发展与变化等，材料已经十分丰富。这时我开始思考写作角度，却一时拿不准重点写什么。不过，有一点我是很明确的：不能工业、农业、商业、副业、文化、教育，等等，全都写到。在苦苦思索的时候，专门陪我从烟台来的当地朋友向我推荐一个村的老支书，说他不仅工作有成绩，而且很有见地。他陪我先去了支书家里，家人告诉我们支书在村头花园里。"这个村已经有了自己的花园？"我的兴致一下子高了起来。到了那里，看到一个小公园已经初具规模，有花有水，有花窖，还建起了一个小亭阁。这位老支书在这里向我描述了村民们怎样过上了富裕生活，又在怎样创造更加美好的前景。我很受感动，感动之余，突然想起前两天在天下名楼蓬莱阁上看到的叶剑英元帅题诗："蓬莱士女勤劳动，繁荣生活即神仙。"思路豁然开朗：从生活这个角度来写不是很好吗？写作时我从这个角度落笔，凡与生活无关的材料全都舍弃了，单讲生活在传说中蓬莱仙境的人们，如何用自己勤劳的双手创造了神仙般的生活。事后想来，选取这样一个角度来写这个地方，主题思想更加明确，重点也就自然形成了。这要比一一罗列这个地方的各项发展成就要好多了。而且，写的是事件通讯，但是写了人，写了生活，自认是一篇成功之作。

通过这件事，我自己对选好角度的重要性，也有了更进一步的认识，同时更加注意向老同志们学习，向各对外媒体的同行们学习。有着丰富对外报道采写经验的谭曼尼就善于选取写作角度。关于自己后来接手的旅游报道，她曾有过这样的经验之谈：

必须努力挖掘一省、一城、一游之"绝处"，即它在世界或中国都是罕见的独特之处，或在世界历史、中国文化进程中具有重要意义的方面。抓住了这个方面，其他方面则可一笔带过。一定要打破求全的框框。不然，如国内常见的游记，不是名山大川，就是园林古庙，读起来令人乏味，而且免不了会大同小异，似曾读过，印象不会深刻。而且，这种死材料，在我国翻译出版的旅游指南书籍中比比皆是，没有新意。

一篇报道，题材和角度选对了，就成功了一半。如《上海——中国城市生活的橱窗》（见《中国建设》1979年第10期），采用生活角度，摒弃过去写上海就要突出"从消费城市到生产城市""帝国主义、冒险家的乐园"的角度。《成都——历史胜迹与文化遗存》（见《中国建设》1980年第5期），既把读者引到都江堰，也把他们带到街头巷尾、茶馆、小吃店。……

写（少数）民族城市也很容易会落入俗套，更要着力求"绝"。在写乌鲁木齐（见《中国建设》1981年第1期）时，我采用了维吾尔族的发展历史与城市形成的关系的角度。而在写南宁（见《中国建设》1984年第8期）时，则从城市壮族节日风情入手，突出壮族先民的花山原始岩壁画。……但在《海螺沟冰川探险》一文中，破例写了我第一次骑马翻山越岭，在崎岖羊肠的山道上的惊吓窘态，旨在给文章添些有惊无险的刺激性。

我的老同事饶凤岐长期从事体育报道，堪称这方面的专家，也是我的一个学习对象。发表于《中国建设》1988年第3期的《今年奥运会中国能再次获得十五枚金牌吗？》，在我眼中就是一篇妙文。该文妙就妙在选对了读者所关心的问题这个角度。请看开头他是怎么写的：

在4年前的洛杉矶奥运会上，中国运动员曾获得15枚金牌、8枚银牌和9枚铜牌，使中国的金牌总数居世界第4位，从而结束了中国在奥运史上金牌数为零的历史。

今年，第24届奥运会即将来临，我国健儿能再次获得15枚金牌吗？去年底笔者曾采访在广州举行的第六届全国运动会，现以这次运动会的赛情，对中国体育实力做些初步的分析。

他选这样一个角度，完全是为读者着想的——用早已闭幕的全运会的资料，引出了一个读者关心的新问题——在新一届奥运会上中国还能拿到多少金牌。他的想法是这样形成的：

以《中国建设》为例，从记者发稿到印刷发行，刊物最后到外国读者手里，前后需要3个月。这就需要记者在报道时间性较强的内容时，必须寻找新的角度，做好"事后文章"，否则，读者就会失去阅读兴趣。……第六届全运会是1987年11月底在广州举行的，这是我国体育战线一件盛事，《中国建设》理所当然地要加以报道，然而读者要从《中国建设》上了解这届运动会的情况最快也要到1988年3月，中间跨了一个年份。……因此我在采写全运会时，没有采用直写的角度，而是绕了个弯儿，以"中国还能获得15枚金牌吗？"为题，对全运会加以报道，即以全运会的基本情况为依据，具体分析中国体育的进步和不足，以及一些运动项目与世界水平之间的差距。告诉（外国）读者哪些项目是中国的强项，哪些项目目前还不具备与强国竞争的实力。……这时我们告诉读者中国运动员的实力及在奥运会上将会有的表现，无疑会使读者产生兴趣。

再举一个《人民日报（海外版）》的例子。那是为对外报道厦门经济特区设立10周年的成就而写成的。《改革开放的新景观　厦门银行比粮店多》这个标题十分引人注意。文章不长，但选了一个好角度——从特区开设的银行之多这样一个侧面，来反映特区设立10年来发生的巨大变化。

文章的开头是这样写的：

厦门经济特区的一大经济景观是，银行比粮店多。

仅2.5平方公里的湖里工业区，竟有中外银行、代表处13家，而粮店只有一家。而商业区更是银行云集，从鹭江道到文化宫一公里长的中山路，单是外资银行的分行、代表处就有8家，中资金融分支机构少说也不下20家，还有目前我国唯一一家中外合资银行，人称中山路是"金融一条街"。

接下来的四段，分别写了各银行和金融机构来到厦门特区的发展，尽显厦门银行之多。最后的结尾一段，还是没有离开银行：

厦门特区的城建面积已经由原来的14平方公里扩大到近50平方公里。新的政治、经济中心正移向湖滨路。中山路"金融街"也相应地延伸到湖滨路。这是新的趋势。路南已崛起了12层高的人民银行大楼，外汇调剂中心、证券公司就在大楼内。楼外，一侧是保险公司，另侧是福建兴业银行和标准渣打银行分行。路北依次是新落成的工商银行大厦、国际金融大厦（工行）、水仙大厦（建行）、振业大厦（国际信托）。一幢比一幢层次高、现代化。宏伟的大厦显示出雄厚的资金。从中山路"金融街"的延伸，到湖滨路"金融街"的开建，反映出厦门特区金融业的发达。无论按特区人口还是特区面积计算，其密度皆为全国第一。发达的金融业，对于走向世界走向现代化的特区必不可缺，它体现着一个特区内在的活力和外向的诱惑力，也反映着特区人支配生活的经济实力和价值观念。

这篇文章主题新颖，角度选得好，材料集中。这种写法，自然比面面俱到要好得多。这是因为，10年中厦门发生的变化太大，也太多了，如果一项项都要说到，似乎很全面，但是无论哪个方面都不会给人留下深刻的印象。相反，只写"银行比粮店多"这一点，让人一下子就记在了心里。由此可见，选择一个好的角度是多么重要。

最后再看一位外国朋友报道中国的成功例子。

1984年，正是中国实行改革开放后的第六年，《中国建设》英文改稿专家、编辑和作家，来自美国的戴尔·比斯多夫作为报道组的一员，赴河南刘庄采访。通常，写一个地方，会注意到它的自然条件、人口数量和经济、社会、教育、文化等各个方面。不过，这位专家没有这样做，他在对这个村庄的方方面面有了充分了解，掌握了大量材料之后，只选取了村民们的精神方面的材料，决定从这个角度来写刘庄的发展和变化。他自己这样说：

计划中的采访是立体式的，要分别访问一个贫困村、一个中等村和一个富裕村。刘庄当然无愧于极富村的称号，但仅此一点并未能引起我主要的注意力，在相当程度上，吸引我的是倒我在村里的群众身上看到的那么一股精神。

他后来写成的文章标题为《乡村妇女——母亲们》，集中写的是这个村的中老年妇女们的从前和现在。文章的开头部分是这样写的：

在河南刘庄，村子里有一些年迈妇人，每个人都可能这样开始讲述她的人生故事："我娘饿死后，我被卖作童养媳，那时我年仅三岁……"村子里还有不少稍上年纪的女人，她们都还记得缠足之痛。解放前，这里的女人为封建礼教所束缚，都目不识丁。现在，所有这些女人的女儿们都在学医，或做工，或跨上轻骑兜风。……

这位美国朋友从刘庄的发展和变化中看到的是人们精神世界的改变和提升。这个角度是选对了的。

仅此一例就可以说明，采访之后有了适当的题材，还要从一个角度，来选择和使用这些材料，以更好地表达已定的主题思想。这也不难理解。同一件事、同一个人，总包含着许多个方面。既然新闻报道要抓取最有典型意义的材料，就要设法选取最好的一个方面来加以介绍。这样的角度才称得上新奇。

（二）选角度，有门道

以上这些成功的例子都可说明如何才能选好角度。这里面的门道有哪些呢？

275

1. 能反映一件事或一个人的本质特征

1947年3月20日新华社报道，我军撤出了延安。在国民党反动派调集重兵进攻解放区的情况下，从什么角度来报道这件大事，关系极大。新华社的消息正确判断了这一事件的本质——主动撤离是我军的战略方针，但不回避敌人的嚣张气焰。敌人得到的是一座空城，而我军力量并未受损。从这个角度来报道这一有可能被敌人利用来动摇我军心的事件，解放区人民看了不但不会泄气，反而会受到鼓舞。选这样一个角度，便抓住了这一事件的本质。

2. 能反映事件或人物的特点

1991年10月，旅日福建同乡会在家乡福建省的福州市召开了第31届恳亲大会。旅日华侨（包括福建同乡）非常团结，这自然与中日特殊关系有关，因此，只有团结起来才能有效抵制日方和台湾国民党方面的种种破坏和阻挠。爱国侨领和这个团体在这方面发挥了很大作用。他们的团体既是团结的象征，也是交流和互助的一种形式，还是与家乡联系的桥梁和纽带。采访之后我写了一篇题为《为了旅日乡亲的团结和交流》的通讯。我认为从团结和交流这个角度来写，便抓住了这个团体和旅日福建同乡的特点。而如果向他们提一些与政治有关的问题，反倒偏离了他们这个团体和这次恳亲会的主题和特点。

3. 是读者对象所关心和感兴趣的问题

这就是本书第一章里讲到的"受众意识"。选材和写作时选取什么角度，自然也要有这种意识。从受众所关心的问题入手来选取角度，写出来的对外报道才会有针对性，才会受到他们欢迎，才会在思想上、感情上引起他们的共鸣，这是毋庸多言的。

前面提到的《中国建设》的英文改稿专家那篇报道，选取的是刘庄妇女们的精神变化这一角度。相较于一般性地介绍这个地方以前如何贫穷、现在如何富裕这种最常见的写法，精神变化这一角度自然更为读者所关注。作者用一个个鲜活人物的口述，更会让读者觉得真实而有趣。比如：

现年69岁的韩兴梅缠足时才七八岁。每只脚都用布条包裹得紧紧的,过一阵子又裹得更紧一些,直到四趾和脚缘弯折到脚板底部并紧紧贴住为止。她还记得自己当时痛得哭爹叫娘,不住地将两脚摸来压去,以减轻疼痛。如果她试图解开裹脚布,祖母就会打她。家里人竟都是出于爱才这样对待她。那时,一个姑娘如果有一双又大又丑的脚,是找不到婆家的。婆婆们审视未过门的媳妇时,总先看脚再看脸。

读者看到她这一代妇女以前的遭遇后,一定很想关心她们后来怎样了。所以作者接着告诉读者:后来,解放了,社会变了,妇女的地位提高了,有了自己的组织了,开始学识字了,可以走出家门参加劳动了。这种种变化,也是由那些妇女们一一道来。比如:

做妇联工作已经30多年的夏芝香今年55岁。她说:"大多数妇女想工作。她们深知,男人种粮,我们吃,那么男人们随时随地都可以对我们示威。对那些上了年纪的妇女和小脚女人,我们从来没去做过动员,但她们当中,也有一些人自愿来了。"

在他后来写的文章《我为什么写刘庄》里,他还发过这样的感慨:

1949年以前的刘庄极其贫困,而现在极其富裕,但村民们不仅仅用诸如粮食增产或人均收入或电视机数量之类的话来描述他们的进步。他们经常提到的是克服古老的宗族分裂,正在成长的民主意识,谈到这种民主气氛不但表现在村政而且也在家政方面得到反映,每家都一年一度地选举掌管家庭财政的"头儿"。……

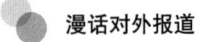

我听到的有关刘庄的每件事都使我想进一步了解刘庄。我暗自沉吟道：应该有人来写一写刘庄，而我愿成为这么一个人。从那以后，我先后三次回访刘庄，同村民个人进行深度交流。现在我正在写一本书，叙述刘庄从1949年以前到迄今为止的历史。

我在编辑来稿中常发现，不少作者心中所想的不是读者想要的，不是读者是否喜欢，反倒是上级领导会中不中意。不是为读者负责，而是片面地为上级领导负责，这就是思想出了偏差，角度也就选不对了。角度选不对，就很难写出读者爱看的对外报道。

三、注重语言风格

要写好对外报道，能正确地使用祖国语言自然十分重要。毛泽东在《反对党八股》一文中这样说过：

语言这东西，不是随便可以学好的，非下苦功不可。第一，要向人民群众学习语言。人民的语汇是很丰富的，生动活泼的，表现实际生活的。我们很多人没有学好语言，所以我们在写文章做演说时没有几句生动活泼切实有力的话，只有死板板的几条筋，像瘪三一样，瘦得难看，不像一个健康的人。

一般说来，新闻写作，语言要准确严谨，简明扼要，鲜明生动，具体真切，通俗易懂。

对外报道更注重平实、简洁、亲切感人，讲究言之有物，忌讳空话、套话或者官话。

（一）宋庆龄树立的典范

宋庆龄是一位伟大的女性，在她的革命工作中，对外宣传是一个重要部分。为了与社科院老专家尚明轩先生合作出版《宋庆龄的后半生》一书，我研读了宋庆龄的很多文章和书信，后来还整理出了一篇文章——《像宋庆龄那样对外介绍中国》，从几个方面介绍了宋庆龄的对外宣传实践和经验。其中包括她的语言艺术。

宋庆龄深谙对外宣传的语言艺术和技巧。我理解，最主要的一点是因为她在对外宣传和与友人交流时，总想让对方能懂，能喜欢，能接受。她还希望国际友人在向他们国家的人民介绍中国时也能这样做。1968年2月，她就向英国利兹大学研究中国问题的一位教授提出过这样的建议："我真的希望在英国有人能看清楚中国发生的历史性的变化，并以西方人能够理解的语言去解释（我确信会有这样的人）。"

下面举几个例子，看她自己是怎样做的。

1950年5月宋庆龄在为莫斯科《少年先锋报》所创作的《解放斗争中的中国儿童》一文，是向苏联少年介绍中国儿童在解放战争中的奋斗和贡献。为了能让苏联小读者们看得懂、喜欢看，她写了这样一段：

我国少年在历史性的阶段中所创立的革命事迹，有许多情形与英勇的苏联少年过去的事迹相似。回想他们在火线前后的自我牺牲和英勇的事迹，使我们联想到"帖木耳分队"和"青年近卫军"这两个故事。我们也有我们的"帖木耳"和"青年近卫军"，他们也在争取人民所应得的权利斗争中表现了国际主义的勇气。

这里说的"帖木耳分队"和"青年近卫军"，都是苏联卫国战争时期的少年反法西斯武装。特别是后者，苏联作家法捷耶夫根据他们的事迹，创作了名为《青年近卫军》的小说。中国读者曾通过阅读这书的中译本，熟知了青年近卫军的故事，并受到鼓舞。宋庆龄将中国儿童的斗争事迹与苏联小读者非常了

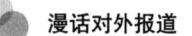

解的帖木耳分队和青年近卫军的故事相类比，就一下子拉近了同他们的距离。

在对外宣传中尽可能寻求和利用中国与对象国两种文化的共同点或共性，帮助对方理解我们所要传播的内容，并且注意克服跨文化传播的局限性，尽可能使用对方能理解的语言解释想要说明的事情，是宋庆龄一贯的做法。

再举一个例子。1953年5月31日，宋庆龄为新中国最早的外文刊物《人民中国》而作的文章《我们为儿童与和平而建设》中，这样描绘新中国对母亲和孩子们的重视：

在我们的国度里，对于儿童和把儿童生到世界上来又最初抚育他们的人恪尽我们的天职，是我们的基本大法的一部分。我们可以说：中国人民从来没有像今天这样好地尽到了他们的职责。在我们的国度里，从来没有今天这样多的、推行着最现代化、最科学的方法的妇婴机构。我们从来没有给像今天这样多的儿童以教育，而且这种教育生根在我们民族的和世界的最好的文化的土壤里；这种教育是以爱自己的人民、爱人类为基础的；是以爱工作，以志同道合的集体精神，为人民完成大事业的热望为基础的。我们全国从来没有过今天这样的好光景，特别是儿童的光景，现在是这样的光明。

宋庆龄撰写本文时，新中国刚刚诞生四年。她以自己最熟悉同时又极为关心的妇女和儿童工作入手，说明新中国的发展和变化，正好是最容易与国外读者沟通的话题。可谓匠心独具。

对外报道要真实，实事求是，既讲我们的成就，也不回避存在的问题；讲问题又要掌握好分寸，说明问题正在解决中。原则好讲，但具体行文又该如何把握语言上的分寸感呢？请看宋庆龄1979年9月写的《致〈中国建设〉读者》中的两小节：

中华人民共和国成立时，毛主席宣布："我们的民族再也不是一个被人侮辱的民族了，我们已经站起来了。"从那时到现在，我们已与一百多个大大小小国家建立了关系。这是一种平等的关系——现在不可能有其他关系了。这是一种富有成效的关系。我们能够互相帮助、互相学习，为世界和平和进步共同努力。

虽然在政治上中国与别国平等了，但在经济、教育和科学发展方面，我们还没有同先进国家取得平等地位。为了缩小这一差距，现在我们正在进行新的长征，即社会主义现代化。为实现这一目的所做的努力中，我们寻求同一切愿意与我们互利合作的人们进行合作。

（二）爱泼斯坦给予的启示

爱老同样非常强调对外报道用语的改进。1978年他在外文出版社做报告时就明确提出：

我们应该向人们说明一些什么，而不是向他们宣布一些什么。除非我们把问题说得清楚，否则我们就不可能引起人们的同情。

爱老在这里用了两个不同的词，一个是"说明"，一个是"宣布"。前者的意思是"解释明白"，后者的意思是"公开正式告诉"。正是这两个不同的词汇，道出了对外宣传和对外报道在做法上的区别。正因如此，现在才经常把对外传播说成是"向世界说明中国"。

我珍藏着一本今日中国出版社1995年出版的《爱泼斯坦新闻作品选》，从这本书里可以非常容易地找出好多实例，说明爱老写作的语言风格，并给我们以启示。比如载于《中国建设》1961年第7期的《重访广州》一文中，他这样介绍前后所见不同的广州人：

置身于挤满店铺的街道上活跃的人流中，我好像回到了家。我周围还是那些人，那些身材纤弱，眼睛闪烁着光芒，匆匆而来又匆匆而去，时而皱起眉头，时而又放声大笑的广州劳动人民。1938年用同样的灼灼的目光，同样皱起的眉头，同样的大笑，正视着从天而降的死亡。在他们脚下冒烟的废墟上，伤者们还在流淌着鲜血。今天他们欢天喜地地建设着自己的社会主义城市。

在前面已提到过的爱老的《沿康藏公路去拉萨》一文（载于《中国建设》1956年第1期）中，这样介绍他看到的西藏人民的新生活：

再往前行，我们又碰到一些藏族商人，他们用租赁的卡车运送货物，而他们过去只能使用驮畜；其中一个告诉我们，一卡车所装载的货物相当于100头牲畜能驮运的重量，而且运输速度要快上五倍。在昌都附近，我们遇见了班达多吉，他是昌都的全国人大代表，他乘坐一辆政府的吉普车赶回昌都。几个星期后我们又见到了他，这一次是在700英里以外的拉萨，当时他正在西藏自治区筹委会的一次预备会议上讲话。当我们在拉萨邮电局等着向北京打电话时，我们看到一些父母正和远在首都上学的儿女们通话。电话传声十分清晰。

爱老就这样，用生动的语言、鲜活的事实，说明了西藏人民怎样开始了新的生活，而不是简单地"告诉"读者一个结论。

（三）赵启正做出的示范

为了更好地向世界说明中国，赵启正提出"中国立场，国际表达""中国的故事，国际的叙述"的新观念，还要求"选好"故事，"讲好"故事。他个人的交流艺术彰显平实风格，为我们做出了示范，并得到了专家们的好评。

他于1998年10月21日在"面向21世纪的世界人权"国际研讨会闭幕式上的讲话——《把你们的见解留下，把我们的友谊带走》，标题亲切感人，含义深刻，这样一句话，一下就把与听众的距离拉近了。时任国新办副主任兼中国外文局局长杨正泉在点评中，指出了"宏观着眼，精心选材"和"善于用事实

'向世界说明中国'"之后,着重谈到了他的语言风格:

赵启正同志的演讲、谈话、文章都有鲜明的个性,形成赵启正(语言)艺术特色。这与他的经历有关。赵启正是1998年4月担任国务院新闻办主任的,在这之前他是学实验核物理的,养成了注重实际、注重科学的学风。后来他长期担任上海市副市长兼浦东新区管理委员会主任,天天与外国各界人士打交道,参与国际活动,在做实际的外宣工作。他熟悉外国人,喜欢和善于与外国人交朋友,谈话务实,懂得如何有效地同他们对话。他反应敏捷,能迅速捕捉到对方谈话的要点,找准回应切入点,用对方最容易接受的方式对话。他有一种独特的"跳跃式"思维方式,善于捕捉最重要最有特点的事实,讲最需要最应该讲的话,不求面面俱到;他善于形象思维和反向思维。他的语言表达含蓄、简洁明快、幽默风趣,他喜欢讲自己的话,很少讲官话、套话,很少用定式的表达方式,容易说服和打动对方。

赵启正在语言运用方面给我们做出的示范实在太多了,几乎可以信手拈来,值得好好研究和学习。退休后曾任中国翻译协会会长的李肇星,在读过他的演讲和谈话录后曾说:"他的深刻思想和流畅的对外表达可视为交流的样本。"

新华社副社长马胜荣对赵启正的演讲《中国人眼中的美国和美国人》的点评,同样精彩:

事实是最有说服力的。但是,对于事实的描述有着巧妙和艺术。启正同志的这篇演讲,舍弃了大道理的堆砌,只用白描的手法,娓娓道来,连电影《泰坦尼克号》也成了他演讲的素材,使美国听众感到很亲切。

我们的对外宣传并不是西方一些人所讲的"宣传"。我们的任务是要以朴实的语言、实在的内容、生动的描述，把那些最精彩、最新鲜、最能引起兴趣的故事，介绍给国外的受众。如果外国人能从我们的介绍中加深对中国的了解，那我们的对外宣传就是成功的。

他的另一篇演讲，题为《面向21世纪的中国人》，是1999年9月在巴黎联合国教科文组织总部的报告。他在报告中说：

我打算以说明中国人在本世纪的100年来的变化，来说明当代面向21世纪的中国人。中国和中国人在这一世纪的巨大变化，是中国自有文字以来的3500年中，任何一个世纪都不曾有过的，今后任何一个百年恐怕也难有能与之相比的变化。这些变化不仅是巨大的，而且是极其重要的。今天我想着重说明中国思想观念的变化。

接着他用事实说明了这些变化，特别是从中国家庭和妇女的变化谈起，进而谈了中国人的几个重要观念的变化。"今天，随着市场经济的发展，中国人不但不轻视商业和商人，而且有很优秀的人才投身商海。"然后列举的是中国经济发展给中国人生活带来的变化，件件都是事实。最后他说："面对21世纪，中国人愿意在人类的进步中与全世界携手前进。"

赵启正发表这篇演讲时，我驻法国大使吴建民就坐在台下。他后来应邀点评这篇演说时，为点评写下了这样一个标题：《一篇对外介绍中国的杰作》。他的评价是如此之高：

一是启正同志在介绍中国所取得的成绩的过程中，没有大话和套话，内容翔实，用事实来说明中国的变化和进步，令在场的听众信服。二是知己知彼，注意拉近同听众的距离。启正同志在演说中指出："大家知道，对中国命运有重大影响的邓小平等多位中国领导人,曾受到法国文化的影响。"这既是事实,又拉近了同听众的距离。

吴建民也是很会同外国人进行沟通的。他的点评,同样让我们深受启发。如果将他的点评和赵启正的演讲对照起来看,收获会更大。他说:

我们经常看到有些对外宣传的东西,外国人看不懂,不爱看。……而启正同志这篇演讲却别开生面,语言生动鲜活,句子短,一听就明白,没有拗口的长句。所以听众的注意力紧跟着报告人的演讲。我当时在会场深切地感受到,听众的情绪与启正同志是一致的。要做到这一点,绝非一日之功。重读启正同志这篇演讲,大家可以注意到,他为了撰写这篇讲话查阅了大量资料,而且表达上有自己的风格,而这种风格有很强的感染力。

时任《北京周报》总编辑的黎海波也曾点评赵启正的文章。他点评的是赵启正1999年9月30日在时代华纳董事会早餐会上的即席讲话——《世界要加强对中国观察的准确性》。黎海波的点评题为《话语平实 贵在具体》,着重讲的就是他的语言风格:

这篇即席讲话约2000字,给人留下的印象是话语平实、内容具体。……
讲话者很懂得与外国人交流的门道,那就要让他们一听就明白,基本不用再做解释。所以他自始至终使用通俗、平易、实在的语言,不让受众有任何理解上的困难。
说话实在,作文具体,既可以说是一种个人风格,也可以说是许多对外交流高手的共同经验。这里当然有技巧的问题,它只能通过学习、实践去掌握、提高。但核心恐怕还是态度,即心中有没有谈话对象,有没有替受众着想。

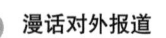

（四）段连城、沈苏儒的教诲

要说心中想着读者，处处替受众着想，用明快而简洁的语言向外国读者传递中国信息，段连城也是我们学习的榜样。他那篇《南游百日记》就是我们学习的好教材。为了说明问题，我把那篇长文的最后一节"希望所在"中的几句抄下来供赏鉴：

我看到大片阳光，也看到不少阴影。令人放心的是现在的领导人善于体察民情，既看成绩，也看问题。譬如工地遍全国，蓬勃发展，固然可喜，但也孕育着基建规模过大导致经济紧张的危险。一经发现，坚决纠正。这就好了，革命理想，牢记心间，实事求是，稳步前进，这正是希望之所在。

如果看全文，经典无处不在，金句俯拾皆是。这自然与他的经历和多年从事的工作有关。他了解国外受众，最会用他们喜欢的方式介绍中国。他的这篇长文，就是他一生经验的结晶，也是他留给我们的一笔丰厚遗产，可谓常读常新。

这位前辈留给我们的更宝贵的财富，还是他的《对外传播学初探》一书。在书中，他把语言生动活泼，提升到对外传播技巧的高度来认识。怎样才能使语言生动活泼呢？他的教诲是：

有些同志为求生动活泼，在辞藻上狠下功夫。但在对外传播中，华丽的辞藻却往往不能增色。真正的生动活泼，需要在内容和形式上都刻意求工。根据西方读者和听众的习惯，下列六点也许特别值得注意。

段连城说的这六点，即讲真实故事、穿插形象描写、使用妙语警句、要有幽默感、要带人情味、要讲究修辞。他在书中对每一点都有详尽的说明，值得我们细细揣摩、认真学习。

沈苏儒则曾有专文谈对台报道的语言问题。文中阐明的观点，当然也同样适用于对外报道：

对台报道用语，不仅是形式问题，首先是态度问题。既然是对台报道，就要有尊重对方、尊重读者或听众的态度，而不能命令式地要求他们这样那样。

接着，沈老从几个方面加以说明：

一是讲大陆的成绩，还是谦虚一点好。"如果说大陆近年来的经济发展和民生改善为'世界瞩目'，不另加形容词，再加两句还有困难和问题的话，这样就成了纯客观的老实态度，也易被各方面所接受。"

二是用词必须讲究。那些只有我们自己惯用而别人从来不这样用的说法，就不能在对台报道中使用。如"搞""抓"，于我们这边，都是中性词，但在台湾，只用于贬义。

不要认为语言只是技巧问题，关键是，语言处处体现着"内外有别"的基本原则，我们要时刻记住从事的工作不是"宣传"而是"传播"。

（五）更多人的经验

更多人的经验证明，对外报道要实实在在，少用形容词，特别是忌用那些高级形容词。自我表扬的话，尽可能少说。不论是人物通讯还是事件通讯，语言都是以平实为好。

《对外传播》2012年第10期发表过韩清月的文章《浅谈对外传播中文文本的写作》，谈的就是以欧美国家为对象的对外报道用语问题，作者的主要观点是：

汉语和英语在语言风格和写作习惯上都存在很大不同。从语言习惯上看，汉语求意合，句间关系松散，段落较长，措辞概括重复，逻辑靠语义；英语重

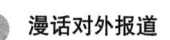

形合，句间关系紧密，段落较短，陈述具体简洁，逻辑靠连接。从写作习惯上看，汉语曲径通幽，重铺垫和渲染，突出气氛，重要人、事压轴；英语开门见山，重事实和逻辑，突出主题，重要人、事先出场。

正是因此，对欧美国家读者的报道中，特别要避免空泛、抽象的用语，切勿片面追求辞藻的华丽。否则，对习惯具体、简洁和朴实文风的英语读者就缺少了吸引力，对外报道的效果也就打了折扣。

所以，用于对外报道的中文稿件，不论是直接刊出还是译成外文，要克服为国内读者写作的惯性，学习一点英文写作技巧。比如，要避免模糊的表达，无论写人还是叙事，一定要说得具体；抽象的抒情也要不得，确实需要使用中国典故的时候，一定要加以具体说明；还要避免夸张渲染，将生硬拔高变为低调陈述，只要客观、平实地把事实说清楚就可以了。

用抽象的叙述代替具体的报道，是不少人容易犯的一个毛病。

所谓具体，包括具体的事实、数字、事件经过或者一个人的经历、爱好、情趣等。需要的时候都要具体地一一道来，切不可只用抽象、概括的语句一带而过。常见的说法是"经过艰苦努力"，但不说如何努力，又如何艰苦；或者只说某人"一生坎坷"，但无具体内容；还有像"有了长足的发展""人民生活水平有了明显提高"，等等。在对外报道中需选择一些具体的材料来说明和介绍，而不能只有这样的概括叙述。

至于生动，反面的说法就是干巴。如果讲某个地区的发展，通篇都是数字罗列，加上一些前后对比，讲了工业讲农业，讲了卫生讲教育，还有旅游和对外交往，除了数字就是一、二、三、四，几个条条，当然就无生动可言了。

怎样才能写得生动呢？在采访和选材的时候就要多加留意，不要放过那些故事、典故、传说、比喻、细节，还有现场情况、人物形象、肢体动作、语言特征等，有了这样一些材料，最后写成的文章一定不会显得呆板。

如果能在文章中有真实故事，有形象描写，还有妙语警句，再加一点幽默感，添一点人情味，一定能让人赞叹你妙笔生花，文章写得生动活泼。

关于"人情味"在对外报道中的作用，中译英的大师级人物梁良兴在发表于1992年第2期《中国翻译》杂志的文章《从翻译的角度谈对外报道的一些问题》中，曾以电影《焦裕禄》为例这样说：

《焦裕禄》是部好电影，但它也还有值得改进的地方。当初，北京在试映这部电影时曾经邀请了一些外国人去看。散场后有位记者请其中两三位谈观后感。其中一位说："焦是个好人，但不是个好丈夫和好父亲。"他的意思大概是指焦裕禄心中装的都是别人，唯独没有他自己、他的家庭和妻子儿女，可敬不可亲。"舐犊情深"，人皆有之。在现实生活中，焦裕禄其实对他的妻子儿女是关心的，那么如果电影中能增加一点人情味的东西，那定会更感人。

要增加一点人情味的东西，就会包含一些细节。一般说来，外国的读者对越具体的东西越感兴趣。所以，选一些细节，也是在对外报道的选材时需要特别注意的一个方面。比如各行各业普通人的生活，包括家庭生活、业余生活等。当然，细节的选择也要服从文章主题，与主题无关或者关系不大的，硬要写进去就没有必要了。

四、用好写作技巧

（一）消息稿：巧写导语为要

在对外报道中，我们写消息稿时普遍喜欢用"倒金字塔结构"。这是因为我们的读者对象，重点在西方国家和一些较发达的地区。那里的人们生活节奏快，总喜欢用较少的时间获得较多的信息，习惯于一看导语，甚至光看一下标题，便大体能知道文中讲的是什么。如果标题不醒目，导语写得含糊其词，不得要领，让人读完或听完第一段还不知其主要内容，或者不能吸引他继续看

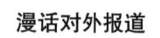

或听下去，传播效果自然就很难达到了。所以我们应该树立这种"倒金字塔结构"的观念，并在实践中加以运用。

在消息稿中，导语是最重要的。导语要写好，可以采用多种形式：

一是提问式：先把消息中打算回答的问题明确地提出来（当然是让人感兴趣的问题），然后用事实做出回答。如俄罗斯《消息报》1992年3月18日发表的《科济列夫的30小时北京之行》的导语："俄中何时举行最高级会晤？两国如何发展裁军和信任措施领域的关系？人权这个早已困扰中国同西方关系的敏感问题，是否会成为莫斯科同北京之间的绊脚石？"

二是直叙式：用直接的语言，短而有力，一下子能击中要害。1992年4月3日《人民日报》海外版发表的《中国发雕珍品破吉尼斯纪录》这篇短文，导语就是用直叙的方式写成的："中国微雕专家、湖北省高级工艺美术师常世琪日前接到新加坡吉尼斯亚洲展览会李平平经理邀请书，请其赴新加坡申报并领取刷新吉尼斯微细书写世界纪录证书。"

三是结果式：即用事件的结果做导语，造成悬念。如果把上面这条消息倒过来写，说某月某日这位工艺师在新加坡领取了这样一份证书，读者就会产生一个悬念：他取得了什么样的成就方荣获高级工艺美术师的称号，并且破了吉尼斯微细书写世界纪录？

四是概括式：提纲挈领地先叙述消息的主要内容和主题思想。如1992年3月9日，日本《朝日新闻》晚版发表的坂本进一郎写的文章《支撑中国农民的乡镇企业》，导语就起到了这样的作用："时隔15年，我又独自一人来到中国旅行。这次与15年前不同，由于中国国内早就实行了开放政策，因而我可以自由自在地在中国的国土上畅游。我访问了无数的农民家庭，亲身感受到了中国农村风貌的变化。"

五是描写式：即从现场情景或气氛写起，或用典型情节、细节作引子，或从自然风光的描绘入手来写。如香港《大公报》1991年12月26日报道北京人的夜生活，导语就属这样一类："以往，北京冬天的夜晚给人的印象是冷清的，天黑以后，商店关门，住家闭户，北京人的娱乐除了读书、看电视，就是聊天。可如今，北京的夜生活，已非昔日可比。笔者在华灯璀璨的北京街头游览，领略到了丰富多彩、赏心悦目的晚间娱乐。"

六是引导式：用直叙的方式开头，如果写得好，也会十分引人注目。请看台湾《联合报》1992年3月30日《白吃的午餐有陷阱》一文的导语："如果你是以色列政府官员或国会议员，下回接到免费招待旅游或邀约赴宴的电话，最好要小心行事，谨慎回答，否则极可能留下把柄，中了记者千方百计挖掘新闻的圈套。"就几句话，让人看了不得不继续读下去，想马上知道到底是怎么回事。

七是史料式：即运用史料，把历史上的人或事与消息稿所要写的人和事联系起来写成导语。爱泼斯坦写唐山大地震就用了这样的导语："世界历史上大城市毁灭性的地震有1755年的里斯本地震，以及1923年的旧金山地震。而当代最强地震要算1976年的唐山地震。这次地震造成的灾难尤为严重。"

上面说了消息导语的七种写法。实际上还不是全部。有专家列举了10多种。实际上，写作时可以不必拘泥于固定的写法，完全可以别出心裁，或者独具一格。

还有专家将消息稿的导语另行分类：

一是延缓性导语：又称间接性导语，是相对于直接性导语的一种常用的导语形式，即导语中曲径通幽，引人入胜，间接体现新闻主题，迂回舒展地引出新闻的核心事实或新闻要旨。可分为描写式、引用式、对比式、设问式等。当新闻中含有生动形象的情节、细节，或新颖有趣的内容时，便可以运用间接性导语。它尤其适宜运用于时效要求较为宽松的非事件性新闻报道。

二是描写式导语：也称见闻式、目击式或细节式。即在导语中对主要事实或某一有意义的侧面、细节，做简洁朴素而又有特点的描写，以酝酿气氛，增添声色，引人入胜。亦即在开头就展示出事件中的精彩部分或简洁传神地描绘

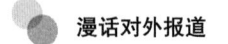

现场情景，以吸引读者看下去。这是导语中比较生动活泼、具体形象的一种形式。写好这种类型的导语，关键是作者要深入现场，要有现场的真情实感，勾勒出一幅清晰的画面，语言要生动、形象、具体。

这都是正面提法。反过来呢？有些什么教训需要吸取？

重温沈苏儒先生的教诲吧，他在《对外报道教程》一书中专门提到"不好的开头"有这样几种类型：

一是用"大实话"、空话、废话、套话开头。

二是用外国受众不懂或没有概念的中国事情开头。

三是一切从"盘古开天辟地"讲起。

四是开头的内容和文字极平庸，引不起外国受众的兴趣和注意。

（二）通讯稿：全面展示文采

消息稿的中心是事件，而通讯稿的中心是人。就算是写人物的消息稿，侧重点也只在事情上，在结果上。而通讯稿则侧重写所涉及人物的习惯、爱好、经历，与周围人物的关系，写人物的活动、思想情感、精神面貌，等等，有情节，有细节，有故事，读来饶有兴味。

对外报道中的通讯稿要求更多从人的角度，从生活的角度来写作。即便是报道事件，也要通过事件来表现人。

与消息稿相比，通讯稿应该更加生动形象，表现方法上更加灵活自由，变化多端，结构也更加灵巧多变。因而写起来也更容易把自己的感情融入其中，更能展示作者的才华、文采、智慧和经验，也更能让人发现其中的创造力和想象力。作者本人也可能更加看重这方面的写作成果。

1. 把标题写得醒目

简洁醒目，能吸引人的标题，才是好标题。好的标题就像磁石，一下子就会抓住读者的双眼，激起读者强烈的阅读欲望。所以说，写好文章的标题，使之能够给读者以较强烈的吸引力，能激发起读者的阅读兴趣，对通讯稿至关重要。这可以说是一门艺术。

比如采访上海市副市长沙麟，用的标题是《上海，台商投资的乐园》。我用这个标题，是由以前说旧中国的上海是"冒险家的乐园"演变而来的。这样一个标题很容易让人联想到上海的过去，但分明又是写现在的上海。目的是让读者想看下去，了解上海怎样从"冒险家的乐园"变成了"台商投资的乐园"。

《台声》杂志有一篇写两岸婚姻的文章，标题很醒目：《追求平淡幸福的"俩哥们"》。我在审读时一看到这个标题，马上想知道的是，怎么一对年轻夫妻就像"俩哥们"呢？于是想立即读这篇文章。还是这家刊物，介绍艺术家周国桢的稿子的标题《中国毕加索，世界周国桢》也不错。简洁明了，念起来也很上口。周国桢是中国一位很有影响的陶瓷艺术家，把他称为"中国毕加索"，说明他有世界声誉；又有"世界周国桢"这后半句，说明他的影响之广，前后半句加起来就是整篇文章的闪光点，是一个醒目的标题。至于将这位艺术家誉为"中国毕加索"是否恰当，这是另一个问题。

好的标题，首先要能高度概括所报道的内容。否则，即使文字再生动，也不是一个好标题。比如有的标题，是文章中的一句话，看上去还生动，但是不能表达文章的内容，因此也就不可取。如某对台刊物有文章介绍时任国台办主任王毅2012年出席第四届海峡论坛期间，在厦门逛"台湾庙会"的夜市，到了台商设的一些摊点，品尝了多种台湾小吃，还见到了嫁到台湾的一位女士。她这次与丈夫一起来到厦门。王毅与她交谈时，得知他们还没有孩子，便说："两岸交流要有结晶啊，你们的责任重大！"这句话确实生动，但只是在那样一个具体场合针对那两口子说的，完全不能概括全文那么多的内容。记者却用这句话当作标题，我觉得欠妥，改成了"王毅在厦门走进台湾庙会"。这句话就是全文内容的高度概括，醒目，能吸引人。

好的标题，不但要醒目，还要准确、鲜明。有一篇通讯，讲的是一位台商如何利用故宫这个招牌开发纪念品，作者用了一个这样的标题——《离故宫最近的人》。如果说这样的人"离故宫最近"，那么，那些在故宫里面工作，一生专门研究或修复故宫文物的人，应当怎么称呼呢？显然，这样的标题，提法不准确，应当修改。再如中国外文局某期刊，有文章以《民间投资，开启市场之门》这样一个标题。这篇文章讲的是国家几个部委陆续出台民间资本投资国企的实施细则。这些细则的制定，都是为了鼓励民间投资，发展民营经济，同时也促进国企改革，其意义不可谓不大。但是，作者将其上升到"开启市场之门"的高度，就值得商榷了。因为在当时中国发展市场经济已经二三十年了，不是最近靠这一举措才开始的。所以说，这个标题也没有能够恰当和准确地集中反映文章的内容，算不上是一个好的标题。

沈苏儒在他的《对外报道业务基础》一书中，对标题的设定提出了三个条件。

第一是能使读者一目了然，使听众一听就懂。

意思是说，让外国受众单从标题就能知道这则报道的中心内容是什么。

1992年3月14日新华社《参考资料》刊出一则新闻，标题为《〈纽约时报〉报道—沙特人准备放松对封闭社会的控制》。基于对沙特这个国家的了解，人们一看这个标题就会想知道，这个国家将会怎样实行这样的大变革。所以，我以为这个标题非常符合沈老对好标题提出的第一个条件。《今日中国》的长篇通讯《中国：自行车的王国》，标题起得也很好，这个标题好就好在让国外读者一看便知道文内写的是什么。时任《今日中国》第一副总编辑张彦写广东改革开放以后发生的巨大变化的文章，用的标题是《珠江三角洲的起飞》，也是同样的好标题，清晰、生动、明了。

第二是对读者或听众有吸引力。

请看宋庆龄的专职摄影师周幼马的一篇回忆文章的标题：《回忆为宋庆龄拍照的日子》。文章说的是为宋庆龄拍照。这样一个标题就很有吸引力，一看就想读它。这就是好标题的作用。我的同事李霞介绍我国实行计划生育政策之后出现了大量的独生子女，他们往往都娇生惯养，在家里的地位就如"小皇帝"一般，她用的标题是《中国会产生众多的"小皇帝"吗？》，还有邓树林谈中医现状的文章，标题是《中医会被"东方医学"取代吗？》，这些都是很有吸引力的标题。

第三是力求有点文采或文字技巧。

1992年我收到上海朋友周天柱的赠书《浦江情深》。这是一本文集，是一本希望能在台湾发行的书，我发现书中有几篇文章的标题就很有水平。如《海天隔不断，亲情永相连》，其作者沈力行是位老报人，对标题也是很有研究。又如《在那夕阳憩息的地方》，写的是被海外学者称为大陆第一家"临终关怀医院"的上海市退休职工南汇护理医院，用"夕阳"比喻那些老人们，介绍他们在这里如何得到关怀和照料。这些标题的文采和文字技巧是显而易见的。有很多对外报道的作者喜欢用西方名人的名句来作标题，从事对台报道的作者则喜欢用中国古诗名句作标题，这方面成功的例子是很多的，既有文采和文字技巧，也容易和读者沟通。

对外报道的通讯稿，标题自然不会迎合低级趣味，但不少却流于太朴实，常用大实话，太直白，不容易引人注目。相比较而言，港澳台及海外华文报刊的标题更加丰富多样，不过，有时为了吸引读者，这些报刊也会拟一些让人觉得故弄玄虚，或者大而无当的标题。如1991年第10期香港《广角镜》封面有一个特大字号的标题：《邓小平：中国从来有很强的生命力》，全文共四页，有十来个小标题，只是到文章的结尾才写出了邓小平的这句话。香港的报刊，通常都有这种做法，特别是谈及内地政情的文章更喜欢用这样的标题，目的自然是为了吸引人。

再举几个例子，让读者看看对外报道的好标题应当是什么样子。

《人民中国》1982年第11期，刊有记者曾庆南写的文章，文章讲了一位在中国参加登山的日本人如何遇险、如何被救的故事。作者用了一个高度概括而又有很强震撼力的标题——《为了一个日本人的生命》。

《北京周报》1984年第47期发表黎海波写的文章，讲的是当时打电话如何之难的故事，文章很短，但道出了中国发展中的一个问题，用了一个简洁明了的标题——《电话不够用》。

常言道，一种倾向容易隐含另一种倾向。在设计标题时，如果太过于笼统或者太追求文字技巧，有可能使标题太虚。标题太虚会让人不知所云，就起不到吸引读者的作用了。如《阔步走向新的世纪》，表面看十分大气，实际上太空、太虚。还有《公平与效益在土地上分流》，是什么意思？一般读者很难一下就能理会。还有《走向东方》，虚得不能再虚了。

在对外报道中尽量少用副题。正好写到这里的时候，我收到了某单位送我的最新一期对台刊物。打开一看，当期凡是有点特点的文章，一律都用了副题。在"人物"栏里共刊载五篇：《圆梦之路有爱接力——台湾学生徐子芸赴大陆上学记》《开启一段崭新的追梦之旅——台籍少年张志强圆梦西安交大的故事》《我看"变"与"辨"——台湾"文创博士"林昆范在大陆》《希望更多人勇敢迈出那一步——台青徐启翔扎根大陆的故事》《扎根在大陆，助力奔小康——台湾父子凉山深处种出成片橄榄绿》。不难看出，这五个标题当中的主标题，都有点虚，如果光看主标题，读者很难领会文章的内容将是什么，会考虑要不要接着读下去。这样的标题，其实没有什么作用。为了吸引读者能读下去，作者或编辑就只好再加一个稍稍具体一些的副标题。在我看来，这几个副标题倒还比较符合对外报道中标题的要求，所以不如干脆把太虚的主标题删除。同期还有一个栏目——"情牵两岸"，共刊载六篇通讯，同样也是用主、副两个标题，同样也是主标题太虚，只好用一个副标题加以补充说明。只用一个能说明问题、能吸引读者的主标题，不是更简单明了也更加醒目吗？也许记者或编辑想让标题上体现出一点文采，偶一为之尚可，在同一专栏当中篇篇如此，我看大可不必。

2. 把开头写得吸引人

一篇通讯稿，经过了认真采访、按要求选材、构思好了结构，也设定了标题，就要写开头部分的时候，常常斟酌再三却难以下笔，甚至有一下子卡壳的感觉，这种感觉我相信很多人都遇到过。常言道，万事开头难，写文章也是如此。实在写不下去，我就暂时放下来，然后可能在不经意间，灵感来了，于是乘兴赶快提笔，全篇很快便完成了。开头部分写顺了，往往全篇都顺，一气呵成。写好一篇文章的那种快感，到现在还能回味。

有人说："写好了开头，等于完成了全篇的一半。"这正好说明前面那句话：通讯稿的开头部分既重要又难写。

一般的规律是，如果标题写得醒目，读者会接着读开头部分；开头部分如果写得吸引人，读者就会继续读下去。

那么，写好通讯稿的开头部分，需要运用怎样的技巧，有哪些方式呢？这里再举几个例子，请读者体会一下其写法的精妙和独到之处。

不论是人物通讯，或者是事件通讯，都需要将最重要、最有吸引力的事实放在开头部分，能让读者一下子知道接下来写的是一位什么样的人物，或者是一件什么样的事情，一下子把读者吸引住，让他欲罢不能的开头，方能称得上是好开头。

1983年第9期的《中国建设》，曾发表爱泼斯坦的文章《参加政协有感》。标题很醒目，一看就知道文章的主要内容是什么，同时也吸引人，让人想知道一位外国人参加中国这样一个重要机构的会议有些什么样的感想。文章的开头部分又让读者产生更大的阅读兴趣。这一部分共四个小节，层层递进，不断深入：

1983年夏天，我和其他10位取得中国国籍的外国人一道，当选为中国人民政治协商会议的全国委员会委员，并且我与另外一位还当选为全国政协常务委员会委员。两个职务的任期都是五年。

我从十几岁开始当新闻记者，现已70多岁了，担任这样的公职还是破天荒第一次，而且是在社会主义中国。

有人问我感觉如何。

首先，这是一种荣誉，也是一种挑战：现在我不仅要把本职工作做得更好，而且要把新的任务完成好——这对我们当选的人来说都是一样的。其次，我们的当选并不只是对我们个人所做工作的承认，而且是一项具有国际意义的举措，它表明了新中国对所有外国朋友的赞赏，这些朋友在过去和现在都帮助了新中国的诞生、进步，以及建立与其他国家的联系。许多人做出了比我们这些当选者更多的贡献，不论这些外国友人是否在中国定居，或加入中国国籍，他们在中国革命的历史中，都占有一席之地，而且中国人不会忘记他们。

爱老写了这样一个开头之后，接着向外国读者介绍了政协是什么机构、政协委员是如何产生的、政协会议如何工作、与人大会议怎样协调。他熟悉的这些内容都有助于外国读者对中国这一基本政治制度的了解。

爱老前后共四次去过西藏，最后一次去西藏采访后写成了《80年代的西藏变革》这篇重要文章。他一开头就把读者的兴趣调动起来了：

1985年秋天，在欢庆西藏自治区成立20周年前后，我再次来到中国这一最边远的、海拔最高的、多民族的浩瀚地区。在这里，我度过了愉快而又有启迪性的五个星期。

我在30年中曾四次访问西藏。这次来到西藏，朋友们像过去一样问我："自从上次访问以来，你觉得它有了多少变化？"我回答："大自然没有变，但其他一切都变了。"

第六章　精心写作是对外报道成功的关键

看到这样一个开头，读者可能会想：都变了的是什么，又是怎样变的呢？

《人民画报》老记者孙桂琴大姐写大西北开发的文章之一《希望在绿洲》，开头是这样写的：

汽车一连颠簸了几个小时，仍然是一望无际的大戈壁。没有树，没有鸟，更没有人烟。烘热、疲劳、枯燥、烦闷一齐袭来。突然，地平线上出现一条朦胧的绿色，精神顿时为之一振。那是希望所在，那是充满活力的绿洲！在那里将有吃有住。在西北旅行这是常事。那种心情是旅行者们共有的。

孙桂琴采写对外报道的信条是求新。她说："手法求新，各有各的办法，因人而异，也因文而异，否则就无所谓新。"她写这个开头，用的是形象化描写。她认为，除了理论性文章，形象化的材料总比概念化的材料要受欢迎。

用一个小故事或小情节开头，也能起到吸引人的作用。唐书彪等一起署名的《淅川库区移民情》一文，开头就是这样写的：

赵小姐对9年前的一个细节仍然记忆深刻，那时候她刚从中国南方来到北京上大学，有一次她在宿舍楼里的盥洗室洗手，习惯性地一边开着水龙头一边往手上抹洗手液。这时她身边一位不认识的同学用异样的眼神看着她，问："你是南方人吧？"赵小姐感到有点莫名其妙，反问道："你怎么知道？""因为你不知道北京有多么缺水。"那位同学边说边伸手帮她关上了水龙头。

我很欣赏这种用细节描写来开头的写法。作者标题中写的淅川是河南省的一个县，我国的大型水利工程"南水北调"的中线起点就在那个地方。而所谓

299

"库区"，指的是引水北调水源地丹江口水库淹没的地方。

我以前也曾尝试过用这样的细节描述来开头。那是1980年深秋，我到福建采访，到了著名侨乡泉州，适逢当地的培元中学校庆。校方向我介绍说，这是一所有76年历史的中学，许多校友在海外，近年他们陆续回母校参观访问，其中提到一个老校友来到校门口外的一个小细节引起了我的注意，便用来当了全篇的开头：

一位70多岁的老华侨回到故乡福建省泉州市，便径自来到培元中学。当人们问这位远道而来的客人是否要找人的时候，老人俏皮地笑了："这是我的母校，我想扔块石头打几个龙眼吃……"接着，他便扑进了母校的怀抱。

我在泉州采写了那篇文章两年后，我又来到福建，在福州拜访了中国新闻社福建分社，接待我的周景洛一听我自报家门，居然还记得我有那样一篇文章，特别是写了那样一个开头。虽说小事一桩，但也能说明写好通讯稿的开头部分是多么关键。

这种写法，是西方受众比较习惯的写法，即首先以一个具体的事例（小故事、小人物、小场景、小细节）开头，然后再自然过渡，进入新闻主体部分，接下来将所要传递的新闻大主题、大背景和盘托出，集中力量深化主题。

再看几篇人物通讯的开头部分。

爱老另一篇文章——《纪念路易·艾黎与马海德》，用了一个提问式的开头，首先向读者说明他在文内要写的是什么内容：

关于路易·艾黎与马海德的事迹，可以说上许多，但这里我集中谈一个问题——是什么东西促使一个新西兰人和一个美国人来到中国，而且在这里度过他们的一生？

看了这样一个提问式的开头，对这两位名人未知其详的读者，就会愿意马上往下看爱老给出的答案了。

《台声》杂志转载过《亚洲新闻周刊》的一篇文章，写了一位台商，开头是这样写的：

他人生阅历丰富，经历了台湾、美国证券市场的大起大落，人生境遇也如同股票一样，跌宕起伏，但他依靠自己的双手和勤劳智慧，以守真抱诚的态度装点着属于自己的壮阔人生。

如今的他带着台湾人的那股拼劲，转战有色金属行业，一路走来步步惊心，却最终稳如磐石继续点燃生命绚烂的火花，照亮他人漫漫黑夜。这位大智大勇者便是中国环球矿业集团总裁许宽利先生。

这几句简短的描述，交代了要写的人物身份，说明了他的简单经历和人生特点。不过，这个开头部分也有不足，就是形容词多了一点。对外和对台宣传最重要的一点就是用事实说话，想说明一个问题，不是靠形容词或者抽象概念，而是靠事实。

同样是写人物，同样是开头，曾任《人民画报》副总编辑的王永强，1986年曾采访过著名作家冰心，开头用的是画像式的写法：

耄耋之年的冰心，面容清朗、耳聪目明。虽策杖而行，却无龙钟之态。

"到今年10月，就整86岁了。"老人安详地坐在一把硬背靠椅上，目光慈祥地注视着你。

一头薄发光光地梳向脑后，蓝白细纹上衣，黑色布裤、布鞋。开口讲话，语中有闽南话的铮琮之声。客厅里便浸漫着令人舒爽的安宁。

漫话对外报道

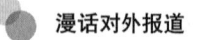

我发表于1993年《今日中国》中文版（当时另称《现代中国》）的《一位华人学者的情怀——唐德刚先生素描》的写法，与前两者略有不同：

事隔20年，唐德刚先生对赴美后首次返乡探亲的情景，依然记忆犹新。那是在1972年美国总统尼克松访华之后不久，中美关系缓和，使这位赴美24年的游子心中萌动了回国探母的心思——老母亲那年已经80岁了。他想，连尼克松都去了，我为什么不能去？于是，经我国驻加拿大使馆协助，得到了三个月的签证。他回忆道："我先到了上海，然后来到芜湖，住在母亲身边。当地对我招待得很好，我很感激。但是，台湾当局对我此行不能容忍，认为我是'亲共'教授，不让我去台湾了。后来中国常驻联合国代表黄华到纽约请我吃饭，更不得了了……"

之所以这样写，是因为相信读者看完这些话后，会想接着了解这位华人大学者的身世、学问、政治立场和对两岸关系的看法，等等。这正是文章的主要内容。

前面曾提到，1992年9月我首次去台湾采访过陈立夫，也是完成了一篇人物通讯，怎样写好开头，我还是经过了一番思量的：

陈立夫先生接待记者采访有他独特的风格：全然不问记者有什么问题，而是先把自己想说的话讲完；只要他没讲完，不容记者提问，也不允许你把话题岔开。看似有点"霸气"，可面前分明是一位慈眉善目的老者，语调平缓，有时甚至细语柔声，说话时始终面带笑容。有什么办法呢？毕竟是93岁的老人了。两次发问不成之后，我索性不再发问，手举录音机，两眼注视着他，细心地听他一直讲下去。

这个开头的特点是有现场感，有人物形象，亮点则是"听取他一直讲下去"——其实是希望读者能接着看下去。

我刚转行学着写对外报道的时候，曾套用过一种写法，就是先提出几个问题，然后写上这么一句："我带着这样的问题，采访了……"。没想到退休后给别的媒体打工时，又发现了同样的写法。那是一篇专访韩国驻华大使的文章：

自1992年8月24日建交以来，中韩两国已经共同走过了20年。中韩关系发展到今天，引用韩国媒体的评价："中韩之间的依存度已经非常高。"我们应该如何评价中韩两国交往目前所处的阶段？未来两国将如何建立"更紧密、更强有力的战略伙伴关系"？带着这些问题，本刊记者专访了韩国驻华大使李揆亨先生。

这个开头并非就多么说不过去，因为它提出了问题，有引导读者继续读下去的作用。其中最明显的败笔，是"带着这些问题……"云云。这是一种最为初级的写法。如果换一种说法，也许好一些。比如："这些问题正是专访韩国驻华大使李揆亨的缘起。"或者改成："这些问题正是今天的读者对中韩两国关系的关注点所在。"

探讨了这么多，主要涉及的还是人物或事件通讯。至于概貌通讯，开头的写法也是丰富多彩的。

概貌通讯，也称风貌通讯，是勾勒某一地区、某条战线或某个单位面貌变化的一种通讯。对外报道中，概貌通讯也是一种重要文体，多为"见闻""巡礼""侧记""纪行"一类，它以报道中国各地、各条战线或者单位的新风貌、新发展、新变化、新气象等各种国外读者感兴趣的题材为主要内容，同时也不回避发展和进步当中存在的问题。

概貌通讯如何开好一个头呢？在台声杂志社举办的通讯员培训班上，同我先后授课的还有《中国青年报》社长张坤。他讲的就是这种文体。他介绍的概貌通讯开头有12种写法：从富有特征的地理位置上起笔的"位置叙述式"、突显某地特点的"特点叙述式"、集中展示景物画面的"景物描写式"、提纲挈领的"概括叙述式"、开门见山讲自己行程的"行程叙述式"、突出某地发生变化并且新旧相应的"对比叙述式"、将自己的感受适当融入其中的"感受叙述式"、首先道出权威性人物言论的"引用叙述式"、从某一地区的背景材料写起的"背景叙述式"、以典故引出正文的"典故引出式"、从一个侧面写起的"侧面描写式"、以简要描述吸引读者的"导引描述式"。

张社长列举了开头的这些写法之后强调说：

概貌通讯的开头方式当然不可能只是这些种，各地风貌的不同，决定了风貌通讯的写作是应各具特色、不拘一格的。因此，我们不能把它看成是固定的开头模式去机械地套用，而应注重对素材的思想提炼。这不仅要对所写的地方的自然美景能够说出美在哪里，还要能对其历史沿革、地理变迁、文化掌故、诗词题咏、民间传说等有所了解，以把握全篇基调，选取适当的"横断面"加以表现，使风貌通讯的开头显得富有变化和立体感，为读者所喜闻乐见。

这些经验都是从对内报道中总结出来的，但对我们也有一定的参考价值。沈苏儒在他的《对外报道教程》中的提法，则可称为对外报道开头写法的真经：

它必须以最精练、生动的语言，揭示全篇中最迷人的、最有价值的要素，以引起受众的兴趣和注意，并使他们感到下文将会提供给他的是什么样的内容。

3. 背景材料要用得巧妙

在对外报道中一定要使用好背景材料，在中国家喻户晓的人和事，国外读者却可能不知道或知之甚少。所以，无论人物、事件、术语、习俗还是地理位置、历史年代，一定要加以解释或注明，以帮助读者理解。

帮《中国报道》审稿时，有篇人物通讯背景材料的使用给我留下很深印象。文章写的是在青岛经商的一位韩国人。在文章开头点出他和他的太太之后，第二节紧接着就是关于他们的背景材料：

柳宝洙和他太太的家庭背景、学校以及工作都和中国没有交集，可差不多10年前，他被当时任职的一家韩国海运企业派驻青岛担任首席代表，改变了他一生的走向，"从那时起，我的心可以说没有离开过青岛，没有离开过中国"。

2008年金融危机时，很多在青岛的同乡关掉工厂、卖掉房子返回韩国，柳宝洙也面临着失业的危险，但他咬牙坚持了下来。经过多年努力奋斗，他现在和妻子儿女住在韩国驻青岛总领事馆旁的一处高档住宅小区，面临着大海，过着依山傍海的悠闲日子。

在人物通讯中恰如其分地运用新闻背景材料，可以衬托、深化主题，提示内容的性质和意义，增加文章的知识性和趣味性。这种背景材料可以是说明性的，就是文章中围绕所写人物那些事实发生的政治背景、地理环境等。也可以是注释性的，就是人物介绍、名词解释和相关知识等。背景材料可以自成一段，也可以插在文章的主体当中。需要注意的是如何做到恰如其分，不能把与主题无关的材料也写进去，以免节外生枝，喧宾夺主。

在人物或事件通讯中交代背景，应根据需要，也就是因稿而异，更要紧扣主题，材料不宜太多。那么，通常对外报道在哪些方面需要交代背景呢？怎样

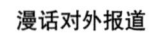

才算是用得巧妙呢？

首先是在受众需要的地方使用背景材料。

一是关于中国历史。鉴于国外受众对中国历史知识了解甚少，在提到中国某段历史时，需要注明起讫年份。有一条新闻中提到"三国"，提供的背景是："三国是中国历史上一个重要的转折时期，其兴衰历史一直在中国及一些国家流传。"按对外报道的要求来说，这样的背景材料还是不够的。至少在"三国"之后应加上"（公元220—280年）"。如果再加上补充说明——"1700多年前，汉朝灭亡，统一的中国分裂成了魏、蜀、吴三个国家，于是有了'三国争雄'的一段历史。"那就更好了，否则只是说"三国"，直译成外文，外国人就很难对那段历史有个明确的概念。

二是关于中国地理。中新社1992年11月发表过消息稿《日具魅力的厦门杏林湾》。一般外国人可能知道厦门这个城市，但对"杏林湾"这个地方肯定是茫然不知的。所以在文中加了一小节背景材料：

杏林湾与台湾海峡隔海相望，是许多台胞的主要祖籍地。一些台商说，杏林与台湾语言相通、气候相似、风俗相同。将来"三通"实现了，从厦门坐早班机还来得及到台北喝早茶哩。在杏林湾办厂，可闻到一股在别处闻不到的乡土味。

因为知道这则消息是专门针对台湾同胞写的，正文中第一次提到杏林湾这个地方，紧接着就加进这样一小节背景材料，有助于他们对这个地方的了解，也容易同他们沟通感情。通常，如果在稿中提到某个城市，应大体说明其方位和特点，还有经济发展情况和在国家的地位等。如说到上海，可以概括地讲，这是位于中国东部、中国最大的工业城市；说到京沪铁路，最好说明是"北京—上海的铁路"；说到"沪杭甬高速公路"，要标明是哪三个城市，只说简称，外国人没有相应的地理概念。像这样的例子，通常不是用一小节，而是把解说或说明性的文字嵌入在紧随其后的括号里。

三是有关中国的人物。我们的领导经常提醒大家，千万不要过高估计外国读者对中国事物的理解和接受能力。因此，在对外报道中，哪怕是提到党和国家领导人，或者以前的革命领袖，也需要提供一些背景材料。在人物通讯或事件通讯中，则更需要详细介绍其经历、生平，在某方面的过人之处，等等。千万不能因为在国内是家喻户晓的知名人士，就想当然地认为在国外也应当有同样的知名度。

四是关于中国特有的事物。1983年11月5日，新华社发表了题为《民主党派办学五百所》的文章。民主党派是中国特有的，是政党，但又不是西方意义的在野党，更不是反对党。为了更好地帮助读者理解中国的民主党派为什么创办学校，就应当多用些笔墨来加以解释了。文中用了这样的背景材料：

中国一共有八个民主党派和一个性质近似的工商联。它们的成员主要是原工商业者和科技、文教、医务等方面的知识分子，以及其他爱国人士，其中多数具有相当丰富的知识、经验。这些党派除了同共产党一道参加对国家大政方针的政治协商工作外，近几年也运用本身的力量开办各种业余学校，为四化建设服务。

为了加速培养人才，中国政府鼓励一切社会力量和人民团体办学。

我认为这是对中国特有事物解释做得好的一个例子。如果没有这段解释性的说明，国外的读者会如丈二和尚摸不着头脑。其他如人民代表大会制度、政治协商会议制度等中国独有政治制度和机构，还有历史上或当代发生的重大政治事件、特有文化现象和风俗习惯等，也包括有惯用的政治术语，都需要加以说明和解释。

总之，该用的时候就用，用在了恰当的地方，用在了受众需要的时候，在需要解释和介绍的人和事第一次出现时就使用背景材料。这样的背景材料,都应算是妙笔。

使用背景材料的方法得当,也可堪称巧妙。

请看爱泼斯坦在《对杜波依斯博士的一点追忆》一文中怎样巧妙地使用了背景材料:

我与他第一次会晤是40年代末期在纽约,当时他是民主政策委员会的一个积极支持者。民主政策委员会是美国的一个组织,该组织在解放前(指新中国成立前——引者注)反对美国在中国内战中支持蒋介石。……

我当时也参加委员会的宣传工作,委员会的办公室设在44街西段没有电梯的大楼的第五层,杜波依斯博士当时已年逾八十,他多次爬上那又长又陡的楼梯来与我们见面,共商会议的准备工作;在寒冬的时候,除了年迈体弱,他还负荷一件沉甸甸的外套。他德高望重,洒脱飘逸,对我们亲切热情,虚怀若谷,而我们都比他年轻得多,都是些无名小卒。他总是生动活泼地发表他深思熟虑的意见,而且总是很幽默。

背景材料就应像爱老写的一样,应尽可能简单明了,文字浅显易懂。简单明了,是为了防止喧宾夺主,本末倒置。强调浅显易懂,自然是为了受众考虑。需要特别要注意尽量避免在解释一个事物的背景材料中,又出现了需要解释的内容。当然,如果出现了这种情况,也要巧妙处理。爱老的这两小节文字,就处理得很好。相反,上面说的介绍厦门杏林湾,说到了"三通"。"三通"本来也属于应当解释的一个专用词,但是没有这样做。同样的例子,某刊有文章介绍全国政协台联界别委员到青海省调研的情况,对青海省的介绍,背景材料用得很好,但提到"热贡艺术"时,对什么是"热贡艺术",却只字不提。须知,不但外国人,就算中国人,有多少知道何为"热贡艺术"?连我也是查了资料，才得知这是我国藏传佛教艺术的重要流派，主要包括唐卡、堆绣、雕塑、建筑彩画、图案、酥油花等多种艺术形式，因发祥于青海省黄南藏族自治州同仁县隆务河畔的热贡（藏语"金色谷地"）而得名。数百年来，热贡人民都传承着从宗教寺院走出来的这种民间佛教绘塑艺术，其从艺人员之众多、群体技艺之精湛，令人叹为观止，热贡故而有了"藏画之乡"的美誉。显然，文章中如果加上这样一段介绍，就可称为生花之笔了。

还有另一篇文章介绍"崛起中的中原新城——焦作"，在谈其区位优势时提到"焦枝""焦太""月侯"铁路和"连霍""二广"等国家干线高速公路，还有"郑焦"城际铁路。当地人也许知道这些铁路和公路的起讫点在哪里，但外地人，尤其是外国人，哪怕是海外华人，对当地的地理交通不熟悉，看后不会有什么概念，倒可能满脑子糨糊。如果把起点和终点城市一一写出来，那么多不大为外界知道的小城市堆到一起，也不是一个好办法，还不如想办法避开的好。比如，只是笼统地说有几条铁路、多少高速公路途经这里，同样也能说明焦作交流之便利程度。

如果文中提到这样的小城市，一个讨巧的做法是以大带小或对比。所谓"以大带小"，是指用举世闻名的大城市来带出名气不大的小城市，比如说，这个城市位于郑州哪个方向，相距多少公里；或者用一位举世闻名的画家带出一位年轻画家，可以说他是吴冠中的弟子或李可染的学生等；说到沧州，可以介绍它是渤海之滨的一座古城……所谓"对比"，是指提供一点过去的情况，让读者或听众能从前后对比中感受我们想要让他们了解的中国新事物，或者用外国读者或听众熟悉的事物和人物来说明他们不熟悉的中国事物或人物。如说到孔子，除了说他生于公元前551年，还可以同西方同时代的世界名人相比较——比希腊哲学家苏格拉底早81年，比柏拉图早124年；说到汤显祖，则可说明他是与莎士比亚同时代的伟大戏剧家，等等。

最重要的一点是，巧用背景材料，关键还在于要真正解决问题，对帮助受

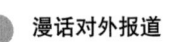

众理解所写内容真正发挥作用。

还是以我写唐德刚的那篇专访为例。写完开头部分，紧接着是这样两小节文字：

唐德刚1943年毕业于重庆中央大学，修的是历史专业，1948年由国民党政府公派赴美国留学，在哥伦比亚大学获博士学位，然后留校任教，1972年转任纽约市立大学亚洲学系主任，直到1992年退休。

这位博古通今、学贯中西的教授，身材魁伟，气度不凡，退休之后依旧精力旺盛，才思敏捷。他几十年著述颇丰，其中最引人注目的是《胡适回忆录》《顾维钧回忆录》和《李宗仁回忆录》。而其中耗费心血最多、写作和出版过程最为曲折的，则是《李宗仁回忆录》。

这就是我按前辈教我的那样加上的背景材料，把他的身份、经历、最主要的学术成就都做了交代，而且为下面围绕《李宗仁回忆录》的一部分内容埋下了伏笔。

有些年轻记者还不太了解在对外报道中使用背景材料的必要性和方法。我审稿时就曾遇到过这样的情况。一篇怀念父亲的文章里，只说"我的父亲"，从标题到正文，从头读到尾，根本连他父亲是谁、叫什么名字都没有写出来，更不用说用背景材料丰富他父亲的形象了。当然，如果作者本人的知名度非常高，人们也知道他的父亲是何许人也，自另当别论。但是这样的情况，也许对国内读者还可以，对外国受众来说理解就困难了。由此也可以看出写好背景材料的重要。要写一个人，至少应当把他的名字、出生地、年龄和有关的经历说清楚。

4. 主体部分要写得精彩

这里说的主体部分，就是通讯的主干。通讯是运用叙述、描写、抒情、议论等多种手法，具体、生动、形象地反映新闻事件或描写典型人物的一种新闻报道形式。它是记叙文的一种，是报纸杂志、广播电台、通讯社常用的文体。它和消息一样，要求及时、准确地报道生活中有意义的人和事，但报道的内容比消息更具体、更系统，是一种详细、深入的报道，具有多种表现方法，生动形象、具有感染力。一般分为人物通讯、事件通讯、工作通讯、概貌通讯。这里重点讲的是对外报道中的人物通讯和事件通讯的主体部分的写法。

（1）层次分明

层次分明是写好对外人物通讯和事件通讯最基本要求。否则，精彩无从谈起。

前面提到，《台声》杂志转载过《亚洲新闻周刊》一篇文章，写的是台商许宽利的故事，开头吸引人，主干写得也比较精彩。作者将其分成了四个部分，各自加了一个小标题。每个小标题下，讲的是同一个或同一类故事。相互没有重复或重叠。这就是层次分明，结构合理，条理清楚。

"运筹帷幄转战中国矿业"这一部分，写许宽利从投资大陆股市，到创办中国环球矿业集团，经营有色金属勘探、开采、选矿和销售。

"凝聚人心深谙经营之道"这一部分，写许宽利的这家企业是一个具有凝聚力、忠诚度很高的团队，这与他的谦逊有礼、平等待人有直接关系。

"达诚申信厚德方可载物"这一部分，写许宽利经营的成功，也写他的古道热肠，热心公益。

这样一种结构，清晰分明，层层深入，全面写出了这位台商的创业、发展，也写出了他的个人魅力和品德形象。

需要注意的是，这里说的全面，千万不要理解成写人物要面面俱到，从小写到现在，学习、工作的经历、业绩、荣誉、家庭生活，等等，全都写出来。如果一个人物写成这个样子，也就没有了特色，更不会精彩。

要想把文章的主体部分写得层次分明，一定要做到段落分明、起承自然。

从段落大小和字数多少来看，通讯中的主体部分所占的篇幅较大，但是主体不是一个筐，不能什么都往里面装。写作时，要把所选材料安排好次序，哪个在前，哪个在后，先说什么，后说什么；哪些材料构成一段，哪些材料构成另一段，都要泾渭分明，力求层次清楚。每一段最好只说一层意思，不要你中有我，我中有你，处于胶合状态。段落最好短一点，分段多一点；段落与段落之间的过渡，尽量让人看出有机的联系，哪个承上、哪个启下也写清楚。而整体结构，是已经安排好的，是按时间顺序分，有顺序、倒序、插叙、追叙等，或单独使用，或有机结合起来使用，还是按主次关系或从属关系、并列或有层次地递进、按事务的分类归纳、按事物发展的逻辑性安排，等等，最好不要随意改变原来的构思，但也不是完全不可灵活运用。只要逻辑分明、各段落间联系紧密就可称精彩。此时忌讳的是逻辑混乱，相互交叉纠缠。

一般而言，作者写起来顺畅，读者读起来也会有同样的感觉。

（2）注重故事和细节

这里说的故事，不是为讲故事而讲故事；细节也不是为了细节而写细节。写故事和细节，如同交代背景一样，都是为了表现主题思想。能有助于表现主题思想的故事才是好故事，能有助于表现主体思想的细节才是好细节。好故事和好细节，也都是在选材时就确定了的，写作时拿来使用便是。当然，故事和细节在恰当地方插入，能起到有利于表现主题思想的作用，方称得上是好故事和好细节，才能为文章添彩。

对外宣传有句话，叫作"中国故事，国际表达"。强调的是用受众容易接受的语言和方式，讲好中国故事。《对外传播》2012年第9期中孙玲的文章——《怎样讲好"中国故事"？》文中对这八个字有过这样的诠释：

作为今日中国的讲述者和中国形象的塑造者，中国的媒体首先要学会讲好"中国故事"。要用一种老少咸宜、超越语言障碍和文化差异的国际化方式，让世界了解和接受一个真实的中国。……在对外报道中，只有学会挖掘真正反映中国国情和民众生活的故事，真实全面、准确地讲述事情的来龙去脉，才能获得广泛的传播力和影响力。

我以前在《今日中国》中文版工作的时候，一位旅居西班牙的老华侨齐治平通过看我们的杂志注意到了我，曾写信说，他们老夫妻俩经常看我的文章，"觉得就像是在听朋友讲故事"。我常想，这既是对我的肯定，更是对我的鞭策——那句话一直到现在还激励着我，时常提醒我努力把对外报道写好。我理解，所谓讲故事，就是要有人物、有事实、有情节，有开头，有结尾，有吸引人的东西，又得有严谨的结构和平实的文字。遇到政治性问题，话得说得含蓄一点，不能太直白、太官样，更不能口号化。这是指通篇文章讲了一个大故事。还有插入通讯主体部分的小故事，也应当写得让读者愿意看，看了之后能有所感触。这便是大故事当中套小故事了。

至于细节，沈苏儒曾在他的《对外传播教程》中指出：

我们在这里讲对外报道中的细节问题不是一般的细节问题。我们所说的"细节"是指那些外国受众感兴趣、想知道而又极易为我们所忽略或忽视的具体东西。

爱泼斯坦就喜欢用这样一类细节。比如《对杜波依斯博士的一点追忆》一文中，谈到这位博士在纽约的一演讲时，这样写道：

他是在保释中出来在这次集会上演讲的。他像往常一样，沉着镇静、文质彬彬，讲话中迸发出对迫害他的人挖苦讽刺，大义凛然，令人敬畏。人们可以看到这位说话温柔、学问渊博的老人像雄狮一样勇敢，像岩石一样坚定。……

虽然比我在纽约见他时的行动缓慢多了，但他还是站立得很结实，腰杆挺着，而且不要人搀扶，包括与马海德和其他朋友一起到北海后面"烤肉季"吃那有名的烤羊肉时，他还自己登上陡峭的楼梯。这次席间他还是谈笑风生、风趣不减当年。

前面曾引用过《对外传播》2012年第9期曹凯的文章，他在文中这样强调细节的重要性：

细节对于一个人物报道的成功与否非常关键。细节，是展现人物性格的重要手段。形象、真实、可信地表现人物，就是要让细节说话。

我修改《台声》的稿子时，注意到年轻记者赵辉写台湾歌唱演员辛晓琪的文章开头不错，其中有一个能让人记得住的细节：

画面中的辛晓琪，化着浓妆，半束起的长卷发凌乱地散落着，在4分多钟的MTV中，不时闪现她边唱边撕心裂肺哭泣的面容，哭到伤心处，溶掉了眼线，两颊泪水形成淡黑线条。

有人说，细节决定成败。人物通讯尤其如此。能否打动人、给人留下深刻的印象，重要的是细节描写。必须善于通过行动、语言、心理等典型细节来表现人物。在细节上下功夫，才能以少胜多，达到一语胜千言的效果。

我们熟知的穆青前辈，在他的《谈谈人物通讯采写中的几个问题》一文中，强调人物通讯的力量在于真实，作为新闻报道的一种形式的人物通讯，必须严格遵守只用事实说话这个原则，绝不能有任何虚构，还要调动多种手段为表现人物服务，多作形象描写，力避冗长的叙述，以描写为主。他还在文中专门谈到细节的运用和安排：

当记者掌握了大量的细节之后，还必须善于构思，巧于运用和安排这些细节，突出它的思想意义和感人的力量。……获得细节，处理好细节，这是记者的思想水平、新闻敏感、采访经验、写作技巧等能力的综合反映。离开记者这些基本素质的全面锻炼和提高，就谈不上提高捕捉细节的能力。

这些话虽然不是专指对外报道，但对外宣人肯定有指导意义。因为，多用细节，写好人物，正是外国读者比较喜欢的一种写作方式。

《中国建设》1956年第4期刊载了爱泼斯坦一篇不太长的文章，讲了西藏自治区日喀则两个藏族姑娘的故事。一个叫昌达，一个叫达娃布察，都是四川成都西南民族学院（现为西南民族大学）的学生。昌达告诉爱老："从前我们干一辈子工作所挣的钱还不够到附近地方的路费，而且我们也没有自由去任何地方。"可是现在，她和其他学生一样前来求学，不需付任何费用，她的学费和生活费都由国家承担。后来，爱老通过昌达又认识了达娃布察。看爱老怎样讲这位姑娘的故事：

一个身材高挑、梳着两条长辫子的17岁少女蹦跳着向楼上跑来，并进入了教室。当她看见有陌生人的时候，不好意思地低下了头。昌达搂着她的腰对我说："我俩的父亲是好朋友。我们小的时候就在一起放过羊，想想现在，多么神奇！第一批学生到了这里以后，你猜我见到了谁？是她！"

达娃布察是泥瓦匠尼玛的女儿。在12岁的时候，她就跟裁缝当学徒。她学会说一点汉语。15岁的时候，一次她的母亲身体不舒服，就带上她去新的免费的人民医院看病，并让她给医生当翻译。医生和护士们都看中了这个聪明伶俐的小姑娘，说服她留下来和他们一起工作。她便成为医生和患者之间的翻译。

不久她也开始学习护理工作，但是由于她缺少基本教育，和她一起工作的张医生建议她去成都学习。所以她到了成都，见到了昌达。

在日喀则，我去看望了达娃布察的父母。她的妈妈和她的脸面很相像，看上去还很年轻，大约40岁的年龄，有一双深陷的善良的眼睛。她热情地请我到她干净的小屋里坐坐，并给我端上西藏传统的酥油茶。我看见她家的佛龛旁边挂着毛泽东主席与朱德副主席的肖像，下面的铜碗还敬放着圣水供品。

我问她是否同意达娃布察去上学，她答称："当然同意了，我很高兴她能有这样一个机会。"当我请她允许我给她拍张照片时，她走到门口把她的小儿子拉了过来。小儿子叫普布则仁，长得很可爱，眼睛一闪一闪的，透着顽强的个性。"你一定要把他照上，这样他姐姐就可以知道他长有多高了。"

达娃布察的父亲，正在别处盖房子，因此我去他工作的地方找他。他看上去不到40岁，粗壮结实，浑身散发着力量，有一双能干的宽厚的手，一副典型的你在任何地方都能看到的建筑工人的模样。我问他工作怎么样，他笑指着手下3英尺厚的新墙说："看那儿，那就是我的工作，它一千年也不会倒。"他向我问起她儿女的情况时，他把所有的工友都叫来一起听着："他们都认识达娃布察，在她离开这里的时候，大家都送她了。"他解释说。

爱老写的这个故事不长，但很完整。故事的主人公是一位小姑娘，但也出现了她的父母和弟弟，等于是她全家的故事。故事想表现的自然是翻身农奴的新生活。这新生活是共产党和人民政府给他们带来的，但爱老笔下并没有说一句这样的话，只是说他们家里佛龛两边挂着毛主席和朱总司令的肖像，这就足够了，足以说明他们对新生活的满足和感激。所写的人物，都有简单的形象描写，鲜活生动。所用的语言，平实而简单，但内容却能引人深思。这就是用外国人能够接受的方式来讲好中国故事。

接着再看爱老回忆斯特朗的文章中是如何使用细节的。当写到1947年延安撤守后大部队转移时，爱老这样描写她：

当时，安娜·斯特朗已经62岁了，但她却仍然坚持要求跟随部队一起转移，而且还为此进行了激烈的争论。后来才好不容易说服了她。说服她的理由是，希望她能运用她的卓越才能，把她所了解到的种种事实真相在美国进行宣传、介绍。这样她所起的作用，就会更有成效。当时她已经看到中国的革命正在不断发展，看到了一个延安式的新中国的前景。而这样的一个新中国，正是她在后半生中所期望看到的。她后来在回忆延安的文章中写道：那儿"没有奢侈豪华的东西，也很少舒适安逸的生活……而有的却是这样一些人，他们思想敏锐，深谋远虑，放眼世界。我感觉到……我自己的胸襟在不断开阔……在这儿，我仿佛终于认识到了人类在艰难困苦中前进的历史是可信的。"

段连城的文章《南游百日记》深受国外读者欢迎。我认为其中一个重要原因，是文中多处都穿插细节描写，让人读来感到亲切，印象也深刻。随便引用一处，即可有窥一斑而知全豹的效果。这一小节是写成都市的餐饮服务如何方便：

到成都，晚上10点才出去找饭吃。这些年强调发展第三产业和服务行业，已见成效。城镇里餐馆少，关门早，赶客跑的所谓"吃饭难"问题，据我沿途所见，已初步解决。走进一家成都小馆，花二元五角，就吃了一顿不错的晚餐，还包括二两四川好酒。各地的私营小餐馆如雨后春笋，大概是因为投资少，收益快吧。成都最多，而且各色传统小吃不胜枚举。我曾经在小馆集中的街上徘徊，下不了决心品尝什么。每家店主人都大声招呼，使我不好意思再继续转悠，进了一家，要了一份最贱的小吃——豆花饭，二角四分，豆花和饭各一碗，麻辣调料一碟，可口之至。店主并未因为我穷酸而白眼相待。这种福

317

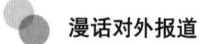

分，出入于高级宾馆的外国游客大概是难以享受到的。

像这样的细节，绝对是有助于表达主题思想的好细节。只不过，文章发表于1986年，也就是中国实行改革开放的头几年。当时，不仅服务业有了很大发展，而且物价也还没有大涨。现在再去成都，吃东西肯定比那时候更方便，花样也更多，而且更加美味可口，但价格已经远不会像当年那么便宜了。

2020年10月，我们国家隆重纪念了中国人民志愿军赴朝作战70周年。发表于1952年4月9日《人民日报》的文章《我们会见了彭德怀司令员》一文重新出现在网络和许多报刊的版面上。著名作家巴金的这篇文章本来可能不是为对外宣传写的，但这样的文章如果用以对外宣传，肯定也会得到外国读者的欣赏。这是因为他的写作手法也适合他们的阅读习惯。比如他不写套话，也不写空话，通篇都好像在讲故事，语言平实而生动。"外面开始在飘雪，洞子里非常暖和……我们17个从祖国来的文艺工作者坐在板凳上，怀着兴奋的心情，用期待的眼光望着门外半昏半暗的甬道。我们等待了一刻钟，我们等待着这样的一个人，他不愿意别人多提他的名字，可是全世界的人民都尊敬他为一个伟大的和平战士。"这位大作家以这样的开头写那天会见等待时的情景。为了写彭德怀的形象，巴老用了不少细节，让读者如见其人，如闻其声。如：

他进来了，我们注意的眼睛并没有看清楚他是怎样进来的。一身简单的军服，一张朴实的工人的脸，他站在我们面前显得很高大和年轻。他给我们行了一个军礼，用和善的眼光望着我们微笑着。……

我们亲切地跟他握了手，他端了一把椅子在桌子旁边坐下来，我们也在板凳上坐下了。他拿左手抓住椅背，右手按住桌沿，像和睦家庭中的亲人谈话似的对我们从容地谈起来。……

他明亮的眼睛射出一种逼人的光，我们看出来他对美帝国主义者的憎恨跟他对朝鲜人民的热爱是一样的深。他有点激动了，摘下军帽放在桌子上，露出了头上的一些很短的白发。这些白发使我们记起他的年纪，记起他过去那许多光辉的战绩。我们更注意地望着他，好像要把他的一切都吸收进我们的眼底。大部分的同志都不记笔记了，美术组的同志也忘了使用他们的画笔，为的是不愿意分散他们的注意力。……

他最后一次把左手从椅背上拿下，挺起腰来，结束了他的谈话。到了这时，我们才吐了一口气，注意到时间过得太快了。……

那时候，彭德怀可是地位显赫、举世闻名，但他走进洞子的时候，没有人陪同，更没有前呼后拥的排场。他在祖国来的文艺工作者面前，没有一丁点的架子。他爱憎是那样的分明，谈话是那样的吸引人……这些都是这位高级将领身上的闪光点，巴老真实地记了下来，成了流传至今的名篇。

像巴老这样的写法，很值得对外宣传工作者写人物时学习。

（3）语言风趣幽默

通讯写作固然以叙述为主，但不排斥其他写作手法。如果写事，最好能让读者和听众能有身临其境的感觉，又要让他们有如见其人的体会。这就要求有生动形象的描述。加强形象描写，用生动的形象来说明抽象的事物，往往会收到较好的效果。

要想更加讨巧，就得幽默、风趣加上人情味了。

有道是，文如其人。段连城早年在美国学习新闻，1949年以后回国工作。也许是在美国受到的熏陶，也许是天性使然，老段无论谈话还是写作，最大的特点就是说自己的话，写自己的想法和看法，就算是讲政策、谈政治，也不说套话和官话。听他讲课、作报告，他在台上谈笑风生，台下欢声不断，这是课堂上或礼堂中常见的现象。就是因此，他的课让人听得入神，他的报告也同样让人觉得津津有味。他的对外报道的经典之作《南游百日记》，不但深受国外读者的欢迎，就是国内各界人士读来也爱不释手，就是因为人们其实都喜欢这种语言和文字风格。

还是再看他的《南游百日记》，其中有这样一小节：

在昆明远郊的小镇嵩阳，看到一家新开张的私营理发店，门上写了一副颇幽默的对联。上联是："理一理，洗一洗，合情合理"；下联是："剪一剪，刮一刮，容光焕发"；横批是："满面春光"；店名：春光理发馆。"合情合理"者，大概是对早些年把个人美化一下容颜就斥为"资产阶级生活方式"的"超级革命"观点的嘲弄吧。在各地还看到一些颇富人情味的新开店名，如"哈哈好"快餐、"好再来"酒家、"鸿来宿"旅店。天津有名的"狗不理包子"已经恢复原名，无独有偶，成都竟有一家餐馆挂着"耗子楼"的匾额。耗子怎能增进食欲，无暇查考，估计总有个有趣的典故。这些虽属小事，却使我深思。早些年，处处看到的是"国营第×门市部"、"长征饺子馆"、"东方红理发店"之类的招牌，姑不论长征与饺子、东方红与理发何干，那种公式化、单一化和把美好名称庸俗化的风气，就令人窒息。

老领导段连城不仅自己身体力行，用风趣幽默的语言和文字对外介绍中国，帮助外国人了解中国，同时还在业内大力倡导这种文风和写法。说得详细的是他的一篇专文评论，表扬《上海一日》这本画册，标题就是《不是宣传，胜似宣传》。他在文中特别强调的就是人情味、幽默感。

他不是作为读者一般地翻阅这本画册，而是受托对这本画册的文字稿和图片说明翻译成英文，因此他对画册中的每一句话和每帧图片及其说明都看得仔细。他的总体看法是："《上海一日》是一部不寻常的画册；它标志着对外宣传战线的一个突破；其妙处在于'不是宣传，胜似宣传'。"在谈及人情味的一节中，他又写道："如果全部照片都采用平铺直叙的正面拍法，韵味就要差得多了。使我一面翻译一面赞赏的是许多镜头的浓郁人情味。这类情景在生活中既是常见的，但又是稍纵即逝的，却被摄影师们巧妙地捕捉到了。"他进而解释说：

同外国人打过交道的人都知道，不仅西方人，第三世界的读者一般也都不太喜欢听大道理，更不喜欢听说教，而愿意了解人、人的生活。可以肯定，这些饶有人情味的照片会大大提高外国读者对《上海一日》的兴趣。

同人情味相关的还有幽默感，这也是能使外国人，特别是西方人喜闻乐见的一个"窍门"。不久前听一位参加国际会议归来的同志说，会上发言的五个美国人个个都以幽默的语言或笑话开始，五个中国人却都以严肃的谦辞开始，因而影响效果。其实，中国人是颇有幽默感的，大概是由于极"左"政策的压制，前些年人们的文章和发言愈来愈严肃了。很高兴看到《上海一日》表现出我们一般对外刊物里罕见的幽默感。

（4）不偏离主题

导语、主体、结尾是消息的完整肌肤，写作前对选材和结构已有通盘考虑。其中，主体部分所涉及的内容比较多，要包容的要素和回答的问题自然也多，都必须紧扣导语布下的轨迹和重点，更要紧紧围绕先已确立的主题思想来安排已选好的素材。

这方面，新闻界老前辈穆青有专文被收入新华出版社出版的《新闻采写经验谈》一书中，对此曾有很精辟的论述。他强调：

主题确定以后，要着力地选择典型材料来充分地、深刻地表现它。凡是有利于突出主题的材料，都要有效地加以利用；一切游离于主题（即使游离得不远）的材料，不管它多么生动，则要毫不可惜地予以割爱。

漫话对外报道

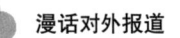

1962年，对日刊物《人民中国》编辑部几位负责同志去拜访当时的中日友协名誉会长郭沫若。谈到一本杂志文章的构成时，郭老指出：一本杂志要有几篇核心的文章，但必须有其他一些配合。也就是"牡丹虽好，还得绿叶扶持"。他接着说：

这就像夜晚的天空一样，不能光有一轮月亮，圆嘟嘟的，月亮旁边还要有几朵云彩，而在远处还可以配几颗星星，这样才能把月亮烘托出来。

就这样几句简简单单的话，道出在一本杂志中如何突出主题，如何烘托、配合，让人印象极为深刻。

这当然是从杂志某一期文章的整体构成来说的。就某一单篇文章而言，要突出主题，就是把想要表达的中心思想说清楚，讲完整，让人看后能抓住要领，同样也是这样一个道理。

我在帮助某对台刊物改稿时处理过一篇题为《14名中国保钓人士再登钓鱼岛全记录》的文章。作者本意是想借此显示全体中国人民团结的力量和誓死保卫祖国领土完整的坚定决心。文中详细描述的一些内容，虽然有些可能是事实，但这些事实却与本文主题相悖，所以我建议删除。只要这条船从香港出发，如何在途中得到补给，最后驶抵钓鱼岛海域，多人登上钓鱼岛被日本人非法扣留，经中方交涉得以无条件释放，安全回到香港，就可以了。这些正面事实足可表达那样一种主题思想。我这样做，就是把"游离于主题之外"的所有材料，统统割舍掉了。

为了更好地表达主题思想，《人民中国》有一种经验：不一定都是选用大题材，有时候以小可以见大。这就是从普通人的生活入手，来表现中国新时代的新风貌。对此，沈兴大写过《试谈〈人民中国〉基本表现手法》一文，做过深入的探讨和分析。他举例说，党的十一届三中全会之后，日本读者对中国实行的各项改革表现出极大的兴趣。他写道："如何向读者介绍和报道这一重大事件呢？经过大家的酝酿，决定采访北京的一个居民大院，从生活入手，以小见大，表现这个重大主题。题目《一个居民大院的悲与欢》，一看就让人有一种亲近感和吸引力。"

记者来到北京西单一个住着44户人家的大杂院，记者来到这里，就像街坊串门一样，采访了1957年被错划成"右派"的大学教师、"文革"中曾遭受不公平待遇的中学教员、普通的老印刷工人、恢复高考后考上大学的学生、悔过自新的失足青年，还有待业在家的高中毕业生。把他们各自的命运和经历勾勒出来，就鲜活地表现出当时实行的新政策深得人心。刊出后日本记者纷纷来信，有人写道："北京一角的居民们在生活上发生了多么大的变化，本文做了很好的说明。我觉得中国人民现在已经找到了正确的方向。" 这就是从生活入手、以小见大的效果。

但是，要想表现重大主题，有时候是不能一概从生活入手的。比如某些庄重严肃的主题，就不大好"以小见大"。于是，《人民中国》独树一帜的座谈会的形式又应运而生。沈兴大介绍说：

《人民中国》的座谈会，经过长期的实践，形成了自己独特的风格。它不是那种每人发表一通各不相干的表态式的讲话，而是围绕同一个问题自由地交谈，穿插进行，谈起来如同话剧剧本那样，如见其人，如闻其声，连座谈者的感情色彩也溢于纸上，因而深为日本读者喜闻乐见。1984年2月号发表的《中国人心目中的毛泽东》，就是非常成功的一例。

老沈说的"成功"，有读者来信为证。有人在信中说：

就在我对中国人民的毛泽东观完全搞不清楚的时候，读到了《人民中国》

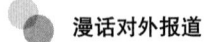

第2期上的座谈会，这才明白了中国人民对毛泽东的看法。

沈兴大把用这种形式表现重大主题的做法称为"硬题软做"，形象而准确。

不论以小见大，还是硬题软做，只要能表现主题，都是好办法。

关于"软"和"硬"这个问题，早在1957年3月10日毛泽东《同新闻出版界代表的谈话》中就谈到过硬和软的问题。他说：

报上的文章"短些，短些，再短些"是对的，"软些，软些，再软些"要考虑一下。不要太硬，太硬了人家不爱看，可以把软和硬两个东西统一起来。文章写得通俗、亲切，由小讲到大，由近讲到远，引人入胜，这就很好。

毛主席当年这话是讲给对内新闻报道的人员听的，但直到今天，对怎样写好对外报道仍有很强的指导意义。

（5）切忌面面俱到

写人物切忌"千人一面"。有些人物通讯，作者在写作时手法单一，不能出新，笔下人物要么和自己以前写过的雷同，要么与别人笔下的人物形象相似，缺乏个性，没有特色，看了有似曾相识之感。

某对台刊物2011年为纪念台湾公派生来大陆学习65周年而开设了一个专门的栏目，里面发表的文章基本上都是他们自己写的，实际上也是一种人物通讯。这些老台胞从青少年到老年，从离开家乡到来大陆学习、工作和生活，大体上经历相同，这些文章对读者是有益的，一则能帮助台湾同胞了解大陆，一则对年轻一代大陆台胞也有教育和启发作用，但我经常觉得他们写的文章多有雷同，甚至结构也差不多，谈到台湾光复前后的情况时，用的文字基本上都一样。结尾的话也都差不多，无非是向往祖国早日统一，亲人早日团聚，还有表达继续为之奋斗一类的话。其实，尽管他们有着相同的经历，但后来的成长和工作经历，多少都是有差别的，只要认真发掘，不难发现每个人的特点有哪些。把每个人的特点写出来，文章也就有了特别之处，不会各篇都是同样的模式，表现的都是同样的主题，用语也都差不多。这类稿子基本上都是编辑约来的，每篇稿件质量如何，在很大程度上要看编辑的功夫。稿子到我手中，已经差不多是付梓前最后一道工序，但我还是尽可能按我心目当中的标准进行增删，以突出各自的特点，更好地表现主题思想，让人看起来每篇多少有一点新意。

人物通讯以具体、形象地报道人物为主要内容。人物通讯要写出人物的特点，要用人物的行为表现人物。一般有两种写法，一是对人物一生或是某个阶段、某一个方面，做比较全面的报道；二是不对人物做全面的报道，而是抓住某个特定的情景，简单几笔，把人物的精神、特点写出来，或是做一个侧面报道。对外报道当然还是选用第二种写法为好。

我帮助《台声》杂志改稿10年，头几年基本上每期都看到记者赵辉的文章。他是台胞后代，对采访台胞，无论是定居在大陆的还是从岛内或海外来的，都有着先天的优势。印象当中，他更多写的是台湾文化人。从他的文章中总能看到他与采访对象早就有了联系，比如，读过他的什么书，看过他的什么画，听过他的什么歌，或者是什么时候曾经见过面、有过交流。这些平时的积累，实际上也是采访前的必要准备。有了这些谈资，与采访对象交谈的时候，就一下子拉近了相互之间的距离，很容易找到共同的话题，也更容易发现采访对象的特点，并在文章中加以表现。所以，他写了那么多台胞人物，却很少有雷同，常常让人喜欢看。

同样是写人物，爱老是怎样写宋庆龄的，特别值得我们研究和学习。不用说他为宋写的那本传记，单就原载于《中国福利会会史资料》第2期的那篇《宋庆龄是"保盟"的"心脏"和"灵魂"》就够我们反复揣摩的。那篇文章不长，集中写了宋庆龄的工作作风。全篇都是用事实说话，没有空话，而且每

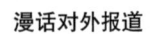

个方面都写得生动感人。在我眼里，这是一篇写人物的范文。下面来看一下写她勇敢的一段：

我把勇敢列为第一，并非因为它重要——倘若没有原则，勇敢就失去意义。而没有勇敢，原则也不能坚持——而是因为见到她时，正好是在她表现突出勇敢的场合。那是日本登陆并占领广州前一个月的1938年9月，广州每天遭受日本炸弹的袭击，成千人被炸死。宋庆龄从香港来到广州……我第一次见到她时，正当她和人们并肩前进在浩浩荡荡的游行队伍中……日本军舰上的飞机在10到15分钟内就可以飞到广州上空，因此游行队伍根本不可能得到警报而解散或隐蔽，但是她自始至终一直在队伍里，我记得有两个小时或更长一些。

就这样简单一件事，让宋庆龄的勇敢跃然纸上。

为了能让文章看起来结构更为清晰，爱老常使用小标题，但是这一篇没有这样写，可同样让人感到结构非常严谨。文章开头的第二小节已经点出了要写的几个方面，那便是宋庆龄的"勇敢、有原则、宽宏、热情、民主、勤奋、节俭和无比正直"，接下来只要按照这一顺序——道来便是。读罢全文，一点也没有松散的感觉。

再举一个写人物的例子，是我自己的。此人名为李铁铮，生前是全国政协常委、外交学院名誉教授、全国侨联顾问。他前半生追随国民党，当过驻外大使，任过驻联合国代表。新中国成立前他脱离了国民党，定居美国，1963年抛下在美国的妻儿和终身教授职，途经巴黎回到了祖国。他的一生跌宕起伏，很有传奇色彩，详录下来可成一本书。要成书，免不了要面面俱到，可是写成人物通讯则不然，只能选取最有特点的材料。经过分析和选择，我发现他最感人、最有典型意义的方面是他的爱国精神。于是围绕这一点，我精心选择了几个片段，写成了只有4000字的文章。与表现他的爱国精神无关的材料，全都舍弃了。由于只集中写出了他人生中最为精彩的一个侧面，没有面面俱到，反倒使这个人物形象更为突出，读后也就容易给人留下印象。

不仅是人物报道，关于事件通讯，新闻事件的重点都应当是"人"。因为，绝大多数的新闻事件，不论其背景如何复杂，几乎都离不开人的作用。报道人物的活动，反映人物在事件中的作用，让读者具体了解新闻事件的真相，并预测事件发展的方向——这样来写新闻报道，人情味就比较浓，容易吸引读者。

需要注意的是，"以生活为内容"，并非对外报道都要写生活，而是在各种题材中都应当从生活的角度入手。比如，前面提到的《中国：自行车的王国》一文就是这样做的，所以取得了成功。我国刚对外开放之际，来华的外国人对中国自行车之多，产生了很大的兴趣，将中国称为"自行车的王国"，这篇报道就是为了满足他们这方面的兴趣而采写的。文章写的是中国自行车的数量、用途、历史背景、工厂生产、市场供应、交通管理等各个方面，使外国人了解这个"自行车王国"的实际情况。表面看，全都是与工业生产有关，但作者是从社会生活的角度来看工业建设，或者说是把工业建设同人民生活结合起来报道。沈苏儒在点评这篇文章的成功之处时指出：写新闻事件，最好是以人的活动、感受、语言代替记录事实。这样来写，既生动，又更加可信，效果自然也更好。"这是对外传播中一条重要而行之有效的原则。"

需要强调的是，事件通讯要突出特点，写法上要区别对内报道一些惯常的做法。比如采访一个企业，接待人员一般都会将厂长或党委书记的工作总结，或者将送给上级主管的汇报稿提供给记者。里面什么都有，很容易凑出几千字来，再加上点现场描写，也许勉强称得上是一篇通讯，但绝不会是好文章。因为好的新闻报道和工作总结是两码事。从新闻角度来看，工作总结往往抽象概念多，理论口号多，数字也多，涉及方方面面，无特点可言。以此为基础改写成对外的事件通讯，虽然什么都说到了，看似滴水不漏，但读来一定枯燥乏

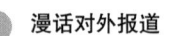

味，引不起读者的兴趣。我有时看到地方上有的同志送来的稿件，往往一看就知道是由企业的工作总结报告改写而成的。相同的毛病正是面面俱到，没有抓住特点。想把什么都写进去，文章就难免一般化了。

与其面面俱到，没有特点，不如只选一个侧面来写。如江苏有篇来稿，写的是江苏与台湾合资的仁忠马海毛公司，全文不过两千来字，细看之后确实也觉得这家公司不一般。首先是产品好，"仁忠"牌马海毛是全国第一，信誉特别高，文中还用很多的文字介绍了它的成功秘诀，觉得有典型意义，所以决定予以采用，但我在编辑时只保留了它的成功之处和成功秘诀，删除了其他内容，留下了千把字，短小而主题明确，较有特色。

段连城曾经特别表扬过外文出版社出版的画册《绿色净土》，就是因为它不像有些画册那样，介绍一个企业或者一个地区，总是面面俱到，什么都想说，但什么都不突出。他说：要想让一本书或一本画册，哪怕是一篇文章"放之四海而皆准"或者"少长咸宜"，就缺少了吸引力。因为没有特点，缺少那些充分表达主题思想的有特色的材料。

为了加深印象，我再用两篇通讯来加以对比，说明抓住特点来选材的重要性。这两篇文章写的都是大连开发区。一篇是中国外文局里一家刊物发表的，简单的开头之后，写了这个开发区的基础设施、建设项目、对外联系，接着又写几点印象：共三点。后半部分又写了进驻开发区的几个企业。文章倒也不是太长，但面面俱到，特点没有抓住，主题思想也就不鲜明了。另一篇发表在1992年3月16日《人民日报》海外版。一看标题《大连迈向国际城》，就知道这篇文章有特点。

看它的开头：

1984年国务院颁布大连为沿海开放城市。中国黄金海岸最北端的这扇窗口，在由南向北推移的开放序曲中打开了。

当时这座海滨城市与国际市场的联系仅限于外贸等个别部门。今天联系的触角已延伸到城市的方方面面，生产、贸易、金融、服务、科技、交通、劳务信息一体化，勾勒了大连多功能的国际经济性城市的特征。

保税区、外汇调剂中心、国际银行、科技示范区以及国际意识的强化、国际惯例的遵从，记录了大连迈向国际城的足印。

在接下来的主体部分中，作者与开头相联系，写了三段，所用的小标题分别是"塑造国际形象""遵从国际惯例""强化国际意识"，比较详细地叙述了大连是怎样向国际城迈进的。

这里说得详细，并不是面面俱到地介绍大连这座开放城市，只是集中写大连怎样迈向国际城。因为没有泛泛而谈，所以让人印象深刻。

5. 结尾的处理要得当

我用"得当"这种说法，意即对外报道并非一定要写上一个结尾，那种"穿靴戴帽"的写法早已广受诟病。但也不是说对外报道一律排斥加上结尾。需不需要加上结尾，怎样才能把结尾处理得当，下面还是结合一些实例来加以分析。

《今日中国》2011年第6期刊出记者龚寒的文章《"赴港生子"再引争议》，把这件事情为什么"再引争议"的前因后果说得清清楚楚，结尾处理也很得当，因为仍然是用事实说话，没有代替读者下结论，更没有强加于人的说教：

一位沈阳的准妈妈在她的博客里，十分认真地做了一个表格，从费用、生活条件、教育水平、自己和丈夫的事业等方面，详细比较了赴港生子、赴美生子与在内地生子的好处，但最终还是让她下定决心在内地生子的理由，却与那个表格无关："我想给她创造一个宽松、自由的环境，让她在爸爸、妈妈、爷爷、奶奶、姥姥、姥爷的呵护下快乐地成长。"

前面提到的写台商许宽利的那篇文章，值得学习的地方还有不少，如它的写作手法，从头到尾看不出宣传味，没有空洞的口号式文字，特别是结尾，没有穿靴子——也就是没有就此再发一些议论放到后面，如"从中可以看出……"等等，"我们相信……"云云。把故事讲完了，文章就结束了。没有多余的话。

什么是多余的话？请看我给某刊记者和通讯员讲课时举过的几个例子：

有文章写台湾中山大学副教授林渊淙，从鼓励台湾来的学生登顶长城，引申到治学态度，最后结尾写道："林渊淙博士这种克服困难勇往直前的精神，可说是中华民族的优秀传统，很值得学习。"这样的结尾大可不要。这种总结性的话，实际上是代替读者下结论，说到底是对读者的一种不尊重。只要前面的故事写得好，事实说得清楚，读者看完，自然得出一个作者想要的结论。更何况，林博士的那种精神值不值得学习，这样一种简单的判断，谁都能明白，还用得着画蛇添足，代替读者说出来吗？

这也是对外、对台和对内宣传的不同之一。对内宣传，写到最后，总免不了要说一些总结性、提示性、号召性、前瞻性的话，实际上都是把需要读者自己想的事情，代替他们写出来。让笔下的台湾同胞讲我们习惯了的套话，而且用这样的套话当作一篇对台人物通讯的结尾，就犯了对台报道的大忌。

我还看到写台商伍礼平的文章用了这样一个结尾："采访伍礼平感觉就像是同朋友聊天，气氛很轻松，时间也过得特别快，转眼采访结束了。感谢之后，记者告别了伍礼平先生，驾车行驶在金宝街上，回想起伍先生和家人在一起的情景，不禁要感慨，像他这样为社会创造着财富的人生活得却如此平实。"又在帮读者下结论了。平实不平实，要看事实。如果前面的相关事实已经能说明"平实"，就完全用不着再说这多余的话。

把话说过头，用不实的言语当作结尾，那便是违背了对外宣传的基本原则。另有一篇，写的是创作《图像景德镇》的画家程云，作者在文章结尾处写了这本书的价值所在，期望出版和展出后会产生巨大的影响力，"正是基于此，感动感慨之下，我曾说过：千年景德镇，程云一人而已。"我把这句结论性的话给删掉了。在旁边写下的批语是："千年景德镇，名家辈出，各领风骚。说仅有此人，能服众否？"显然不能，因为说过头了，不符合事实。

这样写结尾，实际上就违背了内外有别的原则。

对内宣传，写到最后，总免不了要说一些总结性、提示性、号召性、前瞻性的话，实际上都是代替读者下结论，把需要读者自己想的事情，代替他们写出来。如果不这样做，仿佛文章还没有写完似的，但这也正是对外报道写到结尾时应当避免的做法。

有时，没有结尾的结尾也许是一个好的结尾。这样说，绝不是一律排斥在文末写上结尾。要看需要，在需要的时候加上一个好的结尾，让读者有所回味，或者有所期待，未尝不是一个好的结尾。比如爱泼斯坦的《80年代的西藏变革》，写西藏的交通便利了，现代化建设起步了，藏语更受到重视了，新的建设项目开工了，旅游业发展了，就像文章前面引用过的开头说的那样："自然没有变，但其他一切都变了。"这篇通讯是有结尾的。这个结尾写了两小节：

在中国这样一个多民族的社会主义国家内，由于关键性的基本政策越来越全面，在实行中越来越灵活，所以西藏自治区所取得的进步为某些正在成长中的统一性奠定了基础。……

以上所述已经足以表明，西藏自治区成立20周年之际是有很多事情值得庆祝的，而且在25周年或30周年时还会有更多的事情值得庆祝。届时，我还想再去游览一番。

在我看来，这个结尾是非常必要的。一则可引导读者对文中主要内容进行更深入的思考，二则也给读者留下新的期待。这是主体部分合乎逻辑的延伸。

再看爱老一篇写人物的文章——《纪念约翰·赫赛》。约翰·赫赛何许人也？爱老在开头就作了介绍："美国著名作家约翰·赫赛今年早些时候去世了，终年78岁。他是中国的好朋友、一位多才多艺的作家——最为重要的是，他是一个好人。我同他是天津小学时代的同学，他是1914年在天津出生的，在天津住了11年。我们之间始终保持着联系——虽然也曾长时间地中断过音讯——直到他去世。"接着，爱老写了他多方面才能和美德，最后一节是这样写的：

约翰的个人品格——勇敢而又仁爱——在他妻子巴巴拉给我的信中得到了很简洁的概括。这封信是她在约翰经历了最后一次苦难——这次苦难夺去了他的生命——后写的。她写道："约翰的医生告诉我，他从来没有见到过有哪一个病人能像约翰那样，以如此安详的态度来对付一种如此严酷的疾病。我听到这话没有感到意外，我想你也一样。

爱老这样处理结尾，是非常得当的，虽然表面上没有使用我们在对内报道中常见的那种写法，但却是非常有效的。这几句话足以让读者更加尊敬和怀念这样一个朋友。

爱老有的文章，把写作由头当作结尾，看起来也很自然。那篇文章《对杜波依斯博士的一点追忆》，爱老首先说这位"伟人"有许多东西可以写，但他只是"说说他对中国和中国革命的友好感情"。说完之后，在结尾处用了这样一小节文字：

这就是我对杜波依斯博士和他的夫人的认识和我想说的几句话，给大家怀念他的花坛增添一点色彩。

《中国报道》1988年第2期发表了孙国良采写的通讯《大学里的"神童"》，写的是中国科技大学的少年班。如果对内报道，很可能在结尾处写上几句祝愿这些孩子们健康成长，早日成才，为国效力之类的话。但是孙国良没有这样做。他写的结尾是这样的：

当然，少年班的创办的时间还不长，它的教学与管理工作还在不断改进中。但已经取得的成绩告诉人们，这是尽快培养人才的行之有效的途径之一。中国现有12所大学，包括北京大学和清华大学，也已陆续办了少年班。中国科技大学还在北京的景山中学开办了少年班的预备班，培养未来的"神童"。

请注意，这个结尾的最后一句，应当视为背景材料。将背景材料放到结尾处，也是对外报道通常做法之一。这也是与对内报道处理结尾的不同之处。

第七章

编校是保证对外报道质量的最后关口

第七章　编校是保证对外报道质量的最后关口

本章要写的，主要是编校工作当中的一些心得，并参考同行经验和业内有关规定、规程。因为本人以前的工作很少涉及网站，所以多以对外期刊编辑校对为例，间或涉及图书。但是我相信，其中的一般性规律，与新媒体还是相通的，因而也是可资借鉴的。

一、各负其责，形成合力

对外报道的编校工作是一个系统工程。各个环节的有关人员各负其责，形成合力，方得圆满。

这里说的"编校"，一是指编辑，二是指校对。编辑工作和校对工作均为编辑工程的独立工序。但是，编辑作为上游工序，应当为校对工作奠定好的工作基础，编辑工作的质量直接影响校对工作的效率和进度。校对工作是从编辑工作中分流出来的，校对工作可以视为编辑工作的组成部分，或者说是编辑工作的延续，其基本功能是对编辑工作发挥检查、补充、完善的作用。总之，两者在期刊出版工作中履行独立的、不可替代的职能，又存在密切的、休戚与共的合作关系。原稿形式的变化、排版工艺的演进等出版领域的数字化进步，要求全面提升校对人员的任职要求和人员素质，实现校对人员从传统意义的"校对员"向"校对编辑"或"校审"的方向发展，在强化、扩大校对功能的基础上实行"编校合作"，形成更密切、更完美的"编校合力"。

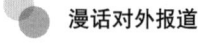

（一）编辑工作注意事项

1. 处理好文责自负与编辑把关的关系

文稿内容上出了问题，编辑不是一句"文责自负"就可以摆脱责任的，而借口"把关"对文稿肆意删改，也有违编辑职业道德。编辑有责任在涉及国家方针政策和法规方面把关，但对文稿的原则性修改必须由作者来做，在特殊情况下（如作者多次修改均不到位）由编辑动手修改时，也必须使修改结果取得作者的同意。

2. 遵守两个基本原则

编辑加工的两个基本原则：一是要尊重作者的写作风格，可改可不改的不改；二是不要擅自改动作者的观点、思路和论据。

3. 按规定流程进行工作

编辑加工包括准备工作和加工程序。准备工作就是在加工前检查文稿中图表附件是否齐全，检查有关审批手续（如保密方面），认真阅读审稿人意见和作者对审稿工作的意见。这些对于做好修改加工都有重要意义，如发现文稿系抄袭之作则可将其否定。加工程序分通读、精读和复读：通读用于随手纠正错字、漏字等，勾出需要重点修改的地方；精读是指逐字逐句地认真修改；复读时主要查出遗漏、笔误或改得不当的地方，做出补充或更正。

审稿是编辑流程的中心工作。结合实践可以概括为三个审级、两道程序、六个环节。

三个审级是初审、复审、终审；两道程序是审读、审定；六个环节是初审审读、复审审读、终审审读，初审审定、复审审定、终审审定。

审稿，即稿件的审读，是编辑工作的中心环节，是稿件质量保障机制中的基础工作，更是对稿件进行政治和政策把关的必需手段，最重要的是坚持三审责任制度，三个环节缺一不可。三审中，任何两个环节的工作不可由一人承担；三审过程中，每一审都必须写明审读意见，记录审稿过程，要始终注意政治和政策性问题，并切实检查判断稿件的科学性、艺术性和知识性是否达到应有水平。

（二）编辑加工要解决的问题

1. 内容加工

对外报道的内容加工，主要是正确处理文稿中的政治问题和事实问题。无论是政治问题，还是事实问题，都必须保证无差错。

2. 文字加工

文字加工，可以将其比喻为"整容"，是编辑加工中的重要工序，所涉及的范围包括标题、结构、繁简、语法、逻辑、标点符号等的修改。文字加工修改是编辑加工中工作量最大的一道工序，也最能体现出编辑的学养和功底。通过这道工序，编辑应能使文章层次清楚、结构严谨、文字精练、文理通顺、主题突出，并且逻辑性强。

3. 技术加工

技术加工旨在保证编辑工作全面贯彻执行有关的国家标准。就对外期刊而言，就是要实现期刊的标准化和规范化。编辑的技术加工包括确定版式（如开本、字体、字号和标题层次等）、批注加工（如清楚地注明外文的文种，外文符号的大小写、正斜体、上下角标、公式、单词移行等）、图表加工（主要是使其具有自明性，即只要看图表及其说明，不阅读正文，就可以理解其意义）。技术加工一般不改动原稿的内容，但是它一方面可以使原稿更清晰，保证排版、校对更顺利地进行，另一方面又有利于凸显刊物的特色和性格。

（三）编辑的责任分工

当编辑的，首先要根据工作计划安排，按时完成所负责栏目的选题、组稿、编辑工作；其次还要完成审稿，保证自己所编辑的稿件内容正确、行文规范、内容完整、提法统一。

文字编辑主要负责对选定的文稿进行细致化的整理和修改，包括行文措辞、知识点描述、内容结构。

美术编辑主要负责选配插图并编写文字说明、封面和内文的排版设计，以

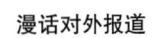

及后期的修改调整，对出版物的外观效果负有直接责任。

责任编辑除负责文稿初审外，还要负责稿件的编辑加工整理、校对、标记确认、付印样的通读工作，使稿件的内容更完善，体例更严谨，材料更准确，语言文字更通达，逻辑更严密，并消除其中的一般技术性差错，更要防止出现原则性错误。此外，还要负责对编辑、设计、排版、校对、印刷等出版环节的质量进行监督。所以说，责任编辑应对所负责处理的稿件承担直接责任。

总编辑既是媒体出版物各项编辑工作的指挥者、舆论导向的把握者与选题的总策划，又是文稿审读加工的终审者、编辑责任制度的负责人。其次为副总编辑。如果总编辑空缺，则副总编辑代行总编辑的职责。

有些单位还设主编一职，其工作职责是在编委会或总编辑领导下，按编辑方针实施某个方面的具体业务。主编的工作内容为研究、制订某一方面的工作计划，组织并领导日常编辑事务，如审稿、审样、撰写重要言论等。

在整个审稿工作中，不同的身份有着不同的职责。初审由责任编辑负责。责任编辑由具有中级以上出版专业技术职称的人员担任。初级出版专业技术人员可以在责任编辑的指导下从事初审工作，但稿件必须经过责任编辑认可、签批。复审由具有副编审以上专业技术职称的编辑部主任或副主任负责，也可以委托其他正、副编审代审，但必须由具有副编审以上专业技术职称的编辑部主任或副主任复查、决断、签批。终审由具有副编审以上专业技术职称的总编辑或副总编辑负责，也可以委托其他正、副编审代审，但必须由具有副编审以上专业技术职称的总编辑或副总编辑复查、决断、签批。

（四）编辑工作程序

按照期刊协会的规定主要是审读和审定。这两道程序有着不同的任务和目标：

1. 审读程序

由初审审读、复审审读、终审审读这三个环节构成的审读程序，旨在从宏观上把关，任务是鉴别稿件是否可以采用、有没有加工基础，做出采用、退修、退稿的决断，并对退修的稿件提出修改意见。

初审审读：通读稿件，衡量是否符合内容质量要求，是否符合约稿合同约定，是否具有出版价值；立论是否成立；逻辑是否严密；结构是否合理；体例是否妥帖、一致；行文是否通顺、规范。质量、价值都符合要求且具备加工基础的采用；质量、价值基本符合要求但尚不具备加工基础的退修；质量、价值有一项不符合要求的退稿。对准备退修的稿件提出具体处理意见。在此基础上写出审读报告，随同稿件一并送交复审。审读报告要写明稿件来源、稿件内容、作者情况、审稿过程；对稿件价值、质量做出评价；对其中的政治、政策、敏感问题做出分析、判断；对稿件提出处理意见，并说明采用、退修、退稿的理由。

复审审读：在通读稿件的基础上，对初审提出的问题进行复核，对初审的意见作出判断，提出处理意见；写出审读意见，随同初审报告、稿件一并送交终审。

终审审读：在浏览全稿的基础上，根据稿件的内容、性质和初审报告、复审意见，有目的地重点选读部分章节。对初审、复审提出的问题进行思考，做出判断；对初审、复审提出的处理意见给以答复；写出审读意见，随同初审报告、复审意见和稿件依次退复审、初审。

审读的后续处理由责任编辑负责，以终审意见为依据，对稿件做出采用、退修、退稿处理。

2. 审定程序

由初审审定、复审审定、终审审定三个环节构成的审定程序，旨在全面把关，任务是对已决定采用并具加工基础的稿件进行润饰、优化，使之达到出版水平，得以发稿。

初审审定：已决定采用的稿件可以进入初审审定环节。结合稿件的审读意见，在略读全稿的基础上，逐字逐句精读稿件；以优化稿件为目的，以达到出版水平为标准，对稿件进行字斟句酌的编辑加工。包括完善原稿的观点，消除政治性差错，纠正思想性差错，订正知识性差错；优化标题，统一层次，调整结构，润饰文字；规范标点，规范数字，规范计量，规范符号；审查图表，核对引文，检查注释，对校目录；核对索引，审查文献，统一用语，整理附录。最后还要与装帧设计的方案融为一体；需要其他工作配合的要做出批注，签发初审意见一同交复审。

复审审定：通读稿件，对初审审定的工作作全面检查，处理初审审定的遗漏问题，对初审审定的结果做出评价，对稿件的质量做出判断，对初审审定提出的处理意见做出回应，写出审定意见。同意发稿则签批发稿单，随同全部稿件材料送终审；需要退审则写明理由，指出重审范围、内容，在可能的情况下提出指导性方案，随同全部稿件材料退初审重新审定。

终审审定：浏览全稿，根据稿件内容、性质和初审审定报告、复审审定意见，有目的地重点选读部分章节；处理初审审定、复审审定的遗漏问题，对初审、复审讨论的问题做出回应，对稿件的内容质量、语言文字质量、体例的一致性、结构的合理性、装帧设计的水平做出判断，重新衡量稿件的价值，做出发稿、退审、退修、退稿的决断，写出审订意见。同意发稿则签批发稿单，随同全部稿件材料依次退复审、初审；需要退审则写明退审理由，指出重审范围、内容，在可能的情况下提出指导性方案，随同全部稿件材料依次退复审、初审；退修、退稿是在特别特殊或不得已的情况下做出的决策，需与复审、初审共同研究具体措施。

审定的后续处理：终审同意发稿的，复审通稿翻阅，处理终审提出的问题，退初审。初审通稿翻阅，处理终审、复审提出的问题，送责任编辑。终审要求重审的，复审可以解决的在复审层次上解决，需退初审解决的退初审解决；初审、复审重新审定后认为达到了发稿要求，各自写出重审报告，再送终审。终审要求退修、退稿的，由初审、复审、终审共同研究，提出妥善的处理方法，由商定的人员按商定的方法处理。

（五）校对工作的要求

校对是编辑工作的继续，校对质量是对外报道质量的重要保证之一，是编辑的有力助手。校对的基本职责有两个：一是对原稿负责，即比照原稿"校异同"，要求消灭排版过程中的错漏；二是对读者负责，即不比照原稿"校是非"，要求在消灭排版错漏的基础上，发现并协助编辑消灭原稿及版式设计中存在的差错。

如果校对具有良好的职业道德，经过上岗培训并且有了相当的校对实践，那么只要严格按照校对制度和校对方法去做，是可以在消灭文字差错方面达到要求的。但是，看似简单的校对工作，其实很不简单，它不仅要求校对人员有相应的素养，还需要具有所校对内容范围的百科知识，更需要严肃认真、一丝不苟、耐得住寂寞的职业精神和工作作风。

最重要的要求，是严格执行各自的机制和制度，以保证工作质量，特别是"三校一读"。这是校对运作的基本制度，也是保证校对质量的必然要求。但是，"三校一读"是讲校对应不低于三个校次，发现差错较多时须增加校次。在不同的校次中，校对的方法和注意重点有所不同。一校重点要完成"校异同"的任务；二校要继续消灭初校遗留的错误，并核对初校所改是否正确。一校和二校必须比照原稿逐字逐句地校。有的校对人员在一、二校时即拒绝比照原稿，而采取通读的办法校对，自以为"读得顺就说明没问题"，其实不然，比如"唐玄宗元年……"和"唐高宗元年……"读起来同样顺，单靠通读就不能发现错在哪里。三校与通读不必比照原稿，并且以"校是非"为重点。通读时要消灭校对过程中所遗留的所有错误，尤其要注意隐性的政治性、思想性差错，以及病句及其他语法错误，还要注意人名、地名、书刊名、组织机构名等的前后统一。

要更正校样上的错字、倒字、缺字，防止出现颠倒、多余或遗漏字句和段落，以及接排、另行、字体和字号等差错。

要检查版式是否符合要求，包括标题、图说等有无偏斜，字体、字号是否统一、页码是否连贯；插图、表格方位是否平正；行距是否匀称、字距是否合乎规定。

要熟练和规范使用校对符号。

需要注意的是，校对的"校是非"，重点是发现文字词语方面的错误，改正不符合国家标准的数字、标点符号、量和单位、专用名词等错误用法，以及明显的政治性、知识性的错误，与编辑的修改加工性质不同。所以，在未经授权的情况下，校对在原稿上发现的差错，只能以质疑形式提出，由责任编辑认定和改正，校对员不可擅改。如果自以为是，改错后反倒增加了工作量甚至铸成硬伤。

（六）校对的方法

校对人员要掌握校对的基本方法，这也是保证校对质量的重要保证。

从中文校对来说，前人创造了多种卓有成效的校对方法，主要有对校法、折校法、读校法和倒校法。不论现今有多少变化或改进，前人在校对工作中体现出的高度责任心总是应当一代代传承的。

对校法又称点校，基本做法是将原稿放在工作台左上方或校样上方，校样放在右方或原稿下方，左手指原稿，右手执笔点着校样，先看原稿，后看校样，逐字逐句地校对改正。此法速度较慢，人容易疲劳。

折校法是将原稿放在工作台上，两手把校样夹在拇指与食指和中指之间并压在原稿上，两相对照默读文句，发现错误时左手执稿样，右手执笔改正。此法不容易错行，速度因人而异。

读校法指一人朗读原稿，另一人看、改校样。读者须将每个字、句、标点符号、技术设计要求（如另页、右栏、接排、占行、空行、字体、字号以及图表排式、特殊规格等)——读清楚。发现错误时,改者叫读者停下来实施改正。此法须以两人配合默契为前提。我年轻的时候,《中国建设》的中文版,用繁体字印刷,有段时间还在香港制作,编辑部负责人每期要率编辑和校对人员赴深圳完成校对。那时候主要用的就是读校法。人员最齐整的时候,编辑部里配备过四名校对,两两一对,一读一校,非常严格,质量很高。后来有了电脑,这一方法就无人使用了,所需人员再不会那么多。

倒校法指从后往前校对,比如校"我们要认真读书。"这句话,先对句号,再对"书"字,再对"读"字,以此类推,最后读"我"字。此法耗时耗力,成本颇高,一般出版单位用不起,但效果显著。据说,商务印书馆等出版的辞书之所以差错率之低闻名于全国出版界,倒校法功不可没。

最后,要做好技术整理工作。就对外期刊来说,要检查原稿和校样是否齐全,清点页码是否衔接;根据正文标题核对目录,并附缀正文页码,检查附缀页码是否准确;检查正文的标题体系,使同级标题的题序连续,字体、字号、占行和位置保持一致;检查插图的形象与文字说明是否相符,位置是否准确;汇总自己在校对中提出的疑点,请责任编辑解决。不做好上述技术整理工作,校对工作容易出现漏洞。

(七)编辑和校对都要有一丝不苟的工作态度

需要强调的是,制度规定是一个方面,具体做得好与不好,不但需要熟练掌握基本技能,不断提高专业水平,在很大程度上还取决于一丝不苟的工作态度。

我的老同事中,一辈子兢兢业业做好编校工作的,太多了,他们都是学习榜样。例如,冯华修,我1965年进入中国建设杂志社时,他是英文组的校对,因为对工作一丝不苟,曾被当时的中国外文局局长罗俊在全局大会上点名表扬。2021年春节期间,与《今日中国》原副总编辑郭安定回忆起初进中国外文局时的一些人和事,我表扬他那时的好学:"走在路上,还手捧一本书,一边走一边看……"他坦承，我说的是事实："那时候，晚上办公室里经常只有我和冯华修两个人，他不像我，读的是小说，有外文的，也有中文的，他是一遍遍读英文校样。就凭着这种认真负责的精神，经他校对过的杂志，差错率总在万分之一以下。"那时的冯华修40来岁，直到退休前，仍然是校对，仍然一丝不苟。一个人，一辈子就做这一件事，默默无闻，心无二用，敬业精神少人能及。现在他已是位耄耋老人，每当想起他的工作态度，我对他还是肃然起敬。

关于编辑和校对的职责，我们国家是有制度规定的，各单位也都有一套严格的制度和要求，编校人员一定要遵照执行，不得有丝毫懈怠。尽管校对的基本要求是对照原稿进行校对，把与原稿不同的地方改过就行了，但一个好的校对绝不会满足于机械地忠实于原稿，还要能发现原稿中的问题，对存疑处与编辑商量解决，对确保编校质量发挥更大作用。这就是一种值得倡导的观念：编辑从校对做起，校对向编辑学习。

二、编校质量，事关重大

写下这个小标题，在很大程度上是想通过我工作中遇到的一些实例，分析对外报道编校工作中的一些通病，说明应当如何把编校工作做得更加完善。

先从题为《寄情山水盼回归》的一篇文章谈起。

一是这个标题有个毛病，即标题与文章内容不尽相符。文章写的是参观厦门台湾民俗村的所见和观感，与自然山水无关，所以不能用"寄情山水"来概括。文章的副标题是"参观厦门台湾民俗村"，倒是能起到补充说明主标题的作用，但表达不完整。最后我建议把标题改为《厦门台湾民俗村参观记》。鲜明醒目，让读者一看就知道文章写的是什么。

二是文中形容词用得太多，又多有不当。比如文章一开始就介绍台湾民俗村的位置："在海岛花园厦门，有条1985年才开辟建成的环岛路。它，宽敞开阔，绮丽迷人，长达3800多米，一侧绿山环抱，一侧大海簇拥，宛如多姿多彩的银色飘带……""一侧绿山环抱"怎么理解？按规范的解释，"环抱"就是"环绕"，如"青山翠柏，环抱陵园"。既然是环抱，能只有一侧吗？"一侧大海簇拥"又怎么理解？"簇拥"的意思是"紧紧围着"，如"孩子们簇拥着老师走进教室"。是好多孩子，一个孩子不可能"簇拥"，大海又如何能"簇拥"一条道路呢？又如："在精美的导游图上，一目了然地了解到，……""一目了然"是个形容词，不能这样当副词来用。所以应当把句子倒过来："在精美的导游图上，……一目了然。"

三是表达不规范。如说到两岸关系，"大陆与台湾，血脉相承，骨肉相连，同为炎黄子孙，同是龙的传人……"准确地说，头半句应改为"台湾与大陆……"，后半句更成问题，如何能说"大陆和台湾同为炎黄子孙，同是龙的传人"？改用"两岸同胞"四个字，表达就准确了。又如接下来写的，在这个台湾民俗村里，"可用最短的时间，生动形象地观赏到台湾的历史文化、民俗风情、建筑风格、乡音歌舞、民艺产品等，尽情领悟到同根同源、同文同俗的台湾文化、历史的底蕴。"句中表达不准确的有两处。一处是"生动形象地观赏到"这种说法。显然，不是"生动形象地观赏到……"，而是"观赏到形象生动的……"。第二处是"领悟到同根同源、同文同俗的台湾文化、历史的底蕴"这种提法。这里没有说明，台湾的这种文化、历史的底蕴与什么"同根同源"，又与谁"同文同俗"。我把这个句子改成了："在台湾民俗村内，可用最短的时间，观赏到台湾生动、形象的历史文化、民俗风情、建筑风格、乡音歌舞、工艺产品等，尽情领悟到两岸同根同源、同文同俗的文化、历史底蕴。"但是紧接着一句，问题又来了。作者写道："走下环岛路，……首先映入眼帘的便是上面中英文对照的字样：'台湾民俗村'。"既然是中英文对照，就应当把英文也要写上去，但实际上没有。所以我改成了："首先映入眼帘的是'台湾民俗村'几个大字，下面还有英文。"

四是事实说明不准确。本文属事件通讯一类，最重要的自然是写出事实，而事实一定要准确。文中有段写了蝴蝶馆里展出一幅《百骏图》。众所周知，"骏"者，马也。《百骏图》就是图上有百匹马。但这里不是，作者写的是"由著名蝶画大师萧勤先生亲自来厦门指导制作的"。由此看来，这张图上不是马，而是蝶。作者进一步又介绍说，"先后用去20多万只蝴蝶"。既然如此，怎么又称其为《百骏图》呢？让不知情的我，无法下笔修改，只能当作一个问题批在了文稿上。

这些问题看着是简单的文字质量不高的问题，但事实上并非如此，很多严重的报道事故均来自文字质量问题，其根源是编辑、校对的粗枝大叶，这值得我们警惕。

（一）努力把好文字质量关

1. 文字加工整理

前面提及，文字加工是编辑工作中的重头戏，要解决的问题比较多，要使文章主题明确、观点正确、论据充分、材料准确、言之有据；还要采取适合内容的完美形式，即优化文章的结构，处理好材料详略，安排好开头、主体和结尾，保证文章章节有序、层次清楚、段落分明，防止结构混乱、详略失当。

关于主题。主题是文章的灵魂，体现文章的主导思想，文章通篇紧扣主题，形成一个有机的整体，这是文章成功的基本保证。要修改的，第一种毛病是主题不明确，重点不突出（如有的文章内容丰富，但通篇看不出作者到底要论述一个什么中心思想）；第二种毛病是东拉西扯，偏离主题（即通常说的"跑题"，就是指文章杂乱无章，让人看不出想表达什么样的主题思想）；第三种毛病是涉及的问题过多，主题分散（如有的作者在文章中什么都想说，但什么都没说明白，没有抓住重点）。这些毛病，都涉及主题方面的修改和完善。

关于结构。结构的毛病往往出在不注意或不知道写文章要有章法上。如果约稿时没有指导好，到了编校阶段就只能有赖于编辑修改了。

关于繁简。20世纪80年代初，我曾听过一个笑话，说有位年轻作者到报社投稿，编辑告诉他，文章太长了，他回答："那就按长篇发嘛！"文贵短而精，但烦琐冗长又是初学写作者容易犯的毛病，需要编辑下功夫删节修改。删繁就简就是用精练的语言文字表达最大容量的信息，化繁为简，直奔主题，把与主题无关、前后重复或者画蛇添足的内容统统删除，使文章言简意赅。

关于语法。这方面的加工，要根据汉语规范，纠正语言表达上用词不当、成分残缺、搭配不当、语序颠倒、句式选用不当、句子组织欠妥等问题。

2. 规范用语表达

我想只用一些例子来说明这一点的重要性，希望读者阅后能举一反三，想到更多的情况。

这些例子，主要表现是提法上的不准确。《对外传播》发表过我写的《涉台用语的准确表达》一文，就是专谈这个问题。这个问题不仅与对台宣传有关，对外宣传中同样也应当准确把握。

"祖国大陆和台湾都是中国的一部分"，这句话充分说明了两岸是什么关系。但我在对台报道中看到，不少人常犯用"中国"或"祖国"指代大陆这样的错误。甚至台湾统派某著名人士也有用"祖国"指代大陆的情况：他在文章中说，曾建议修复厦门的台湾会馆，并展览台湾与厦门关系的史料，"让来厦门的台胞从厦门认识台湾与祖国的关系。"准确说法应当是"台湾与祖国大陆的关系"。

一位生活在大陆的老台胞著文说，"生活在大陆的台胞，是在不同年代从海外和岛内回到祖国的"。从海外回到祖国的说法，自然无可非议。可是，说从岛内"回到祖国"，特别是说在台湾光复后从岛内"回到祖国"，就有问题了。他还说，"这些回来的人都是祖国派、爱国派"。回来的是"祖国派、爱国派"，没有回来的呢？

有篇文章介绍台湾一些知名画家的作品在北京展出，其中有位女博士，说她"上世纪90年代就曾到中国参加两岸当代艺术展览"。从台湾来大陆能说是"到中国"吗？这样说，不就是把台湾排除在中国之外了吗？

以"中国"来指代大陆，言外之意就是台湾不是中国的一部分。这当然是一个原则性问题。

如果是"台独"这样写或这样说，正可表明他们的立场。用"中国"指代大陆，是"台独"的一贯做法。所以现在常批判他们"去中国化""逢中必反"等。

问题的严重性还在于，大陆媒体涉台报道和一些没有受过专业培训的地方官员的涉台讲话中，却常出现这样的情况。

有时涉及香港、澳门，也有类似的问题。针对香港、澳门来说，只能用"内地"，不能讲"大陆"，更不能用"祖国"指代内地。但是，如果相对于台湾，把大陆称为"内地"，或"国内"，也是不对的。比如某刊介绍台胞论坛的文章中提到，一位台胞社团领袖说："如果国内有什么事情，请通知我们，大家一起来做……"

防止出现这种不规范的表述，最为关键的是，什么时候也不能忘记一个基本事实：台湾是中国不可分割的一部分。一个建议是，记者写好后不要忙着发稿，自己先多看两遍，反复斟酌、推敲，直到觉得没有任何问题了再发出。编辑、校对对这一问题一定要有清醒的头脑、明确的认识，认真履行自己的责任，把好语言表达关，特别是涉及政治问题时。

关于用语表达，我在同中国外文局部分年轻记者、编辑谈如何提高编校质量时，曾事先准备了一些例句，和大家在课堂上一起分析。抄录如下，供参考：

某刊在报道由全国台联举办的第二届台胞社团论坛时说，世界各地的台胞社团领袖共240多人出席这次活动，他们在论坛结束时达成了若干共识。当期封面压题是:"北京,240余位全球领袖取得共识。"(那些人只是世界一些地方的台胞社团的领导人,把他们称为"全球领袖"显然不妥。)

有文章介绍湖北省长访问台湾,为阿里山乡的学校捐赠物品后,"湖北省青年代表与当地邹人代表及阿里山乡的师生们,在《我们都是一家人》的歌声中一起跳起了欢快的歌舞。"(不是"歌舞",而是"舞蹈"。或者,他们不只跳舞,也唱了歌,那就得分开来说。)

有文章说"在日本殖民者统治下的台湾,当时的台北只有日新公学校教授普通话。"(普通话是新中国成立几年以后确定的国家通用语言,在日治下的台湾不可能有这样的说法。指的应该是"国语"。)

另文称"突出国企的公益性,有利于重新确立国有资产调整的基本目标,理顺国有经济与民营经济的关系,为民营经济发展提供制度空间,有利于破题收入分配改革……"(问题出在"破题",改成"破解"就对了。)

"如今儿子的茶艺制作技术俨然是茶园的骨干力量。"(这句话意思明白,但表达不准确。应当是:谙熟茶艺的儿子成了茶园的骨干。)

再另看一些关于用语准确表达的例子:

写台湾海基会新建办公大楼前,原办公室如何显得拥挤,"在这样的前提下,新大楼梦想开始实现。"这里用"前提"不妥,应为"情况"。

某学者写的文章,谈两岸制造业的深化合作,其中说:"……台湾也有充沛的时间,就化工模式进行调整。""充沛"应为"充裕"。

还有,两岸都有但叫法不同的,就是各行业组织。台湾叫"公会",但是一不留神,我们就写成了"工会"。如说湖北代表团拜会了"台湾电机电子同业工会"。是"公会",而非"工会"。

某文提到日据时代台湾有不少专才回到大陆发展,其中有八个人,以"八仙"自诩。他们的后人最近相聚北京。说起当年的情况,有这样的说法:"这

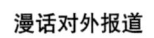

些有家难归的人，时而弹琴唱歌、吟诗作画，时而相顾无言、默默无语，以此排遣心中苦闷，安抚心上伤痕。""伤痕"是无法"安抚"的，但可以"安抚受伤的心灵"，或者"互相安抚"。

一段时间以来，误用成语的现象，在各式广告中时有发生，这实质上是破坏了成语结构的定型性和意义的完整性。结构的定型性，是说成语的构成成分和构成方式比较固定，使用时不能随意改动。意义的完整性，是说成语的意义不是它的构成成分的简单相加，而是由构成成分的意义经过概括而形成的，带有比喻和形容的性质。如："有的放矢"不能说成"有的放箭"，"万紫千红"不能说成"千紫万红"，"源远流长"不能改为"渊远流长"，"意气风发"不能改为"意气奋发"，"明日黄花"不能改为"昨日黄花"……

举几个我见到的例子。

有人写台湾观感，说"众多的山山水水，名胜古迹，以及节比鳞次的高楼大厦……"，句中"节比鳞次"，很明显有两个问题，一是"栉"写成了"节"，二是前后颠倒。

又有人讲赴台参访经过，说他们与当地人"从最初的互相认识，在车上齐声高歌，交换彼此生活中微枝末节的琐事……"可能本来想用的是"细枝末节"。

还有文章把"慎终追远"这个词用得不当："在江西发展也是他一种慎终追远的愿景。""愿景"一词我们本来是不常用的，2005年连战来大陆与胡锦涛总书记会晤，发表国共两党达成的共识时用了这个词。"慎终追远"有其特定含义，用得不当。实际上这句话的意思可能是"一种深思熟虑的选择"。

祖国语言的应用本来是件非常严肃的事情，但有的人却很随意。把成语拆开就是一例。如"不因求全而责备，不因小过而废之。"（这就把"求全责备"拆开了。）"他的作品，既不矫揉，也不造作。"（"矫揉造作"，形容过分做作、极不自然，不能拆开。）错用成语的情况也时常看到，同样也是失之不严肃。如："不少前往泉州旅游、观光的海外游客乘车行驶在无树的公路上，任凭风尘、烈日的侵袭，纷纷摇头叹息，叹为观止。"（"叹为观止"是用来赞美看到的事物好到了极点，用在这里显然不对，可以删除。）"在成都地区的考古发掘中，至今还没有发现第二座惠陵古冢，应该说，刘备墓在成都已无可厚非了。"（"无可厚非"意思是没有可以过分责难的，应改为"毫无疑义"。）"这一次扑灭森林大火，解放军又一次首当其冲。"（"首当其冲"意思是处于冲要位置首先被冲击，可能用"冲锋在前"比较合适。）

最不能容忍的是胡乱自造词语和乱改成语。如"彰明昭著""拯济""挽狂澜于将倒""潜取""获习""心不自主""娱戏""濒近""不安罪嫌之惑""一夜连双岁，五更分二天。"

还有一种情况，使用缩略语时也要防止造成错讹。每篇文章首见时最好使用全称，以后可使用缩略语。但应注意有些词是不能省略的，如"全国人大常委会委员长""省人大常委会主任"，不能缩略为"全国人大委员长""省人大主任"。

还有引文。有时候容易把觉得很熟悉的话引得不准确。某教授有一篇文章中提到，"有一首歌唱道：'不经历风雨，哪能看见彩虹。'"这里说的一首歌，指的是《真心英雄》，这句歌词是"不经历风雨，怎么见彩虹"。看来作者不会唱这首流行歌曲，引用的时候，只凭印象。

人名、地名、单位名称一定要准确无误。知名度高的外国人名，应采用通用的译法或者通行的写法。知名度不高的一般可参照新华社译名手册译出。国内外地名的写法以中国地图出版社出版的最新地图和地名录为准。小的地名应冠以省、市、地区名称，小单位应冠以大的地域和上一级领导单位名称。包括一些团体或机构，一般也要冠以上级单位或管理部门，都要准确。如某刊有文章提到"中国科技部中国民营科技促进会"这样一个机构，凭直觉，可能错了，科技部内不可能有这样一个民营团体，顶多是挂靠在科技部下面。经查核，连挂靠都谈不上，是中国科技部领导下的一个团体。

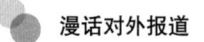

写台北圆山饭店的文章,说:"沈葆侦第五代孙、知名建筑师沈祖海,曾经是圆山联谊会的第一号个人会员,后来低调改为第二号。"把重要历史人物沈葆桢写成了"沈葆侦",也是不该犯的错误。

某领导撰文,介绍为中日关系正常化做出贡献的台湾同胞,很有价值,但文字上不太严谨的地方还是有一些。如"担任国际关系学院副院长的陈明,是台湾海基会会长辜振甫的外甥。"海基会没有会长,领导人称为"董事长"。

这些例句都见于对外或对台期刊。平面媒体区别于网络媒体的一个地方,就是它有一套完整的监督制度,其中之一就是编辑出版环节。期刊编辑部犹如水库的闸门,它只把下游所需要的有用之水放下去,而把过量的水以及泥沙等废物拦截下来。这就要求不仅编辑要称职,校对也要称职。编辑部必须承担起为社会信息交流当好"闸门"的职责,完成好"过滤器""合成机"和"传播器"的任务,包括按"游戏规则"办刊、为受众提供足够的信息和保证信息传播的准确性、同型性和有效性。

编辑工作是保证期刊质量的一道重要工序。期刊编辑要在审稿的基础上对文稿进行加工整理,使文稿一方面内容准确、文字通畅、合乎逻辑,另一方面事实和引文准确无误、编写格式统一、技术上规范化和标准化,使整个期刊物达到齐、清、定的要求。这在很大程度上与编辑、校对的水平有关,同时这项工作也足以展现编辑、校对人员的聪明才智和综合素质。

3. 杜绝文字差错

文字方面的差错包括错别字、多字、漏字、颠倒字、已明令停止使用的异体字、不符合《通用规范汉字表》字形规定的旧字形,以及汉语拼音和外文等方面的差错。

错别字是错字和别字的合称。错字,指像字但不是字,规范字典里查不出的字;别字,指把甲字写成乙字,规范字典里虽然有,但用在这里不当的字。

错字虽然与正字形似,但不是字,比较容易判别;而别字则不同,或者形似,或者音同,或者义近,似是而非,判别并不是那么容易的。因此,判别别字,要从字义入手。

为消灭文字差错,校对人员要特别注意那些字形相似容易混淆的字、前后字序颠倒容易混淆的词语、同音错别字、似是而非的成语等。如字形相似容易混淆的字:赢—嬴—羸—赢,几—几—九—丸—凡,图—国—园,抢—抡,来—耒,辩—辨—瓣—辫,等等;前后字序颠倒容易混淆的词语:前面—面前,进行—行进,连接—接连,达到—到达,路线—线路,等等;同音错别字(括号内正确):倒底(到底),正理(整理),布署(部署),幅射(辐射),锻练(锻炼),编篡(编纂),园形(圆形),夏候(夏侯)(声调不同),等等;似是而非的成语(括号内正确):一名不文(一文不名),合盘托出(和),唯唯喏喏(诺),滥芋充数(竽),高瞻远嘱(瞩),繁文褥节(缛),等等。

两个词语意思相近,如果不懂或误解其含义,就可能会出现误用。举例来说:

如"截止"和"截至"常有人分不清楚。说"截至到2010年",多了一个"到"字,应写为"截止到(或截至)2010年"。"截至1997年12月底"的"截至"不能使用"截止";"报名日期1月30日截止"的"截止"不能使用"截至"。

"权利"和"权力"也是如此。"公民的权利与义务"中的"权利",不能使用"权力";而"最高国家权力机关是全国人民代表大会"中的"权力"不能使用"权利"。"权利"是指公民或法人依法行使的权力和享受的利益,跟"义务"相对。"权力",一是指政治上的强制力量,二是指职责范围内的支配力量。

"启事"和"启示"的区别不难判断,但有时也被忽略。前者是指为了说明某事而登在报刊上或贴在墙壁上的文字,后者是指启发提示,使有所领悟,或通过启发提示领悟的道理。"招工启事"不能写成"招工启示";而"战争

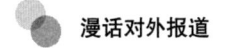

启示录"中的"启示"也不能写成"启事"。

类似的误用词语还有：以至—以致、合龙—合拢、化装—化妆、反应—反映、检察—检查、查看—察看、服法—伏法、处置—处治、法治—法制、品味—品位，等等。

4. 消除语法瑕疵

常见的语法差错，大致可以分为：词性误用、搭配不当、指代不明、成分残缺等。下面分别举例说明：

使用介词的常见毛病是介词词组中缺少介词、介词与介词宾语不搭配、不必用而用了介词。

如"得、的、地"三个结构助词，就十分容易用混。如"他放弃在台湾做的很成功的房地产和食品业，来到大陆，开始自己新的征程。""能在这么短的时间内与动物沟通的这么好，该是多有爱心啊。""总以为自己成功很容易，骄傲的像个公主。""其他姐妹把母亲照顾的很好。""她一定能听的懂的。" "可以了解的更透彻。"这些句子中，动词后面的"的"都该用"得"。当然也非绝对，我在正式出版物中也看到过用"的"的情况。

连词使用不当主要是该用的不用和关联词语问题，如"不但……而且……""若……则……""虽然……但是……"等成对关联词语的丢前或弃后。这些看似不是太大的问题，在编校中也都不能疏忽。

再举两个例子：

"法制报要向读者宣传国家的法规法纪，首先报纸自己要遵纪守法，这样，报纸才有感召力。否则报纸让别人学法守法，而办报却违法犯法，就是失职。（"否则"的意思是"如果不这样，那么就……"。把"否则"改为"如果"，就通顺了。也可把后句简化为"否则就是失职"。）

现场嘉宾和观众对他的机智和幽默报以了会心的掌声。（"以"是介词，后面不能有助词"了"。）

下面是搭配不当的例子：

"人类历史上伟大的创新和发明，大部分是青年人所创造的。"（很显然，"创新和发明"与"创造"是不搭配的。所以我把后半句改成了"大部分为青年人所为。"）

一篇题为《专家解读惠台新措施》的文章中有这样一句："大陆各有关主管部门释出的八大惠台利好在两岸间引起了高度反响。"（反响不可以用"高度"形容。）

"面对精致而上乘的台湾产品，无疑南宁市民给予了很高的追捧和热爱。"（句中"无疑"是多余的，而"很高"和"追捧与热爱"是不搭配的。）

一篇文章报道一个两岸家庭，男的来自台湾，说他"吃惯了清淡爽口的菜系"。（"菜系"是不能"吃"的。这里的"菜系"指的其实是某菜系的菜，但又没有说明是哪个菜系。）

有文章引入传说："曹雪芹的足迹走遍了香山。"（"足迹"和"走遍"不搭配。可以把"走遍"改为"遍布"，也可以干脆把"的足迹"三字拿掉。）

"他们说服了老师的劝阻。"（"说服"和"劝阻"不搭配。按意思可以改为"说服了进行劝阻的老师"。）

搭配是否得当，取决于三个方面：是否符合事理，是否符合语法规则，是否符合语言习惯。这方面的语病包括主谓搭配不当、主语与宾语搭配不当、动词与宾语搭配不当等。

再看几个指代不明的例子：

说某人原来在广州工作，后来到了黑龙江，"从最南方的春城到最北方的黑土地，……"（大家都知道，一说到春城，想到的只有昆明，而非其他城市。更不能把广州称为春城，人们通常把广州称为"花城"。）

一张图片加了这样的说明："5月1日，来自全台各县市劳工、学生代表、实习医生等团体逾千名劳工，举行'反剥削大游行'，……"（学生代表和实

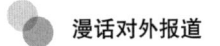

习医生都不是劳工。）

"山东和台湾的距离遥远，但是作为同样受到中华文化熏陶的两座城市，……"（山东和台湾都不是城市。）

句子成分残缺的例子：

"我国入世在即，入世后必将为我国国民经济提供更大的发展空间。"（缺主语。去掉"后"字，"入世"就成了主语。）

"上面介绍的方法，用调查研究来确定用户的需求情况。"（没有谓语。后半句前应加动词"是"，便有谓语了。）

"笔者研制出具有计算精度高、省机时、打印清晰的特点。"（从上下文分析，句末缺了宾语，可能需加上"的计算机软件"）。

像"没有预算出一个自由、安乐和新奇的世界""处理其他的职务""听到一次新奇的演说或一篇新的杂志文章""孩子啼哭得头昏脑涨或心痛"这样的说法，又像"其他人民""举行谈话""提出适当的感谢""见之文字""发挥到极度""只有一个第三个孩子""弟弟受了这样的激动""做出这种罪行"这样的提法，各有什么问题，还是留给读者自己去思考和判断吧。

5. 理顺逻辑关系

我经手过的书刊稿件中，这样的例子很多。如：

"在台湾，每年都把孔子的诞辰日定为教师节。"把"每年都"删除，或者改成"把孔子诞辰日定为每年的教师节"，句子才能通顺，提法才准确。

一位老台胞回忆年少时的艰难，说："那时，我每天放学后帮四伯父做农活，练得身强体壮，尤擅柔道。"不合逻辑之处在于，柔道不是干农活所能练出来的。

"他觉得未来的事业应该是他子女这一代。"表达不准确。意思可能是："他觉得未来事业的希望在他的子女这一代身上。"

还有一个很典型的例子。记者写一位台商，说他如何如何忙，但"还是应约按时前来接受采访。在交通拥堵的北京，上午10点能赶到编辑部所在地，如此守时，实在让人钦佩"。这种说法不合逻辑。

2012年，我看到过一篇写台湾海基会新大楼投入使用的文章，在谈到海基会的作用时，说它"一肩扛起两岸协商、交流与服务的历史重任，在波涛起伏的两岸局势中，乘风破浪，向前挺进，把人民殷殷的期盼载运至彼岸，带来两岸永久的和平与繁荣。"这也是一个经不起推敲的说法。众所周知，两岸协商是通过两个得到授权的团体来进行的，一方是大陆的海协会，另一方是台湾的海基会。如果读者看了这段话，一定会质疑：这是台湾海基会一方做的吗？它一家能完成这样的使命吗？这样讲的话，把大陆一方的海协会置于何地？文章提到台湾海基会新建大楼正式启用后又说："5月18日，在两岸关系紧张、交流清淡的年代，绝难想象未来会有一幢大楼专门用于处理两岸间的事务。"原来，2012年5月18日是指这幢大楼正式启用的那天。都已成事实了，何谈"绝难想象"？这种说法同样不合逻辑。

还有文章说："台商在两岸关系转变的过程中，一直扮演着关键性的角色。"这是在第二届台胞社团论坛上某台籍人士说的。"关键性"的提法，显然是说过头了。

与常识不符的例子还有："除了无关重要的极少数巨富的孩子……""巨富的孩子"为什么反倒"无关重要"？

从这么多例子可见，文章要写得好，不但要学习文法和修辞，还得懂点逻辑。不合文法就不通，不合逻辑也不通，不会修辞就不美。

6. 确保前后统一

同一件事或同一个人，前后说法不一致，甚至自相矛盾的例子，我也经常遇到。

某刊有文章提到在第四届海峡论坛上，大陆提出的惠台措施中有涉及开放进口台湾大米一项，作者一会儿用"大米"，一会儿用"稻米"，这就不好。

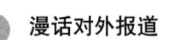

进口的肯定是去了皮的稻谷，这是大米。

另外，某刊有"封面文章"介绍2011年日本大地震后的情况，有些话就前后不一，或者过于绝对化。比如，前面说灾情发生后，日本人表现得如何之好，用的例子是"每个人只买两三天的食物和水"，可是只隔了一页，又说"东京的超市和24小时便利店内的矿泉水在几小时内被抢购一空"。

我举这么多的例子，是想强调编辑和校对人员，在编稿、审稿、校对时，一定要有责任意识。稿子拿在手里，无论在哪个环节，一定要尽到自己的责任，能就文章的内容、提法等提出意见或予以恰当处理。这既是一种责任，也是一个好的编辑和校对应当具备的能力。

（二）努力把好版面格式质量关

版面格式是图书和期刊的包装形式，但它又不是单纯的形式。无论图书还是期刊，版面格式应当体现美观、实用、准确三个原则。不同的版面有着不同的格式，从封面、书名页、目录、书眉、标题、注释、插图、表格、索引，一直到正文，都有着不同的格式，审校版面格式与正文内容具有同等重要的意义。

1. 提高认识，从严要求

1965年我刚来到中国建设杂志社的时候，经常在不同场合遇到一个充满活力的小帅哥郭宜生。他是设计组的一员，多年后，他成了社里的设计中心主任。1999年，他写下了《外宣书刊装帧设计之我见》这篇总结性的文章。他对装帧设计的重要性是这样认识的：

现代社会是商品经济社会。在市场经济的激烈竞争中，对于商品的设计和包装，要求越来越高。商品装潢早已超越了实用功能。现代化的造型设计，吸引人的精美包装，除了推销文化，也在展示科技和文明，书刊更是如此。因此，我们对书刊的设计工作应该有深层次的认识。

第七章　编校是保证对外报道质量的最后关口

中国对外宣传的书刊，代表着中国，反映着中国的文化和文明。如何让读者在喜闻乐见、赏心悦目的形式中，欣赏我们的文化，了解我们的变化，接受我们的观点，是外宣工作的难点，是对外书刊装帧设计人员必须认真研究的课题。

我们常提书刊要出精品，要有精品意识。书刊精品无一不是内容与形式的比较完美的结合。在书刊市场上，一般读者往往首先看书刊装帧得漂亮不漂亮，印刷得精美不精美，然后再看书刊的内容、翻译水平等项，如果面对一本装帧印刷拙劣的书刊，读者还会感兴趣吗？

在我和郭宜生都年轻的时候，中国建设杂志社就有一套坚持多年的版式设计规程：文稿发到厂里，由工人对照文稿拣字排版，然后打出校样（通称为"长条"）后，由设计人员根据领导提供的当期所有稿件的主次和前后安排，搭配好图片编辑挑选的图片及其说明，在一张张托纸上粘贴好版式设计初稿，然后由社领导主持开会"通版式"。这种"通版式"的会每月都定期召开，参加者除设计人员外，还有编辑部门负责人。会后，设计人员会根据会上达成的共识修改或调整版式。最后，设计部门负责人还要反复审核，最后再交主管社领导签字，才能定型。

那时候还没有电脑排版，也只能用这种手工方式来操作。现在好了，有了新的科技手段和设备，书刊设计不但变得快捷方便，而且也为设计人员发挥自己的才华提供了更多的机会，也有了实现理想境界的更大可能性。这种理想境界，在郭宜生看来应当是"既有中国风格，又有现代气派；既有自己民族独特的美学思维，又不断吸收国外的新鲜经验，两者的完美结合。"

在社会的不断发展进步中，各出版社和期刊社的设计人员也在不断提高认识，加强学习，提高工作水平，使每年出版的大量外宣图书和期刊版式更受国外读者的欢迎。

从中央到地方，全国各对外媒体在装帧设计方面，也同样走过了这样一个发展和演变过程。

了解版式设计的重要性和工作流程，有利于编校人员端正态度，从严要求，从各个方面把好关。

2. 全面检查，一丝不苟

所谓全面，从外宣图书来讲，就是从封面到封底，还包括目录、正文和版权页；从外宣期刊来讲，就是从四封到正文、目录和版权页。总之是从内到外，从外到内，里里外外，都要检查，发现问题，及时处理，妥善解决。这也是编校人员应负的重要责任。

更具体来说，除检查每篇文章的正文、题名、摘要、小标题、编者按、图片说明，是否在字体、字号和编排格式上有所区别并保持各期排印格调统一外，还要检查前面讲到的校对中的文字技术整理的各项内容，是否符合国家有关标准和行业规范。校对工作必须保证目录页上的栏目名、年卷期、页码、全部文章作者的姓名、篇名等信息与正文一致，没有差错。

首先是封面。

以图书为例。封面（包括护封、腰封），是图书的外包装，除应体现美观、实用、准确三个原则外，还应按照常规和法定要求，在固定的位置刊登书名、著译者名、出版者名、条码、定价、国际标准书号等项内容。编校者除保证各种版面格式和内容准确外，还应使其相关项目保持一致。

外文出版社的吴寿松设计过许许多多外文图书封面和版式，在这方面堪称大家。1985年，他写下了《红楼梦》英译本总体设计的经过和经验总结。他在谈到封面设计时这样写道：

读者第一眼看到的是书的护封和封面。护封或封面能否吸引住读者，招人喜爱，这就在于护封和封面设计的水平，就在于美术设计者本领的高低。当然，我们设计一本书的护封和封面，首先要服从于书的性质和内容，要尽可能运用艺术形式集中地表现书的主要内容，使形式和内容完美地统一。

到了编校阶段，对所有这些细节自然都要留意，看打样是否与原来的设计思想一致，发现问题要及时与设计人员沟通协调，找出处理方案。比如护封，上面除了配图，一般还会有一段推介文字。到了校对环节，就需要对照文前页，检查书名（包括有无副标题）、作者姓名及其简介，以确保书名页校样上所做的一切修改都得以落实。还有确认护封上推介文字是否与正文相关内容和风格一致。还要检查封面、护封图片和文字说明是否完整无缺。另外，还要注意书脊上的书名、作者名、出版单位是否与封面上的标示相统一。现在出版的图书都有条形码，检查时也不能忽略。

吴寿松在文章中还强调：

除了对护封、封面和插图进行精心设计之外，对书中其他各组成部分如环衬页、扉页、正文版面等也都从整体设计的需要分别进行设计，也都考虑到保持整体的和谐与统一。

关于正文的版面设计，外文书籍对这方面是相当讲究的。版心大小和开本成什么样的比例，天头、地脚、订口各留多少都有章可循。

所有这些，均需引起编校人员的重视，许多细节都容不得丝毫马虎。

其次是插图。

插图是图书的重要内容，分为随文插图和单页插图两种。随文插图的位置要根据设计标注核对准确。要特别注意插图与正文内容的衔接问题，图的位置一般不要超前，可以略微拖后，但不能超越本节范围。有说明文字的，一般排在图下或图的侧面，要特别注意核对图与文是否配套，防止张冠李戴，图中人

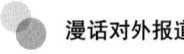

物的左右应依读者立场来分。跨页图必须双码跨单码。横置图一律朝向左侧，即逆时针转90°。图的顺序号应按章编排。此外，还要防止图的倒置和反片。

对于插图，设计人员在处理上是很有讲究的。还是以吴寿松设计的《红楼梦》英译文为例。他的做法和经验值得所有对外报道工作者参考和学习。他说，这本书的原作者曹雪芹虽然以他细腻的文笔描写了18世纪中国封建贵族大家庭生活的各个侧面，对众多的人物形象、服饰道具、园林建筑以及日常习俗、婚丧嫁娶等无不刻画入微，但是对不熟悉中国当时生活背景的国外读者来说，还是不易引起具体形象的联想。只有插图以它造型艺术形象化的特点和功能，才可以辅助读者的想象和理解，也会大大增进读者的阅读兴趣。

吴寿松为解决这一问题，可谓煞费苦心。原书插图倒是不少，但都难以适应国外读者的要求。为了寻找好的插图，他和文字编辑又多方查寻，还是均未物色到较为理想的现成插图可选用于英译本。最后只好专程去上海，特约一位著名插图画家专门来北京另行创作。

到了校对时，编辑和校对人员首先要确认插图是否齐全，然后要检查图注，对照插图和正文进行核查，确认图注与插图一一匹配。顺序也不能违背原来的安排。

有一种特殊情况可能发生，即作者修改了正文，却忘记修改相应图片的说明文字。这时，编辑和校对就要设法弥补了。或者请作者亲自动笔，或者根据作者对正文的修改将图注做相应的修改。

以上说的是插图，同样的要求也适用于书刊所载地图、表格等的核查。

最后是文字。

这里说的文字，并非一本书或一篇文章的所有内容。这方面的要求在前面已经阐述过了。这里讲的，只是与版式设计相关的文字。

关于图书，根据国家标准，图书正文之前必须设置载有书名信息的书名页。书名页包括主书名页和附书名页。我国编辑出版部门习惯于把主书名页称为"扉页"或"内封页""里封页""副封页",而把附书名页称为"衬页"或"护页",往往是空白的。而主书名页正面必须提供书名、著作责任者、出版者等信息,位于单数页码面。主书名页背面必须提供图书的版权说明、在版编目数据和版本记录等信息,位于双数页码面。

目录是图书内容体系的缩影,除要求标题、作者名、附缀页码必须与正文一致外,本身还须眉目清楚,即从字体、字号和版面格式三个方面体现标题体系。例如:同一级题目字体字号要一致,无题序的题目转行要缩进一字排,副标题也要缩进一字排,等等。

书眉是正文章节变化的反映,除必须与正文章节标题文字保持一致外,还有其固定的版面格式,即双数页码排第一级题,单数页码排第二级题(如无第二级题,单双页码均可排第一级题);同一面上有两个第二级题时,应排后出现的;眉题一般排在外版口一侧或居中排。

注释是对正文的解释和交代。版面格式有夹注、脚注、篇末或书末注三种。脚注格式最复杂,编校者必须根据正文版面的实际变化,调整脚注的顺次和版面格式,使之与正文注码对口。篇末注中的"见本书页码"要特别注意核对准确。书末注中附缀的正文页码,也要核对准确。

我在读对外期刊时,断断续续发现过一些与版式设计有关的问题。

某刊2012年第6期有一图,说明是"×××为某展览题词"。图上看到的题词内容是:"两岸一家,渊源流长。"而文章中却写成了"两岸一家,源远流长。"这样写是对的,因为没有"渊源流长"这样的说法,可是图怎么办呢?我提议换图。强调"否则会让人笑话"。后来看到,这张图被撤掉了。

还有一个图文是否相符的问题。如某刊2012年第7期送审稿中有文章,说的是中央某领导人在福建调研时的一些谈话,但配图却是他"6月17日出席第四届海峡论坛并致辞"。读者看了会觉得莫名其妙。

图文不符还可能表现在一些细节上。如某刊有文章,正文中提到某次两岸书画展开幕现场，书法家们挥毫写下一些作品，其中有"两岸情，中华心"。内容没有问题，但看图上，是"两岸情，中国心"。如果细心去看，就是问题。后来按我的意见改成了与图上一致的"中国心"。

一整本杂志，用的图片比较多，如果工作不仔细，也可能出现重复，就是一张图在这里用过了，到后面某个地方又用，而且重复得毫无道理。

像这样一些问题，都与版式设计有关，都应当在编校过程中予以处理。

（完稿于2021年7月）

参考书目

[1] 毛泽东新闻工作文选，新华出版社，1983年12月第1版。

[2] 论党的宣传思想工作，习近平著，中央文献出版社，2020年11月第1版。

[3] 对外宣传工作论文选，中央外宣办研究室主编，五洲传播出版社，1998年11月第1版。

[4] 新闻采写经验谈——新华社记者训练班专题报告集，新华出版社，1983年1月第1版。

[5] 向世界说明中国——赵启正演讲谈话录，中国外文局对外传播研究中心编，新世界出版社，2005年5月第1版。

[6] 向世界说明中国（续编）——赵启正的沟通艺术，中国外文局对外传播研究中心编，新世界出版社，2006年1月第1版。

[7] 直面媒体20年：赵启正答中外记者问，赵启正著，新世界出版社，2015年8月第1版。

[8] 对外传播学初探（增订版），段连城著，五洲传播出版社，2004年3月第1版。

[9] 对外报道业务基础，沈苏儒著，今日中国出版社，1992年修订版。

[10] 对外报道教程（增订版），沈苏儒著，五洲传播出版社，2004年3月第1版。

[11] 对外传播学概要，沈苏儒著，今日中国出版社，1999年2月第1版。

[12] 对外传播和理论与实践，沈苏儒著，五洲传播出版社，2004年3月第1版。

[13] 对外传播·翻译研究文集，沈苏儒著，外文出版社，2009年6月第1版。

[14] 爱泼斯坦新闻作品选，今日中国出版社，1995年2月。

[15] 书刊外宣散论，杨正泉著，新世界出版社，1998年11月第1版。

[16] 怎样采访新闻，孙世恺著，北京出版社，1989年6月第1版。

[17] 怎样当好新闻记者，[美]杰克·海敦著，伍任译，新华出版社，1980年6月第1版。

[18] 书刊对外宣传的理论与实践，新星出版社，1999年3月第1版。

[19] 我们的初心与使命："我与外文局"征文选，中国外文局，2019年9月。

[20] 共同走过的路："我与外文局"征文选，中国外文局，2009年9月。

[21] 中国外文局五十年回忆录，新星出版社，1999年3月第1版。

[22] 辉煌与理想：《今日中国》创刊60周年纪念文集，外文出版社，2012年2月第1版。

[23] 对外传播文选，沈兴大、刘义森主编，人民中国出版社，1990年10月第1版。

[24] 中国新闻奖（1995年·第六届）作品选，"中国新闻奖"评选委员会办公室编，新华出版社，1996年9月第1版。

[25] 编校、著作指南：编者、作者、出版者必读（中文版）（第三版），[英]布彻著，刘士聪、温秀颖、夏廷德译，清华大学出版社，2006年12月第1版。

[26] 实用新闻编采写作，沈征郎著，台湾联经出版实业公司，1992年。

[27] 中国外文局五十年史料选编（1）（2），新星出版社，1999年5月第1版。

[28] 新闻采访学，蓝鸿文著，中国人民大学出版社，1995年2月第11次印刷。

[29] 爱泼斯坦与宋庆龄传记，中国福利会编，黄浣碧口述，沈海平撰文，中国出版集团东方出版中心，2014年8月第1版。

[30] 中国对外传播史略，陈日浓编著，外文出版社，2010年4月第1版。

[31]《对外传播》若干期。

后记

我读大学时学的是俄罗斯语言文学,毕业后来到中国外文局所属中国建设杂志社,曾在短期内当过翻译,后来改行当了编辑、记者。刚改行那些年,我参加过多种培训班,补上了新闻采编、古代汉语、摄影等课程,更多的是向老前辈们学习,听他们的讲座,看他们的文章,读他们的书,如饥似渴地从中汲取营养。同时,我边干边学,不断总结和提高。大约过了10年,我也在老前辈们的鼓励和提携下走上讲台,开始向后来者传授对外报道业务知识和自己的经验体会。渐渐地,在年轻人眼里,我也成了所谓的专家。回想自己的进步过程,我觉得也应当像那些老前辈那样,为帮助年轻人的成长做一点事情。

那么,我能做什么事情呢?多年来的想法是,最好也能留下一本书。但就外宣理论而言,段连城、沈苏儒已经创立了我国的对外传播学,许多前辈也留下专门论著,所有涉及对外报道的理论问题,在他们的书里都可以找到现成的答案。如果我再试图写这方面的东西,不但自知力所不逮,即使勉强要做,也只能"炒冷饭",况且我从不敢自诩为理论性人才,所以还是决定重在"实务",即实际操作,或者说是用实际操作的一些案例来诠释前辈们的对外传播理论。

读者肯定已发现书中在大量引用成功者的论述和实践经验之外,也多次提到自己做了什么,又是怎么做的。如果拼凑起来,读者就能看到我个人在对外报道方面是怎样成长的,有哪些经验,又有哪些教训。我站在前辈们的肩膀上起步和成长,又在一次次的失败中得到教训。两千多年前的老子有言:"自见者不明""自伐者无功"。"见"即"现",自我标榜也;"伐"者,自夸也。拙著完稿之后,我反复自察,这样做,目的只有一个,就如同引用他人的成功案例和经验之谈一样,都是为了说明某个问题,说明对外报道各个环节应

后记

当如何操作，说明怎样才能练好国际传播的基本功。

我们这个民族之所以立于世界之林五千年，而且经历过那么多的失败和苦难总是愈挫愈勇，原因之一是优良传统代代相传。我们从事的国际传播事业，同样如此。我不敢说《漫话对外报道》这本书多么系统地总结了这方面的优良传统，但至少有那么一点承上启下之功。前人栽树，后人乘凉。何其幸也，我也为后人栽下了一棵小树苗。

如今的我已垂垂老矣，不能在对外报道第一线继续奋战了，但人生路上不能停下脚步。堪可告慰自己的是，我完成了这样一本书。权且说，这是我在生命的最后阶段为党和国家的国际传播事业略尽绵薄之力吧。就此，我在这一行当的工作也就画上了句号。

拙著即将付梓的消息传来，不禁想起那么多帮我实现这一目标和愿望的领导和同志们。

最早得到的支持来自中国外文局所属当代中国与世界研究院的领导。国际传播理论与实践的研究是当研院一项重要课题。我这本书的构思很快就得到他们的首肯，并指定专人同我联系。在写作过程中，我同他们反复沟通，对我不断完善全书的结构的内容调整给了不少帮助，为拙作的正式出版奠定了基础。我感恩他们每一位。

曾任中国外文局常务副局长的赵常谦和曾任副局长兼总编辑的黄友义对拙著的写作也给了很大鼓励和不少帮助。赵局长得知我开始了这样一本书的写作后热情鼓励，特别是看了书中"前言"草稿，了解了我写作这本书的初心和具体想法，更是赞扬"前言""说清楚了写作立意，说清楚了对外宣传、对外传播、对外报道等词汇的概念、演变和相互关系。"（注：后来又加上了"国际传播"）"难得的'百姓语言'。"老领导的夸奖倒也不是虚言。几十年的对外报道工作实践，使我养成了哪怕是谈理论问题也要注重事实，即用事实说话的习惯。要把对外报道全过程的实际操作问题说清楚，不仅离不开事实，语言还需平实。黄局长给我的鼓励和具体建议更多。他看了我奉上的写作提纲，提出需要就图片编辑多写几句。真是一语中的，这正是我所忽略之处。此外，其间不论遇到什么问题，只要我提出来，他总是很快就帮我出主意，想办法。对这两位我在中国外文局机关工作时的领导的热情鼓励、具体指导，我当然感恩。

在当研院院领导的安排下，院里的荆江、霍瑶两位同志对本书的初稿完成了审核，又帮我联系了同属中国外文局的朝华出版社。汪涛社长对拙著的出版极为重视，特别安排经验丰富的编辑负责拙著的出版。进入出版环节之后，朝华出版社的刘小磊编辑、赵倩主任、李晨曦总监三位同志对书中文字反复推敲，对内容字斟句酌，还对拙著提出了不少中肯的修改意见。从中我看到了朝华出版社编辑们极高的敬业精神、责任意识和专业水平。最辛苦的是责任编辑刘小磊，把本应由我做的一些后续工作，念我年老体弱，也代劳了。如果说，我提供的初稿只像是一件工艺品的毛坯，经过这么多人的反复雕琢，如今呈现给读者的方为成品。朝华出版社的领导以及编辑们为我做了这么多，我实应感恩。

我在编写中参考了大量书刊和网络有关资料，为了说明问题，从中引用了对外报道工作各个环节实际操作的许多成功案例和宝贵经验，特别是业内诸多名家的理论表述与研究成果，这在很大程度上丰富了拙著的内容，也提升了拙著的可读性和实际价值。因此，凡涉及的所有原作的作者，我都感恩。

最后，我要感恩未来的读者们。对外报道是所有对外工作者都必须掌握和运用的基础性工作，从事对外传播的专业工作者自不待言，其他行业譬如旅游业者要编写游览指南，外经贸业者要准备业务资讯，文化教育体育部门在国际交往中要写介绍情况的材料，等等，这些工作都可以归属于对外报道的范畴。拙著出版之后，如果能对他们的工作有所裨益，我自然会高兴。如能引来方家们的批评指教，我会更加高兴，同样感恩。

魏秀堂

2022年10月于美丽西园